U0506396

要落实行政复议体制改革方案，优化行政复议资源配置，推进相关法律法规修订工作，发挥行政复议公正高效、便民为民的制度优势和化解行政争议的主渠道作用。

《推进全面依法治国，发挥法治在国家治理体系和治理能力现代化中的积极作用》（2020 年 2 月 5 日），习近平《论坚持全面依法治国》，中央文献出版社 2020 年版，第 274 页

行政复议主渠道建设
学习读本

司法部行政复议与应诉局◎编写

人民出版社

前　言

　　行政复议是政府系统内部自我纠错的监督制度,也是"民告官"解决行政争议的救济制度。习近平总书记深刻指出,要发挥行政复议公正高效、便民为民的制度优势和化解行政争议的主渠道作用。行政复议主渠道定位是习近平法治思想在社会治理领域的原创性成果,为新时期行政复议工作指明了方向,明确了要求。2023 年 9 月 1 日,第十四届全国人大常委会第五次会议审议通过了新修订的行政复议法,新法围绕将行政复议打造成化解行政争议主渠道这一目标任务,从行政复议的功能定位、复议范围、管辖体制、审理方式和决定体系等方面进行了系统性的制度重构,将这一原创性成果进一步制度化、法治化,这是全面依法治国和法治政府建设的一件大事。自新修订的行政复议法实施以来,全国各级行政复议机关深入贯彻落实习近平总书记对行政复议工作的重要指示精神和党中央、国务院关于行政复议工作重大决策部署,全面准确贯彻实施新修订的行政复议法,取得了积极成效,行政复议的社会知晓度和首选率不断提升,监督效能进一步强化,行政复议化解行政争议主渠道作用逐步显现。

　　为进一步加强新修订行政复议法的学习宣传贯彻,加快推进行政复议主渠道建设,司法部行政复议与应诉局组织长期从事行政复议工作的同志编写了此读本。本书回顾了行政复议主渠道定位提出的时代背景、重大意义和核心要义,系统提出了新时期推进行政复议主渠道建设的总体要求、重点任务和工作布局,结合主渠道目标导向下行政复议法的修订工作,详细介绍了行政复议的制度规定、具体内容、实操要点及最新发展，并在每一部分精心挑选了相关案例，力求兼顾理论、政策和实践需求，做到宏观阐释与微观展示、理论解读与实务指引相结合，尽可能扩大读者范围，方便群众和企业、行政执法人员和领导干部、行政复议和审判人员、律师和法律研究人员等社会各界更好地学习、理解行政复议法律制度，促进法治国家、法治政府、法治社会一体建设。本书的编写得到了各地、各部门行政复议机构和行政复议人员的鼎力支持，书中不少案例由他们提供，凝结了他们的办案智慧。人民出版社的领导和编辑同志在出版过程中给予了大力支持和帮助，在此一并致以谢意。

本书编写组
2025 年 4 月

目　录

第一章 总 论

　　行政复议是行政机关根据公民、法人或者其他组织的申请,按照"准司法"程序对行政争议作出裁决的制度。因其具有专业、便捷、高效、低成本的优势,世界上绝大多数国家在构筑本国的行政争议化解体系时均不约而同地创设了这一制度,并在社会治理中发挥着重要作用。我国的行政复议制度由来已久,新中国成立初期即已建立起相关制度。1990年国务院颁布了《行政复议条例》,开启了我国行政复议的统一立法时代。1999年全国人大常委会颁布了《中华人民共和国行政复议法》,正式将其上升为法律。但从早期行政复议制度实施情况看,行政复议案件数量长期低于行政诉讼案件,群众也一直对其公正性存在"官官相护"的质疑,制度功能发挥总体有限。党的十八大以来,以习近平同志为核心的党中央高度重视全面依法治国,从坚持和发展中国特色社会主义的全局和战略高度定位法治、布局法治、厉行法治,包括行政复议在内的法治建设各项工作发展开始进入快车道。2020年2月5日,习近平总书记在中央全面依法治国委员会第三次会议上强调,要"发挥行政复议公正高效、便民为民的制度优势和化解行政争议的主渠道作用",正式赋予行政复议化解行政争议的主渠道定位,这是习近平法治思想在社会治理领域的重大理论创新和实践创新,开启了行政复议的高质量发展之路。要更好地落实习近平总书记的重要指示精神,推动行政复议主渠道目标早日实现,必须深刻理解这一定位提出的时代背景和重大意义,准确把握其核心要义和具体要求。

第一节　行政复议主渠道提出的时代背景

在我国当前社会矛盾纠纷多元化解体系中,解决行政争议的主要途径包括行政复议、行政诉讼与信访。其中行政复议与行政诉讼属于法定的争议解决机制,通过规范的法律程序解决行政争议,信访则侧重通过行政系统内部协调实现诉求表达,更多被视为了解社情民意、密切联系群众的重要窗口。新形势下为什么要将行政复议作为解决行政争议的主渠道,为什么行政复议能够成为化解行政争议的主渠道? 理解上述问题,需要深入分析这一定位提出的时代背景。

一、中国特色社会主义进入新时代是行政复议主渠道提出的现实根据

党的十八大以来,以习近平同志为核心的党中央举旗定向,统揽全局,运筹帷幄,坚持把马克思主义基本原理同中国具体实际相结合、同中华优秀传统文化相结合,全面审视、科学把握国际国内新的形势,顺应时代要求和人民愿望,以巨大的政治勇气和强烈的责任担当,采取一系列战略性举措,推进一系列变革性实践,统筹推进"五位一体"总体布局,协调推进"四个全面"战略布局,解决了许多长期想解决而没有解决的难题,办成了许多过去想办而没有办成的大事,取得了改革开放和社会主义现代化建设辉煌的历史性成就,推动中国特色社会主义进入了新时代。

处于新的历史方位,我国发展的环境和条件也发生了重大变化,社会的主要矛盾已经转化为人民日益增长的美好生活需要和不平衡不充分的发展之间的矛盾。人民群众不仅在物质文化生活方面有了更高的要求,而且对民主、法治、公平、正义、安全、环境等方面的需求也日益增长。这一关系全

局的历史性变化,对我国发展产生广泛而深远的影响,对党和国家工作也提出了许多新的要求。一方面,在中国共产党的领导下,中国特色社会主义事业取得了伟大的胜利,顺利完成了第一个百年奋斗目标,人民发展的信心和士气空前高涨,正在朝着第二个百年奋斗目标接续奋斗、不断前进。另一方面,当前世界百年未有之大变局加速演进,我国发展进入战略机遇和风险挑战并存、不确定难预料因素增多的关键时期。面对社会治理和安全稳定新形势,要求党和国家更加关注人民群众的多样化需求,更加关注社会公平正义,更加注重通过法律途径及时解决群众急难愁盼问题。行政复议作为一种行政内部监督和争议解决机制,具有公正高效、便民为民的制度优势,能够优化行政资源配置,快速定分止争、回应群众诉求。将行政复议打造为化解行政争议的主渠道,契合新时代公正、高效、专业解决争议的现实需要,是完善社会治理体系、提升社会治理现代化能力水平的关键之举,能有效促进社会公平正义、维护社会安全稳定,有力推动法治中国建设行稳致远。

二、从"重要渠道"到"主渠道"的发展脉络

因应发展阶段的变化,行政复议功能的定位,经历了从"重要渠道"到"主渠道"的转变。行政复议兼具监督权力运行、救济行政相对人合法权益和化解行政争议的多重功能。早期的行政复议制度更多将其定位于内部层级监督制度,随着改革开放不断深入,社会矛盾纠纷呈现易发、多发态势,迫切需要着重发挥其矛盾纠纷化解的制度功能。2006 年,中共中央办公厅、国务院办公厅印发《关于预防和化解行政争议健全行政争议解决机制的意见》,首次以文件形式指出"行政复议是解决行政争议的重要渠道",要求将行政争议"化解在基层、化解在初发阶段、化解在行政程序中"。2007 年,国务院出台《行政复议法实施条例》,在第一条立法目的的条款中开宗明义规定"进一步发挥行政复议制度在解决行政争议、建设法治政府、构建社会主义和谐社会中的作用",从行政法规层面第一次明确了行政复议解决行政争

议的功能定位。

2013 年 11 月,党的十八届三中全会通过《中共中央关于全面深化改革若干重大问题的决定》,明确提出"改革行政复议体制,健全行政复议案件审理机制,纠正违法和不当行政行为"的改革任务。为落实党中央要求,国务院行政复议机构在全国持续开展行政复议体制机制改革试点工作,进一步提升行政复议公正高效化解行政争议的制度优势。2014 年 10 月,党的十八届四中全会提出,要健全社会矛盾纠纷预防化解机制,完善调解、仲裁、行政裁决、行政复议、诉讼等有机衔接、相互协调的多元化纠纷解决机制,更加注重从源头上预防和减少行政争议。

2020 年 2 月 5 日,中央全面依法治国委员会第三次会议审议通过《行政复议体制改革方案》,习近平总书记在会上明确指出:"要落实行政复议体制改革方案,优化行政复议资源配置,推进相关法律法规修订工作,发挥行政复议公正高效、便民为民的制度优势和化解行政争议的主渠道作用。"①发挥化解行政争议的主渠道作用正式成为新时代行政复议工作的政治要求。2021 年 8 月,发挥行政复议化解行政争议主渠道作用被写入《法治政府建设实施纲要(2021—2025 年)》,成为我国各级政府"十四五"时期攻坚法治建设的一项重要任务。2023 年 9 月 1 日,第十四届全国人大常委会第五次会议审议通过新修订的行政复议法,在第一条立法目的中首次明确"发挥行政复议化解行政争议的主渠道作用",将习近平总书记赋予行政复议工作的光荣使命确立为法定目标。2024 年 7 月,党的二十届三中全会明确要求"健全行政复议体制机制",为深化行政复议主渠道建设进一步指明了改革方向和发展路径。

三、行政复议主渠道提出的内在逻辑

行政复议主渠道定位,是在总结长期的实践经验基础上提出的,蕴含着

---

① 《十九大以来重要文献选编》(中),中央文献出版社 2021 年版,第 419 页。

深刻的政治逻辑、法治逻辑、历史逻辑和现实逻辑,体现了国家治理体系从"管理"向"治理"演进的现代化、法治化转型。

从政治逻辑看,行政复议主渠道定位立足新时代全面从严治党的总要求,加强对行政机关行使行政权力的制约和监督,体现了人民监督政府与自我革命"两个答案"的有机统一。习近平总书记多次强调,"公权力姓公,也必须为公。只要公权力存在,就必须有制约和监督。""我们党全面领导、长期执政,面临的最大挑战是对权力的监督。"①中国共产党从成立之日起就高度重视权力监督问题。在中央苏区、延安时期,探索了一套对苏维埃政府、边区政府和革命根据地人民政权及其工作人员的监督办法。1945 年 7 月,毛泽东同黄炎培在延安窑洞中谈到如何跳出历史周期率问题时明确表示:"只有让人民来监督政府,政府才不敢松懈。只有人人起来负责,才不会人亡政息。"这就是著名的"窑洞对",中国共产党找到了跳出历史周期率的第一个答案——"让人民来监督政府"。经过百年奋斗特别是总结党的十八大以来全面从严治党的历史性成就,党又给出了第二个答案,这就是自我革命。新时代新征程,面对全面建设社会主义现代化强国、以中国式现代化全面推进中华民族伟大复兴的崇高使命,要从党长期执政、国家长治久安、人民幸福安康的高度建立完善公权力制约和监督机制,确保人民赋予的权力始终用来为人民谋幸福。行政复议作为"民告官"的法定制度,应群众申请而启动对行政权力的审查,是"人民监督政府"的重要平台和有效途径。而由行政机关根据群众请求对自己的执法行为进行自我检视,运用法治方式对存在的问题和引发的矛盾及时纠正和化解,也是对"自我革命"的生动诠释,二者相结合从外部监督和内部监督角度实现了对行政权力运行的全面有效监督。

从法治逻辑看,行政复议主渠道定位符合现代法治国家在公民权利救

---

① 《图解十九届四中全会精神》,人民出版社 2019 年版,第 204 页。

济方面构建"行政救济—司法救济"梯次过滤机制的发展趋势。在近现代法治国家,诉讼和审判作为公民权利实现的最终和最重要的手段,在制度和理念上始终受到高度重视。① 特别是 20 世纪后半叶以来,随着经济社会加快发展,西方国家司法的社会功能不断扩大,加之公民意识增强和国家推动等因素,诉讼案件大量增加,出现了所谓的"诉讼爆炸"现象。诉讼案件的剧增导致法院系统不堪重负,司法供给严重不足,诉讼的高成本和长周期也严重影响审判的社会治理功能实现。为缓解诉讼爆炸带来的压力,世界各国不约而同地选择了加大对非诉讼纠纷解决机制的优化完善和实施力度,以充分发挥其专业、快捷、低成本化解争议的优势和替代作用,使法院可以集中有限的司法资源,处理更多疑难复杂案件。我国情况亦是如此。中共中央、国务院印发的《法治政府建设实施纲要(2021—2025 年)》作为"十四五"时期法治政府的纲领性文件,将依法化解矛盾纠纷作为法治政府的重要任务,首次提出要建立健全矛盾纠纷行政预防调处化解体系,要求行政机关在矛盾纠纷化解的全周期治理方面发挥更大的作用,并专门对强化行政调解、行政裁决以及行政复议功能提出明确要求,其逻辑基础就是要充分发挥这三种制度特有的化解争议优势,最大限度地发挥其社会治理功能。而行政复议的定位就是充分发挥其公正高效、便民为民的制度优势,在行政争议化解体系中发挥主导作用。

从历史逻辑看,行政复议主渠道定位反映了新时代我国社会治理模式的进阶,符合时代发展与社会需求。纵观我国社会治理发展历程,我们党带领人民探索走出了一条中国特色社会主义社会治理之路。党的十六大提出要"改进社会管理,保持良好的社会秩序"。党的十七大强调"必须在经济发展的基础上,更加注重社会建设,着力保障和改善民生,推进社会体制改革,扩大公共服务,完善社会管理,促进社会公平正义"。党的十八大指出

---

① 范愉:《诉讼的价值、运行机制与社会效应——读奥尔森的"诉讼爆炸"》,《北大法律评论》2019 年第 2 辑。

要"加快形成党委领导、政府负责、社会协同、公众参与、法治保障的社会管理体制"。党的十八届三中全会首次在党的正式文件中提出"社会治理"概念,强调"改进社会治理方式""实现政府治理和社会自我调节、居民自治良性互动"。党的十九大将"现代社会治理格局基本形成,社会充满活力又和谐有序"作为"基本实现社会主义现代化"目标的重要内容,要求"打造共建共治共享的社会治理格局。加强社会治理制度建设,完善党委领导、政府负责、社会协同、公众参与、法治保障的社会治理体制,提高社会治理社会化、法治化、智能化、专业化水平。加强预防和化解社会矛盾机制建设,正确处理人民内部矛盾"。党的二十大再次强调"提升社会治理法治化水平",对"完善社会治理体系"作出系统部署,要求"健全共建共治共享的社会治理制度,提升社会治理效能""健全城乡社区治理体系,及时把矛盾纠纷化解在基层、化解在萌芽状态"。作为社会治理的重要方式和法定制度,行政复议主渠道定位的确立既是完善社会治理体系的重要内容,也是顺应时代发展和社会变迁对国家治理提出的新要求、不断提升社会治理法治化水平和治理效能的必然选择。

从现实逻辑看,行政复议主渠道定位强调以高效解纷增强群众法治获得感,有利于维护和加强政府权威和公信力。习近平总书记强调,我国国情决定了我们不能成为"诉讼大国"。要坚持把非诉讼纠纷解决机制挺在前面,从源头上减少诉讼增量;要推动更多法治力量向引导和疏导端用力,坚持和发展新时代"枫桥经验",完善社会矛盾多元预防调处化解综合机制。长期以来,受传统观念、法律认知不足等因素影响,社会存在"信访不信法"的现象,大量行政纠纷游离于法治渠道之外。尤其是行政复议作为党委和政府规范化、法治化纠纷化解机制,作用未得到充分有效发挥。随着中国特色社会主义事业进入新时代,改革持续深化、社会转型加速,矛盾纠纷易发多发、化解难度不断增大已成为阶段性新常态,加之受新冠疫情影响下国际国内风险交织叠加,社会治理的复杂性和难度日趋提升,迫切需要建构起一套更符合中国现实国情、适应转型期治理需要的社会稳定机制,尤其是矛盾纠纷化解机制。面对新形势下的行政争议化解要求,相较于信访的法治化程度和行政诉讼的程序特点,行政复议作为重要的非诉讼化解机制,具备独特的争议化解优势,在化解行政争议上具有低成本、高效率、宽口径的制度特点,对行政行为可以同时进行更为深入的合法性和合理性审查,而且有统筹调用各类行政资源、从根本上破解利益症结的天然优势,能更好地回应人民群众的真实诉求,在法治轨道上高效化解行政争议,应当在多元纠纷化解机制中发挥化解行政争议的主渠道作用。

第二节　行政复议主渠道建设的重大意义

将行政复议建设成为化解行政争议的主渠道,是深入贯彻落实习近平总书记对行政复议工作重要指示的必然要求,是做好新时代行政复议工作的总目标。对于推进行政复议主渠道建设的重要意义,可以从以下四个方面把握。

一、推进行政复议主渠道建设是贯彻落实习近平法治思想和党中央决策部署的具体举措

党的十八大以来,党中央高度重视行政复议工作,习近平总书记多次对行政复议工作作出重要指示,强调要建立健全行政纠纷解决体系,推动构建行政调解、行政裁决、行政复议、行政诉讼有机衔接的纠纷解决机制;要落实行政复议体制改革方案,优化行政复议资源配置,推动相关法律法规修订工作,发挥行政复议公正高效、便民为民的制度优势和化解行政争议的主渠道作用。2023 年 9 月 1 日,第十四届全国人大常委会第五次会议通过新修订的《行政复议法》。新修订的《行政复议法》第一条明文规定发挥行政复议

化解行政争议的主渠道作用,将习近平总书记的重要指示精神和党中央关于行政复议体制改革的重要举措和任务要求上升为具体的法律规定。从这个角度讲,将行政复议打造成化解行政争议的主渠道,既是政治要求,也是法律要求;既是捍卫法治权威的重要体现,也是忠诚践行"两个维护"的重要体现。自新修订的行政复议法正式实施以来,各地各部门认真贯彻落实新法规定的各项新程序、新机制要求,行政复议监督依法行政和深化社会治理效能不断提升,行政复议化解行政争议主渠道作用有效发挥,充分彰显了习近平法治思想的真理力量和实践伟力。

二、推进行政复议主渠道建设是践行以人民为中心的发展思想的必然要求

习近平总书记指出,要坚持以人民为中心的发展思想,顺应人民群众对美好生活的向往,不断实现好、维护好、发展好最广大人民根本利益。行政复议一头直接连着党委和政府、一头直接连着人民群众,是各级政府服务人民群众的重要"窗口"。新时代人民群众对民主、法治、公平、正义、安全、环境等方面的需求日益增长,客观地讲,目前行政复议工作距离人民群众期待还有一些差距,许多情况下群众没有优先选择行政复议渠道依法表达诉求,行政复议解决群众实际诉求的能力还需要进一步增强。推进行政复议主渠道建设,就是要着力解决制约行政复议作用发挥的突出问题,吸纳尽可能多的行政争议并进行有效化解,更好回应人民群众急难愁盼问题,进而赢得群众信赖,不断厚植党的执政根基。

三、推进行政复议主渠道建设是推进全面依法治国特别是加快建设法治政府的迫切需要

习近平总书记指出,要准确把握全面推进依法治国工作布局,坚持法治国家、法治政府、法治社会一体建设。法治政府建设是全面依法治国的重点任务和主体工程,对法治国家、法治社会建设具有示范带动作用,要率先取得突破。一个政府是不是法治政府,关键看政府权力的行使有没有在法治轨道上运行。行政复议作为行政系统自我纠错的监督制度,能够通过纠正违法或者不当行政行为给行政权力定规矩、划界限,解决当前一些行政执法不作为、乱作为等制约法治政府建设成效的突出问题;可以及时发现行政执法中的违法共性问题,推动执法机关系统整改实现源头规范;可以便捷、高效、低成本、实质性化解行政争议,降低行政成本、修复政府公信;也可以通过案件大数据分析,精准查找行政执法的薄弱领域、地域、层级、环节和突出问题,增强监督的针对性和实效性,是推进高质量法治政府建设的重要抓手。推进行政复议主渠道建设,是对新征程上推进全面依法治国新要求的积极适应,进一步明确了行政复议在推进法治国家、法治政府、法治社会一体建设中的职责任务,强化了行政复议监督依法行政的功能作用,必将有力推动新时代法治政府建设迈上新台阶、全面依法治国取得新成效。

四、推进行政复议主渠道建设是提升社会治理法治化水平的重要环节

法律是治国之重器,法治是治理的载体、方式和必备要件,是国家治理体系和治理能力的重要依托。随着中国特色社会主义事业进入新时代,新的形势任务对社会治理提出新的要求:更注重纠纷化解的规范性,强调在法治轨道上推进国家治理体系和治理能力现代化;更注重纠纷化解的效能性,要求将非诉纠纷解决机制挺在前面;更注重纠纷化解的彻底性,要求争议在法定程序中得到实质性解决;更注重增强纠纷化解的预防性,深化源头治理以预防和减少争议;更注重纠纷化解的系统性,使各类纠纷化解机制有机衔接、相互协调,形成制度合力。与其他矛盾纠纷相比,行政争议复杂性更强、社会关注度更高、化解难度也更大,必须把实质性化解行政争议摆在社会治理体系中更加重要的位置抓实抓细。推进行政复议主渠道建设,使行政复议能够吸纳尽可能多的行政争议,深化行政争议实质性化解,有利于发挥行政复议化解矛盾纠纷、维护社会和谐稳定的重要作用,切实把主渠道作用从理论上的"应然"转化为社会治理成效的"实然"。

第三节　行政复议主渠道建设的核心要义

行政复议主渠道建设,是新时代推进全面依法治国、深化法治政府建设的重要部署,是构建中国特色社会主义法治体系的关键支撑,具有深厚的时代背景与深刻的时代意义,大力推进行政复议主渠道建设已成为时代所需、发展所趋。行政复议主渠道建设内涵丰富,其核心要义统筹制度优势与治理效能,深刻彰显中国特色社会主义法治道路的实践伟力,为推进国家治理体系和治理能力现代化注入强大动力。

一、坚持党的领导是行政复议主渠道建设的首要原则

中国共产党的领导是中国特色社会主义最本质的特征,是中国特色社会主义制度的最大优势。历史和现实证明,没有中国共产党,就没有新中国。中国人民和中华民族之所以能够扭转近代以后的历史命运、取得今天的伟大成就,最根本的原因是有中国共产党的坚强领导。发挥党总揽全局、协调各方的领导核心作用,是做好党和国家各个方面工作的根本保证。

党的领导是中国特色社会主义法治之魂,是引领行政复议制度沿着正确方向前进的定盘星。新修订的行政复议法在总则中规定"行政复议工作坚持中国共产党的领导",从法律上落实坚持党对行政复议工作的领导这一根本原则。行政复议主渠道建设能否顺利推进,决定性因素就在于是否坚持党的领导。因此,推进行政复议主渠道建设,第一位的要求就是必须把坚持党对行政复议工作的全面领导摆在首位,把牢正确的政治方向。同时,在行政

复议主渠道建设进程中,必须始终把党的领导贯穿于制度设计、机制运行、案件办理的全过程各环节,确保党中央关于法治建设的决策部署精准落地,使行政复议成为党领导人民推进法治政府建设、实现社会公平正义的重要抓手,以党的政治优势激活制度效能,为行政复议事业筑牢坚实政治根基。

二、依法保障人民权益是行政复议主渠道建设的根本目的

人民对美好生活的向往,就是我们的奋斗目标。习近平总书记深刻指出,推进全面依法治国,根本目的是依法保障人民权益,阐明了全面依法治国为了谁的根本问题。必须把体现人民利益、反映人民愿望、维护人民权益、增进人民福祉落实到全面依法治国各领域全过程,保障和促进社会公平正义,努力让人民群众在每一项法律制度、每一个执法决定、每一宗司法案件中都感受到公平正义。

行政复议一头连着政府,一头系着群众,是维护人民群众合法权益的"法治盾牌"。要将"复议为民"写进新时代行政复议的基因里,融入行政复议人员的血脉中,将"人民满意"作为最高标准,把群众诉求作为第一信号,通过畅通复议渠道、优化办案流程、提升办案质效,让人民群众在每一个复议案件中感受到公平正义;聚焦群众急难愁盼,实质化解行政争议,高效维护群众权益,让行政复议成为群众"找得到、信得过、靠得住"的行政纠纷解决首选途径,真正实现"复议为民"的使命和责任。

三、在行政解纷体系中发挥关键性作用是行政复议主渠道建设的必然要求

新中国成立以来,我们党带领人民仅用几十年时间就走完发达国家几百年走过的工业化历程,创造了经济快速发展和社会长期稳定两大奇迹。我国经济总量已多年稳居世界第二,也成为国际社会公认的最有安全感的国家之一。这"两大奇迹"的取得,都离不开社会主义法治建设的可靠保障。在新的发展阶段,要更加自觉地运用法治思维和法治方式来深化改革、推动发展、应对风险、化解矛盾、维护稳定,为实现高质量发展创造良好的社会环境。

随着改革进入深水区,社会利益格局日益多元化和复杂化,行政争议数量在我国呈现增多的趋势,能否依法及时稳妥处置关系到全面深化改革的顺利推进和社会的和谐稳定。行政复议主渠道建设意味着行政复议必须成为解决行政争议的主要途径和优先选择,在社会治理总体格局中发挥关键性作用。行政复议具有专业、高效、低成本的制度优势,应当成为化解行政争议的"前沿阵地"。要确立其在行政争议解纷机制中的主导地位,以法治思维整合行政调解、信访、诉讼等资源,构建分层递进、衔接有序的行政争议解纷体系,形成"以复议为主导、多机制协同"的治理合力,将行政争议吸附在前端、化解在基层,筑牢维护社会稳定的"第一道防线"。

四、健全行政复议体制机制是行政复议主渠道建设的坚实支撑

一个国家选择什么样的治理体系,是由这个国家的历史传承、文化传统、经济社会发展水平决定的。完善和发展中国特色社会主义制度,推进国家治理体系和治理能力现代化,是全面深化改革的总目标。习近平总书记指出,推进国家治理体系和治理能力现代化,就是要适应时代变化,既改革不适应实践发展要求的体制机制、法律法规,又不断构建新的体制机制、法律法规,使各方面制度更加科学、更加完善,实现党、国家、社会各项事务治理制度化、规范化、程序化。

体制机制是行政复议主渠道建设的"四梁八柱",《中共中央关于进一步全面深化改革、推进中国式现代化的决定》深刻指出,要健全行政复议体制机制,为行政复议主渠道建设指明了方向。要深化改革创新,激活行政复议发展动能,通过进一步改革行政复议体制机制,优化机构设置、人员配置与资源整合,构建权责清晰、运行顺畅、监督有力的行政复议工作体系;要加快完善行政复议配套制度,为主渠道建设提供坚实制度保障;要加强机制赋

能,完善实质性化解行政争议、监督依法行政、人才保障等机制建设;要强化创新与实践探索,推动行政复议工作专业化、规范化、智能化发展。

五、强化监督依法行政效能是行政复议主渠道建设的关键环节

习近平总书记强调,全面推进依法治国涉及很多方面,在实际工作中必须有一个总揽全局、牵引各方的总抓手,这个总抓手就是建设中国特色社会主义法治体系。依法治国各项工作都要围绕这个总抓手来谋划、来推进。形成严密的法治监督体系,是建设中国特色社会主义法治体系的重要一环,特别是要健全权力运行的制约监督体系,实现对公权力和公职人员的监督全覆盖,让权力在阳光下运行。

行政复议作为行政机关内部层级监督的"利器",是法治监督体系中的一项重要制度。行政复议主渠道建设要求进一步强化监督依法行政效能,对行政权力运行进行全流程监督,确保行政权力始终在法治轨道上规范运行,进而维护国家治理秩序的稳定性与权威性。需要行政复议强化个案监督力度,以案件审理为切入点,对行政行为的合法性、合理性进行全面审查,及时纠正违法和不当行政行为;加强以案促改促治,通过制发行政复议建议书、规范性文件附带审查、开展专项监督、发布典型案例等方式,推动规范执法共性问题,实现"办理一案、规范一片、治理一行"的监督效果,从源头上预防和减少行政争议,助推法治政府建设和社会治理法治化水平不断提升。

六、坚持统筹协调是行政复议主渠道建设的基本路径

习近平总书记强调,"要善于把党的领导和我国社会主义制度优势转化为社会治理效能,完善党委领导、政府负责、社会协同、公众参与、法治保障的社会治理体制,打造共建共治共享的社会治理格局"①;"在社会基层坚

---

① 《习近平谈治国理政》第三卷,外文出版社 2020 年版,第 353 页。

持和发展新时代'枫桥经验',完善正确处理新形势下人民内部矛盾机制"①;"健全城乡社区治理体系,及时把矛盾纠纷化解在基层、化解在萌芽状态"。②

落实党中央、国务院对行政复议工作的新要求、新部署,推进行政复议主渠道建设,不是行政复议机构一个部门的任务,需要通盘谋划,系统推进,共同推动行政复议的高质量发展。要坚持系统观念,增强行政复议与相关制度的衔接,聚焦主渠道建设的堵点、痛点、难点,搭建沟通协作平台,推动形成行政复议与行政执法、行政执法监督、法治督察、纪检监察、行政审判、公共法律服务等方面的衔接配合,构建立法、执法、司法、守法齐抓共管、一体贯彻落实的良性互动局面,凝聚主渠道建设的合力。

第四节　行政复议主渠道建设的重点任务

新修订的行政复议法贯彻实施以来行政复议工作蓬勃发展的生动实践,已经充分证明了行政复议制度是符合我国国情和现实需要的好制度,是具有发展潜力和广阔空间的好制度。落实党中央、国务院对行政复议工作的新要求、新部署,需要锚定"主渠道"建设总目标,从行政复议理念、体系、机制和能力四个方面入手,全面迭代升级实现现代化,推动行政复议高质量发展。

一、推进行政复议理念现代化

一是牢固树立服务大局理念,全力服务保障经济社会高质量发展。行

---

① 《习近平著作选读》第一卷,人民出版社 2023 年版,第 44 页。
② 《习近平关于城市工作论述摘编》,中央文献出版社 2023 年版,第 164 页。

政复议既是政府工作的重要内容,也是政法工作的重要内容,是政治性极强的业务工作,也是业务性极强的政治工作。行政复议高质量发展,要牢牢把握党和国家事业发展的方向和阶段性重点,对标对表京津冀协同发展、长江经济带发展、粤港澳大湾区建设、海南自贸港建设、长三角一体化发展、黄河流域生态保护和高质量发展等区域重大战略的实施要求,在重大项目落地、重点资源保护管理、重要利益关系协调、重大风险防范化解等方面加强行政复议服务保障。

二是牢固树立以人民为中心的理念,不断提升人民群众在行政复议工作中的获得感和满意度。行政复议是直接面对人民群众的工作,是密切党和人民群众血肉联系的桥梁与纽带。习近平总书记指出,维稳就是维权,就是维护好人民群众的合法权益。行政复议工作要牢固树立复议为民理念,履行好维护群众合法权益的职责使命。随着经济社会的发展和法治建设的推进,人民群众对民主、法治、公平、正义、安全、环境等方面的需求日益增长,行政争议更加复杂多样,迫切需要把帮助群众解决实际问题摆在行政复议工作更突出的位置抓好抓实,顺应人民群众对美好生活的向往。

三是牢固树立依法公正履职的理念,着力提高行政复议的权威性和公信力。依法公正履职是行政复议权威性和公信力的源头。行政复议对行政行为的监督权来源于上级行政机关对下级行政机关的领导权,具有体现国家意志和公共利益的强制性。行政复议要充分发挥监督功能,依法纠正违法或者不当的行政行为,将个案监督和类案规范相结合,通过案件办理维护社会公平正义。

四是牢固树立安全至上的理念,助力更高水平的平安中国建设。社会安全稳定是平安中国建设的基本要求。当前社会矛盾纠纷多发频发、错综复杂,行政复议工作要提高"草蛇灰线"本领,善于在蛛丝马迹中发现影响社会安全稳定的风险隐患,注重抓早抓小抓苗头,最大限度地把矛盾和问题发现在早、化解在小。要将化解矛盾风险、维护社会稳定作为工作重点,全面梳理行政复议案件风险点,建立排查台账,逐项落实处置,坚决杜绝出现严重影响社会安全稳定事件。

二、推进行政复议体系现代化

一是建立健全行政复议理论体系。理论是实践的先导,行政复议高质量发展离不开科学完备的理论体系。当前,行政复议理论体系建设亟待加强。一方面,行政复议制度的理论体系建设相对滞后,与行政复议化解行政争议主渠道定位不相匹配。在法学教育领域,缺少专题讲解行政复议的通用法学教材,没有专门设置行政复议法学研究的方向和课程,更缺乏行政复议法学理论的专门研究队伍。在中国期刊网上,有关研究行政复议的文章相对较少,与此形成鲜明对比的是,行政诉讼领域的理论研究对各种细分问题的覆盖极为全面。特别是随着行政复议制度实践的深入,很多新情况新问题不断出现,但对此进行深入研究的专家学者和实务工作者数量相对有限。比如,关于行政复议性质问题的深化研究,如果根据行政一体化原则,仅强调行政复议的行政性,将行政复议归结为二次执法行为,甚至当成引发行政争议的来源,那么,这不仅不符合行政复议制度定位,而且行政复议与行政审判的关系很难理顺,二者的衔接配合也将面临更多障碍,行政复议化解行政争议主渠道作用的发挥也会受到严重限制。因此,应当根据实践的发展情况,明确行政复议作为行政司法行为的定位,在逻辑上厘清行政复议与行政诉讼的关系。另一方面,行政复议理论研究支撑不足,影响行政复议新制度新机制的落地落实。比如,新修订的行政复议法规定了行政复议调解和变更决定等新制度机制,但在实践中出现了调解比例提升有限、变更决定使用率不高等现象,究其原因除制度规定有待进一步完善外,与理论研究不够充分对实践支撑不足也有关系。行政法强调保护公共利益,但保护公共利益并不必然得出不能调解的结论。实际上,行政复议机构基于公共利益可以在撤销和确认违法之间作情况裁决,在合法的前提下进行具体衡量。调解的理论基础和具体情形需要进一步明确,实现调解的理论法治化,保障行政复议调解工作顺畅开展。

行政复议理论研究的发展离不开实务工作者的深度参与,各级行政复议机构要与属地知名法学院校广泛开展合作,在借助"外脑"提升工作水平的同时,推动行政复议理论研究蓬勃发展。要推动全体行政复议人员加强理论研究,提升研究问题的能力,丰富行政复议理论体系,夯实行政复议高质量发展的理论基础。要对如何进一步健全行政复议体制机制、如何将行政复议调解变更等新规定落地、行政复议与行政诉讼如何更好衔接配合等重要问题进行系统理论研究,以更强理论基础指导办案实践。

二是建立健全行政复议制度体系。新修订的行政复议法颁布后,司法部按照国务院办公厅通知要求,指导各地各部门废止和修订近600件规章和规范性文件,对17件行政法规及国务院规范性文件提出清理建议,稳步推进相关工作。为加强相关配套制度建设,司法部印发了《行政复议普通程序听取意见办法》《行政复议普通程序听证办法》《关于进一步加强行政复议调解工作推动行政争议实质性化解的指导意见》《行政复议典型案例工作细则》,研究修订《行政复议法实施条例》,细化落实行政复议法的有关规定。全国各地各部门对标新修订的行政复议法,及时研究出台本地区本部门相关配套制度。与此同时,与行政复议高质量发展的要求相比,当前行政复议制度体系建设还需进一步加强。党的二十届三中全会决定明确要"健全行政复议体制机制",要求各级行政复议机关紧密结合经济社会高质量发展的目标任务,加快推进行政复议制度体系建设,让行政复议工作更好融入各级党委、政府的工作大局。

三是建立健全行政复议保障体系。目前,地方各级行政复议机构共有行政复议人员1.5万人,许多地方都存在案多人少的问题,基层行政复议力量薄弱的矛盾更加突出。各级行政复议机关要加强对行政复议队伍的关心关爱,下力气解决行政复议保障体系建设问题,重点推动各级行政复议机构的队伍建设,研究建立符合行政复议办案特点的人员激励保障机制,进一步激励行政复议人员履职尽责、担当作为,确保在行政复议案件稳步增量的趋势下能接得住、办得好。同时,要对行政复议队伍做到政治上有激励、工作上有保障、待遇上有倾向、人文上有关怀,增强行政复议工作的使命感和职业荣誉感,让行政复议事业更有吸引力,让行政复议人员安身、安心、安业。

四是建立健全行政复议监督体系。新修订的行政复议法改变了过去以书面审查为主的审理方式,要求开门办案,对所有案件原则上都要听取当事人意见,行政复议人员与当事人、律师等在工作上接触的机会增多,面临的风险也会增多。司法部研究制发了《行政复议廉洁办案规定》,要求行政复议工作人员将廉政纪律内化于心、外化于行,坚决守住廉洁办案底线。面向未来,要结合行政复议工作实际,不断健全完善行政复议廉洁办案规章制度,严格规范行政复议权力运行机制,探索建立述廉机制,堵好廉政风险漏洞。要不断增强制度的执行力,把严的主基调长期坚持下去,真正做到用制度管权管事管人,使制度规矩真正成为带电的"高压线"和牢固的"防火墙",以风清气正的良好生态为行政复议高质量发展凝聚磅礴力量。

三、实现行政复议机制现代化

一是建立健全司法行政系统内部的衔接配合机制。一方面要畅通横向衔接配合机制。积极促进行政复议与行政执法监督、法治督察形成贯通合力的监督机制,切实推动以案治本、以案促治。加强衔接配合,对于行政复议中发现的行政执法共性问题,要及时反馈到行政执法监督部门研究处置,反馈到法治督察部门进行督察考核。行政执法监督、法治督察部门发现个案违法行为、不作为等问题,也要及时反馈到行政复议机构依法处理,形成规范行政执法的合力。另一方面要建立行政复议系统上下联动机制。上下同欲者胜,下级行政复议机构对上级行政复议机构提出的工作请求或意见建议,上级行政复议机构要及时听取了解,积极完善相关工作;上级行政复议机构对下级行政复议机构提出的工作要求,要能及时有效传导落实。努力实现自上而下与自下而上相结合,真正做到上下联动、整体发力,推动行政复议工作提质增效。

二是健全行政复议与司法机关、信访部门等其他行政争议化解渠道的衔接配合机制。习近平总书记强调,要完善社会矛盾纠纷多元预防调处化解综合机制。行政复议、行政审判、信访虽然职责分工不同,但都统一于党的领导、统一于人民群众根本利益,都肩负着化解行政争议、维护社会安全稳定的职责使命。近年来,司法部认真贯彻落实习近平总书记重要指示精神,积极强化与司法机关、信访部门的衔接配合。比如,与最高人民法院共同举办行政复议行政审判联席工作会,联合印发《关于加强行政复议行政诉讼衔接配合 推动化解行政争议的指导意见(试行)》,指导各级行政审判人员和行政复议人员做实行政争议的诉源治理和实质化解工作。司法部与最高人民法院、最高人民检察院会同相关国务院部门建立预防和化解行政争议"3+N"(法院+检察院+司法局+具体行政管理领域的行政机关)工作机制,推动统一相关行政执法、行政复议、行政审判、行政检察监督标准,共同促进依法行政。建立行政争议引流机制,按照中央关于信访工作法治化的要求,与国家信访局加强沟通衔接,探索将符合条件的申诉求决类信访事项依法通过行政复议渠道的解决机制,强化行政复议分流行政争议效能。为更好实现行政争议实质化解,行政复议机构要继续主动与司法机关、信访部门加强沟通,实现理念对接、机制衔接、信息联接,在互促共进中实现共建共治、共赢多赢,为经济社会高质量发展提供高质量的法治保障。

三是健全行政复议与纪检监察机关的衔接配合机制。新修订的行政复议法规定了行政复议与纪检监察的衔接工作机制,行政复议机关要从两个层面加强与监察机关的衔接配合,形成监督违法行为的合力。对行政机关及其工作人员违反行政复议法规定的,将违法事实材料移送监察机关,由监察机关依法处理。比如,对阻挠、变相阻挠公民、法人或者其他组织依法申请行政复议的,按照规定将相关违法材料转送监察机关。在行政复议办理案件过程中发现的涉嫌违法违纪问题线索移送监察机关依法调查处置。

四是健全行政复议与新闻媒体等外部社会资源的衔接配合机制。深化与新闻媒体的交流合作,持续构建常态化的良性互动机制。行政复议高质量发展需要传递好行政复议理念,讲好行政复议故事,全面提升行政复议工作的宣传能力和水平,共同策划推出更多有温度、接地气、有深度、传播面更广的精品报道,在深化与新闻媒体的合作中实现共赢。2024年司法部通过新闻媒体发布了五批典型案例,社会各界广泛关注,全网点击量高达几千万次。央视新闻频道《法治在线》栏目以行政复议案例为素材,制作并播出专题节目,新华社、《人民日报》、央广网以及许多新媒体都更加重视行政复议的宣传,大大提升了行政复议的影响力。为进一步增强人民群众对行政复议的知晓度和认可度,行政复议机关要积极与媒体建立合作机制,共同策划宣传,突出亮点工作,挖掘先进典型,展示敢于担当、甘于奉献的行政复议人员良好形象,让"有行政争议、找行政复议"的理念深入人心,为主渠道建设营造良好的社会舆论氛围。

四、实现行政复议能力现代化

一是加快行政复议队伍能力建设,打造一支高素质的行政复议人员队伍。高素质的行政复议工作队伍是做好行政复议工作的重要保障。行政复议法规定,国家建立专业化、职业化行政复议人员队伍。专业化、职业化建设不是一蹴而就的,需要在设定并完成年度目标的基础上,久久为功。各级行政复议机关要积极主动作为,克服"等、靠、要"的错误认识,结合本地区实际,在队伍专业化、职业化方面积极探索,不断提升行政复议队伍专业化、职业化水平。

二是加快行政复议信息化建设,实现行政复议数字化、智慧化发展。面对新形势新任务新挑战,要充分利用信息化、数智化手段为主渠道建设提供新动能。行政复议工作的信息化、数智化可以从三个维度把握:首先,提升参与行政复议的便利度。在行政复议平台上设置数字立案室、数字阅卷室、数字听证室、数字调解室、数字档案室等,提供线上咨询、线上申请、线上阅卷、线上听取意见、线上听证等全流程服务,方便群众参加行政复议活动,提升行政复议服务水平。其次,推动行政复议工作更高效、更规范。运用智能辅助,提高办案效率,通过在线登记、在线办理、在线听证、在线审批、系统自动推荐关联法条、自动生成法律文书、在线送达等智能化辅助功能,将办案人员从事务性工作中解脱出来,提升工作的效率,有效破解"案多人少"的矛盾。最后,服务法治政府建设。通过运用行政复议多源数据精准"画像",深入分析行政争议的发生情况和发展趋势,精准查找并促进整改法治政府建设不平衡、不充分的薄弱环节,重点对引发行政复议案件比例较高,或者被行政复议纠错比例较高的行政执法行为进行实时监控,做好延展行政复议监督效能的"后半篇文章",对行政违法问题进行源头规范和整体预防,有针对性地提升重点领域的行政执法水平,以数据资源实现对法治政府建设的前端引领、成效评判和基础保障。

三是强化行政复议委员会建设,为行政复议工作高质量发展提供强力支撑。行政复议委员会既是各级政府依法加强行政复议工作、支持和保障行政复议机构依法履行职责的重要载体,也是汇聚政府有关职能部门等各方力量和智慧、提高行政复议办案质量的重要平台。要高标准建立或完善行政复议委员会,发挥好行政复议委员会功能作用,推动行政复议工作高质量发展。

四是深入推进行政复议规范化建设,提升行政复议规范化水平。目前,行政复议工作规范化还有很大提升空间,需要加快研究制定行政复议人员工作规范、指导性案例工作规定、行政复议文书示范文本等规章和规范性文件,建设科学完备、结构合理、统一规范、公正权威、运行高效的行政复议配套规章制度体系,切实提升行政复议工作规范化水平。

【延伸阅读】

人民日报丨司法部:3月1日起,在全国范围内全面推行在线行政复议

司法部将从今年3月1日起,在全国范围内全面推行在线复议工作,依托"掌上复议"微信小程序和全国行政复议服务平台,开展在线申请、在线补正、在线阅卷、在线听证、在线调解和在线送达等活动,助力社会公众实现足不出户申请和参加行政复议。

此前,司法部开发并推广使用了全国行政复议行政应诉工作平台,在全国400多家行政复议机构进行了试运行,取得了积极成效。2024年各级行政复议机构收到申请人通过网上提交的行政复议申请13.46万件,占新收案件总数的18%。

2024年1月1日,新修订的行政复议法正式实施。行政复议是政府系统自我纠错的监督制度和解决"民告官"行政争议的救济制度,是推进法治政府建设的重要抓手。据统计,2024年全国新收行政复议案件74.96万件,同比增长94.7%;办结64.1万件,同比增长82.1%。经过行政复议后,90.3%的案件未再进入行政诉讼或信访程序,有效实现案结事了。

据悉,各级行政复议机关不断加强个案纠错和类案规范力度,2024年综合运用各类纠错决定,纠正违法或不当行政行为5.8万件,直接纠错率12.07%,有效规范了一批乱罚款、不作为等执法突出问题。针对行政执法共性问题制发行政复议意见书、建议书7114份,附带审查规范性文件1387件,从源头上纠正和预防违法和不正当行政行为,实现以案促治、以案促改。

第二章　主渠道建设与行政争议预防化解

行政复议主渠道建设要求各级行政复议机关必须高度重视行政争议的预防和实质性化解，积极畅通渠道，建立健全预防化解机制和高效的处理程序，让更多行政争议进入行政复议渠道并得到妥善解决。同时，预防和实质性化解行政争议的成效直接影响行政复议的公信力和行政争议解决方式的首选率，关系到行政复议主渠道建设的顺利推进。新修订的行政复议法确立和完善了行政复议调解、和解、先行化解、意见书、建议书、规范性文件附带审查等制度机制，强化了行政复议推动行政争议预防化解的效能，助推重点领域安全稳定风险的防范和社会治理法治化水平提升，有利于推动行政复议主渠道建设不断取得新成效、新突破。

第一节　树立行政争议预防化解理念

在全面建设中国特色社会主义法治体系的时代背景下，必须在制度设计和工作实践中切实平衡好规范权力运行、救济群众合法权益、依法化解争议等诸多既相互关联又互有张力的价值追求，探索建立更富远见、更符合现实国情和法治阶段性特征、更重实效的新的多元化矛盾化解体制机制。实践中，树立行政争议预防化解理念，坚持源头预防，强调实质化解，可以推动实现从源头上减少行政争议和推动行政争议的实质化解，有效提升社会治理法治化水平。

一、充分认识树立行政争议预防化解理念的时代意义

随着经济社会的快速发展,社会结构深刻变动、利益格局深刻调整、思想观念深刻变化,社会矛盾呈现多发性、多领域、多主体发展态势,各类矛盾风险燃点低,处理不当就可能造成社会矛盾激化。从矛盾纠纷的内容来看,社会矛盾纠纷表现出多种形式,其中因行政机关作出的行政行为违法或不当以及行政不作为产生的行政争议大幅增长,此类争议涉及公民与政府之间的关系,若处理不当,极易引发社会不满和冲突。当下,人民群众对公平正义的期待值越来越高,能否有效预防化解行政争议,关系到人民群众的切身利益,关系到社会的安全稳定,关系到巩固党的执政根基。在新时代背景下,树立行政争议预防化解理念,加强行政争议的预防与化解工作有着重要的时代意义,具体可以从以下四个方面来理解和把握。

(一)树立行政争议预防化解理念是贯彻落实习近平总书记关于坚持和发展新时代"枫桥经验"重要指示精神的必然要求

新时代"枫桥经验"是习近平新时代中国特色社会主义思想在平安中国建设领域的生动实践,是习近平法治思想的重要组成部分,是我们党治国理政的宝贵经验。充分领会习近平总书记重要指示中对"枫桥经验"发展演变规律的深刻认识,既要深刻理解"枫桥经验"重要内涵,坚持党的群众路线、做到矛盾就地解决不上交;更要开拓创新,正确理解和把握好新时代"枫桥经验"的时代价值,完善正确处理新形势下人民内部矛盾机制,及时把矛盾纠纷化解在基层、化解在萌芽状态,做到"小事不出村、大事不出镇、矛盾不上交"。树立行政争议预防化解理念,有效预防和化解行政争议是坚持和发展新时代"枫桥经验"的一个重要着力点,通过抓前端、治未病,推动更多的力量向引导和疏导端用力,切实打造行政机关主导下预防、调处、化解三位一体的系统化矛盾纠纷化解体系,真正把矛盾纠纷主要化解在基

层、化解在初发阶段、化解在行政程序中。

（二）树立行政争议预防化解理念是积极回应人民群众新要求新期待、厚植党的执政根基的必然要求

习近平总书记指出，人民群众对美好生活的向往，就是我们的奋斗目标。要积极回应人民群众新要求、新期待，系统研究谋划和解决法治领域人民群众反映强烈的突出问题，不断增强人民群众获得感、幸福感和安全感，用法治保障人民群众安居乐业。进入新时代，人民群众对民主、法治、公平、正义的需求日益增长，对行政争议预防化解工作也提出了更高的要求。行政争议一方是政府，一方是人民群众，直接关系到群众对党和政府的信任。近年来，一些地方执法不规范、不作为问题突出，如果行政争议得不到及时化解就可能会引起政府和群众的对立，影响政府形象和公信力，破坏社会安全稳定。理念是行动的先导，树立行政争议预防化解理念，按照预防为先、实质化解的工作要求，畅通和规范群众诉求表达、利益协调、权益保障通道，加强行政争议预防化解工作，使矛盾问题止于未发、消于萌芽。只有这样，才能把群众合法权益维护好、合理诉求解决好，才能赢得群众的信任，厚植党的执政根基。

（三）树立行政争议预防化解理念是推进全面提升依法行政水平、加快建设法治政府的必然要求

习近平总书记强调，推进全面依法治国，法治政府建设是重点任务和主体工程。预防和实质化解行政争议是政府的重要职责，也是法治政府建设的重要内容。加强行政争议的源头预防，关键是要精准查找法治政府建设不平衡、不充分的薄弱环节并加以整改，实现对行政违法问题的源头规范和整体预防。行政机关应当做到"法无授权不可为"，这是依法行政的基本含义，要不断提高运用法治思维和法治方式深化改革、推动发展、化解矛盾、维护稳定、应对风险的能力，违法行政就应当承担相应的法律责任。推动行政争议实质化解，首先要把行政争议引导到行政复议和行政诉讼等法定程序

中进行化解。而对于进入法定程序的行政争议,要摒弃"机械"办案、就案办案"一裁了之"的简单处理方式,坚持树立实质化解行政争议理念。一方面,坚持调解优先,评估实质化解的可能性,对于当事人自愿调解的,在行政复议程序中先行协调化解,力争实现"案结事了人和";另一方面,坚持"有错必纠",通过坚决纠正违法或者不当行政行为,促进严格规范公正文明执法,有效避免因不作为、乱作为引发行政争议,推进法治政府建设。

(四)树立行政争议预防化解理念是维护社会安全稳定、促进社会公平正义的必然要求

习近平总书记指出,要积极预防、妥善化解各类社会矛盾,确保社会既充满生机活力又保持安定有序。要处理好维稳和维权的关系,既要解决合理合法诉求、维护群众利益,也要引导群众依法表达诉求、维护社会秩序。当下,面临社会治理新形势,要深刻认识做好社会安全稳定风险防控工作的重要性和紧迫性,树牢底线思维、风险意识,常态化开展行政争议风险隐患排查,切实提高政治敏锐性和政治鉴别力,深入分析行政争议的发生情况和发展趋势,对于一些苗头性、倾向性问题要提高警惕并做好防范措施,防止行政争议激化升级。加强行政争议预防化解,严格落实维护社会安全稳定政治责任,进一步做实做细行政争议化解工作,引导人民群众通过法治渠道解决切身利益问题,不断增加人民群众的法治获得感,促进社会公平正义,提升社会治理法治化水平。

总之,各级行政复议机关要从新时代全面推进依法治国、在法治轨道上全面建设社会主义现代化国家的高度,正确认识树立行政争议预防化解理念的时代意义,围绕预防为先、实质化解的工作目标,切实做到矛盾纠纷的有效预防和化解,依法维护好群众的合法权益,促进社会和谐稳定。

二、坚决扛起行政复议作为化解行政争议主渠道的时代责任

非诉纠纷解决机制,也称替代性纠纷解决机制,是对世界各国普遍存在

的、诉讼制度以外的非诉讼纠纷解决程序或机制的总称。① 相较于诉讼解决机制,非诉纠纷解决机制化解矛盾有着相对灵活的纠纷解决程序,可以更方便快捷地解决矛盾,有效提高化解效率,降低纠纷解决成本,提升解纷效能。在我国,民事诉讼领域"诉讼爆炸"现象已是不争的事实,法院"案多人少"的矛盾在不少地方非常突出。② 随着经济发展过程中社会利益关系的调整和利益格局的重构,特别是随着行政管理疆域的扩大,行政纠纷数量激增,"诉讼爆炸"趋势逐渐向行政管理领域蔓延。习近平总书记指出,我国国情决定了我们不能成为"诉讼大国"。一个有着 14 亿多人口的大国,如果大大小小的事都要打官司,那必然不堪重负!要坚持把非诉讼纠纷解决机制挺在前面,完善调解、信访、仲裁、行政裁决、行政复议、诉讼等社会矛盾纠纷多元预防调处化解综合机制。当前,加快行政司法等非诉纠纷解决制度体系建设,切实挺在诉讼前面发挥"分流阀"作用,从源头上减少诉讼增量,既是破解"诉讼爆炸"难题的现实选择,也是在法治轨道上推进国家治理能力现代化的时代需要。

行政复议制度作为非诉纠纷解决的重要制度,其功能定位是政府系统自我纠错的监督制度和解决行政争议的救济制度,是行政机关内部层级监督的首要方式,是推进法治政府建设的重要抓手,也是维护公民、法人和其他组织合法权益的重要渠道。自 1999 年行政复议法实施以来,截至 2024 年年底,全国共办理行政复议案件 420 多万件,在维护群众合法权益、实质化解行政争议、促进社会和谐稳定、加快建设法治政府方面发挥了重要作用。进入新时代,行政复议要充分发挥制度优势,坚决扛起化解行政争议主渠道的时代责任。

---

① 参见范愉:《多元化纠纷解决机制》,厦门大学出版社 2005 年版,第 23 页。
② 参见左卫民:《通过诉前调解控制"诉讼爆炸"——区域经验的实证研究》,《清华法学》2020 年第 4 期。

（一）充分发挥行政复议审理行政争议专业、高效的天然优势

纠纷化解机制的专业性在很大程度上决定了其受信任度、利用率和认可度。从社会矛盾纠纷演化的路径和纠纷化解的实践看,随着人类社会活动复杂性的提升,各类矛盾纠纷尤其是行政争议涉及领域和内容的专业性也在不断提升,在处理相关争议时对专业技术知识的要求也大大提高,同时也对具体案件承办人员的知识结构和专业素养提出了更高的要求。行政复议机关审理行政争议能够统筹调用各类行政资源,有助于发挥行政复议机关法律专业性和行政机关行业专业性的天然优势。2023 年修订的行政复议法规定,县级以上各级人民政府应当建立相关政府部门、专家、学者等参与的行政复议委员会,为办理案情重大、疑难、复杂,专业性、技术性较强的行政复议案件提供咨询意见。通过专业的解纷机制尽早介入、尽快化解,尽可能将矛盾消化在萌芽状态,可以有效降低行政争议化解的难度和成本,避免争议状态恶化蔓延升级,实现审理行政争议的最佳效能比。同时,矛盾纠纷的化解效率也在很大程度上影响矛盾纠纷化解的难度和成本。行政救济相对于司法审查来说,蕴含着处理法律争议的经济、高效的法律精神。行政争议当事人都希望快速地化解行政争议,以维护自身合法权益。与行政诉讼程序的严格细密相比,行政复议具有迅速、高效解决行政争议的制度优势。行政复议从受理案件、审理方式到作出行政复议决定的时限,都体现了高效原则。因此,行政复议机关在保证公正的前提下,高效地办理行政复议案件,可以缩短申请人等待的时间,并尽可能减少原行政行为给申请人带来的不利影响,更好地保护申请人的合法权益。

（二）充分发挥行政复议同步解决行政行为合法性与合理性的独特优势

相较司法审查,行政复议在行政争议审查方面的重要优势之一就是对合理行政的关注与约束。从行政法治的基本要求看,行政行为不仅要在行为主体、程序、内容和形式上符合法律规定,还要在此基础上符合法定目的、

具有正当动机、满足公正法则。行政管理实践中,经常会出现合法不合理或合理不合法的行政行为,前者主要是行政机关没有正确行使自由裁量权;后者则可能源于立法滞后造成的行政执法依据修订不及时或法律真空现象。随着依法行政的深入推进,严格规范公正文明执法的理念逐步得到深化,对行政机关违法行为的监督纠错有着比较充分的制度保障,但囿于行政权与司法权的边界问题,司法机关在有效规制行政机关自由裁量权行使等合理性问题方面存在明显障碍。根据宪法和组织法授权,行政机关在调动行政资源、切实回应人民群众维权需求方面的天然优势,特别是基于行政权自我监督和纠错的应然逻辑,行政复议机关能够对被申请行政复议的行政行为合法性与合理性进行一体审查,进而实现对行政权运行全流程的监督。

(三)充分发挥行政复议实质性化解行政争议的资源优势

纠纷化解机制最关键的特质是公正,尤其是通过严谨规范的纠纷解决程序,保证双方当事人的程序正义。司法机关的定位和职责就是严格依照法律规定,基于法律事实,针对当事人的法律诉求作出裁判。这是司法审查的特点和优势。然而,实践中争议当事人的真实利益诉求经常隐藏在法律诉求背后,如果裁判机关没有同步解决这些引发当事人诉求的关键因素,就无法实质性化解争议。比如实践中大量出现的行政相对人以行政机关未依法公开政府信息为由提起的诉讼,其法律诉求背后可能是诸如房屋征收、行政处罚等实体争议。在此情况下,无论司法机关作出何种裁判,争议状态都很难终结。而行政复议基于其行政性特质和侧重纠纷化解的制度定位,具有更强的争议化解能力,可以有效解决裁判活动的被动性与化解矛盾纠纷需要的主动性之间的结构性冲突,通过深入矛盾纠纷内部,识别并调动资源解决当事人的核心关切,包括在不损害公共利益的前提下最大限度地开展协商协调,促成矛盾纠纷的实质性化解。

(四)充分发挥行政复议全方位、穿透式审查的监督优势

社会治理法治化是一项系统工程,必须坚持系统观念,做到标本兼治、

关口前移。按照源头治理的总体要求,矛盾纠纷化解机制既要坚持依法有效化解争议,防止矛盾升级,也要注重从源头上规范行政执法和基层治理,从而预防减少矛盾纠纷的产生。行政复议在推动源头治理方面也有其独特优势。实践中,行政复议机关既可以对多发易发的矛盾纠纷发展趋势和特点等进行分析研判,及时发现行政管理和社会治理的薄弱环节和共性问题,实现社会风险因素的早发现、早预防;更重要的是可以充分发挥行政权的监督优势,进行全方位、穿透式监督,针对办案中发现的行政管理前端立法、决策、执法等各环节问题进行全面规制,做到"办结一案、规范一片、治理一行",在确保纠纷化解实效的同时,真正实现"治已病"和"治未病"的有机统一。

三、协同形成行政争议预防化解的共治理念

在新时代背景下,行政争议的预防与化解已成为社会治理的重要一环。面对日益复杂多样的行政争议,单一的治理主体已难以满足需求,协同共治的理念应运而生。这一理念充分体现党中央提出的"党委领导、政府负责、社会协同、公众参与、法治保障"的社会治理体系总体要求,旨在形成共建共治共享的社会治理新格局,有效预防和化解行政争议,推动社会治理法治化和现代化,更好地服务法治政府建设。党的十九大以来,中国经济结构调整步入关键时期,法治服务保障经济社会高质量发展的作用进一步凸显。为进一步强化法治政府建设的顶层设计和协调统筹,中共中央、国务院发布《法治政府建设实施纲要(2021—2025年)》,明确提出了"法治政府建设全面突破"的全新要求,其中一个重要导向就是更加强调矛盾纠纷化解的系统性、效能性和行政机关在化解争议中的主导性。该纲要提出,要打造"社会矛盾纠纷行政预防调处化解体系""推动完善信访、调解、仲裁、行政裁决、行政复议、诉讼等社会矛盾纠纷多元预防调处化解综合机制",加强行政调解工作,有序推进行政裁决工作,发挥行政复议化解行政争议主渠道作

用。按照新时期社会治理的总体要求,新发展阶段各级行政机关要更加重视纠纷化解,真正发挥出行政机关化解同行政管理活动密切相关的民事纠纷及行政争议的制度优势。行政争议成功化解,多方参与是重要支撑,必须依靠社会各界普遍参与,最终形成分工科学、衔接顺畅、协同高效、优势互补的法治化行政争议预防化解的共治体系。

目前来看,行政争议预防化解共治机制还存在体系化程度不高、结构布局不合理、法治化水平不足等问题,必须进一步加强制度协同,形成共治合力。在行政司法制度体系中,各项制度也要各有侧重,特别是要注重发挥行政司法相关制度的规范特性和资源优势。其中,行政裁决侧重依法解决权属争议、赔偿补偿争议等与行政管理活动密切相关的民事争议,行政调解则可以通过协调、劝导等方法,化解消费者权益保护、交通损害赔偿、治安管理、环境污染、医疗纠纷等方面的民事争议以及涉及行政裁量权行使和行政赔偿补偿的行政争议。对行政复议的要求则更为多元,行政复议化解行政争议主渠道是党中央在社会治理方面的重大决策部署,是习近平总书记的明确指示要求,也是行政复议法的法律规定。建设化解行政争议主渠道,要求将行政复议挺在前面,把更多行政争议从行政诉讼和信访渠道引流到行政复议,努力形成"大复议、中诉讼、小信访"行政争议纠纷解决格局,使行政复议成为行政争议进入诉讼前的"过滤器"、信访的"分流阀",充分发挥行政复议化解行政争议的主渠道作用,更好维护人民群众合法权益,扎实推进依法行政和深化源头治理。

在司法制度体系中,司法机关立足审判职能,要充分发挥司法审判终局性作用,进一步筑牢实质解纷的最后一道防线。其中,解决行政争议是行政审判的重要目的,应当更加关注当事人的实质诉求,实质性解决问题,以最少的案件解决一类纠纷,以最少的程序解决一类案件,维护相对人合法权益,实现"案结事了"。司法权和行政权在根本上统一于党的绝对领导、统一于维护人民群众根本利益,行政审判、行政复议都肩负着化解行政争议的重要职责使命,根本目的都是维护人民群众合法权益。府院联动是实现行政争议化解的重要机制,双方应当结合行政争议预防和实质化解的重点难点,强化联动、凝聚共识、汇聚合力,共同抓好预防和实质化解行政争议这一系统工程,努力实现行政争议源头预防和实质化解,共同促进法治中国建设,为中国式现代化提供有力的法治保障。

第二节　高度重视实质性化解行政争议

"实质性解决争议"是近年来各类纠纷解决机制普遍提出的理念要求和工作目标。究其原因,是实践中很多矛盾纠纷虽然已走完法律程序,但争议状态仍未彻底终结,当事人因对处理结果不满意,继续申诉上访或者以其他方式表达诉求。这种"程序空转"现象,大量耗费社会资源,徒增群众讼累,既不利于当事人权益的维护和社会秩序的稳定,也损害了纠纷解决机关的权威和公信力,成为矛盾纠纷化解领域的突出问题。重视实质性化解工作,避免机械办案、就案办案,真正实现从"结案了事"向"案结事了"转变,是社会治理对"案结事了"和"定分止争"两种目标导向充分融合的终极追求,其关键是坚持"以人民为中心"的价值立场,处理好维权和维稳的辩证关系,通过提升人民群众对个案处理结果的满意度来稳定社会秩序,以更好满足转型期社会治理的维稳刚需。

一、强化全覆盖、全流程调解

调解制度作为中华民族独特的法律文化意识和重要的社会治理模式,既契合中国古代"天下无讼"思想,也体现了新时代"枫桥经验",是实质性解决行政争议的重要方式。行政复议处理的主要是行政争议,由于行政行为关涉公共利益,传统行政法理论认为行政争议不能适用调解,防止公共利益因此受到损害。随着行政复议实践的深化和行政法理论的发展，理论界和实务界普遍认识到，运用调解、协调或者和解的手段，可以使行政争议的解决方式更加灵活，更有利于行政争议的和平解决，更符合当前对行政争议进行实质性化解，减少行政诉累，促进社会安全稳定的新形势需要。行政复议机关在不损害国家利益、社会公共利益和他人合法权益的前提下，可以主持调解，更好引导双方当事人达成合意，实现争议实质性化解。2023年修订的行政复议法将调解作为行政复议办案的重要原则在总则中予以规定，明确在合法、自愿前提下，行政复议机关对各类行政争议都可以开展调解。行政复议机构办理行政复议案件要通过释法明理、教育疏导、说服说和，促成争议双方或多方就争议的实体权利义务自愿进行协商，达成调解协议，解决行政争议纠纷。2024年4月，司法部对行政复议调解工作作出具体部署，印发《关于进一步加强行政复议调解工作推动行政争议实质性化解的指导意见》，强调要高度重视调解工作，强化调解在行政复议中的运用，加大行政复议调解工作力度，健全行政复议调解工作机制，统筹调度各类行政资源，充分利用各类专业调解资源，全面提升行政复议调解能力，不断提高调解结案比重，充分发挥调解在矛盾纠纷预防化解中的基础性作用，推动行政争议化解在基层、化解在初始阶段、化解在行政程序中，切实维护人民群众的合法权益。

坚持将调解工作覆盖各类行政复议案件，做到应调尽调。《行政复议法》第五条规定，行政复议机关办理行政复议案件，可以进行调解。调解应当遵循合法、自愿的原则，不得损害国家利益、社会公共利益和他人合法权益，不得违反法律、法规的强制性规定。该规定不再对调解内容进行限制，对行政复议调解工作提出了更高要求，即意味着不管哪种类型的行政复议案件，只要不损害国家利益、社会公共利益和他人合法权益，不违反法律、法规的强制性规定，行政复议当事人同意的，行政复议机关都可以进行调解。实践中，应当认真做好涉行政裁量行政行为的调解工作，综合研判事实、性质、情节、法律要求和本地区经济社会发展状况等因素,在当地行政裁量权基准明确的范围内提出或者指导形成调解方案;尚未制定行政裁量权基准的,要善于通过行政复议委员会形成调解方案,调解方案要与类型、性质、情节相同或者相近争议的处理结果保持基本一致。加大"一揽子"调解力度,对行政争议的产生与其他行政行为密切相关并适合由行政复议机构一并调解的,组织各方进行调解,真正做到一并调解、案结事了。

坚持将调解工作贯穿到行政复议办理全过程,做到能调尽调。切实贯彻调解优先的工作理念,在案件办理全流程、各环节有针对性地加强调解工作。这意味着行政复议调解不限于行政复议审理程序中,而是可以贯穿行政复议受理、审理、决定全过程。在行政复议审查受理环节,行政复议机构在收到行政复议申请后,即可以开展调解工作,实践中很多行政争议在这一阶段通过行政复议机构的耐心解释说明和先行协调得到妥善解决。这一做法既缩短了行政复议申请人的维权周期,降低了维权成本,也提高了纠纷化解效率,实现行政争议更快捷高效地化解,降低了行政成本。行政复议机关要高度重视行政复议案件审理环节的调解工作,坚持问题导向、结果导向,充分利用听证会、听取意见、调解会等全面了解申请人的争议由来和实质诉求,找准矛盾症结,积极开展诉求沟通、法理辨析、情绪疏导,提出或者指导形成调解方案,积极促使各方意见达成一致。注重行政复议案后调解,经调解未能有效化解的案件,行政复议决定依法作出后,行政复议机关可根据案件实际情况,积极就行政复议决定进行释法说理,耐心做好案后释疑解答工作,努力降低行政复议决定的被诉率。申请人不服行政复议决定提起行政诉讼或者申请国务院行政复议裁决的案件,行政复议机关可根据案件实际情况,充分利用答辩、庭审、行政复议裁决答复等时机,进一步说明理由并释明依据,消除当事人对立情绪,积极配合各地行政争议调解中心、人民法院、人民检察院或者行政复议裁决机关开展立案前、审理中的案件调解工作,力争实质化解行政争议。

行政复议调解必须坚持合法和自愿原则。一方面,行政复议调解必须依法开展。行政争议的解决必须坚持在法治轨道上推动矛盾纠纷的有效化解,不能模糊法治底线过分追求争议的弹性解决,也不能以牺牲国家利益、社会公共利益和他人合法权益为代价。如果不依法进行调解,就容易造成行政争议解决的无序化,破坏法治环境和公法秩序。另一方面,调解必须基于当事人双方自愿。调解的启动必须是争议当事人的合意;调解协议需要在争议当事人自愿、合意的基础上达成,不能违背当事人意愿进行强制调解。对于因调解中止的行政复议案件,要积极开展并及时完成调解工作。要避免久调不决,任何一方当事人提出恢复审理请求,或者行政复议机构评估认为难以达成一致意见的,绝不能久调不决,要及时终止调解,依法作出行政复议决定。

📖 典型案例①

【基本案情】

申请人王某、陈某系上海市某国际广场社区中一楼宇业主代表(该栋楼宇业主近200户),于2023年5月1日和12月9日两次以书面挂号信方式向被申请人上海市某街道办事处邮寄《关于申请成立业主委员会的申请书》,要求被申请人履行对国际广场社区召开临时业主大会成立业主委员会的职责,但未得到回复。申请人不服,于2024年2月5日向区人民政府申请行政复议。

【复议办理】

行政复议机构审查认为,本案的争议焦点为被申请人是否具有为某国际广场社区成立业主委员会的法定职责。《上海市住宅物业管理规定》主要适用于该市行政区域内住宅物业管理、使用及其监督管理,非住宅物业管理参照执行。本案中，申请人所在楼宇房屋建筑类型是办公楼，实际使用性质为办公，该国际广场另有6幢大型楼宇，包含商业办公、休闲娱乐、公寓居住等多种经营服务模式。国际广场社区成立业主大会筹备组、业主大会和业委会事宜，属选择参照《上海市住宅物业管理规定》管理的情形，被申请人某街道办事处并不具有该项法定职责，且涉案某国际广场社区共有7幢楼宇，尚未整体划分物业管理区域，亦不具备《上海市住宅物业管理规定》规定的成立业主大会的前提条件。

本案审理过程中，行政复议机构深入听取申请人及社区业主代表意见，查明涉案楼宇楼龄近16年，存在电梯超过安全使用期限、公共设施设备年久失修、发生过严重失窃事件等消防、人身安全隐患问题，业主的实际需求是通过成立业主委员会，以监督和推进居住环境的改善。行政复议机构立足于解决行政争议背后的实质诉求，多措并举进行调解。通过当面接待、召开沟通会、调解会开展普法释法，向申请人释明成立业主委员会所需条件，帮助申请人寻求合法合理解决问题的途径。开展跨部门协调，与住房保障和房屋管理部门共同理顺物业管理职责、夯实属地管理要求，推动落实社区物业管理区域整体划分。协调被申请人指导申请人参与推进业主大会筹备组的动员准备，业主大会筹备组公告张贴后，申请人主动撤回了行政复议申请。

【典型意义】

随着城市化进程的加速，物业管理在社区发展中扮演着越来越重要的角色，不仅关乎居民生活质量，还对社区的稳定、和谐及可持续发展有着深远的影响。同时，作为当前社会治理的热点领域，物业管理也是矛盾纠纷高发领域。坚持便民为民工作原则，解决群众急难愁盼问题，是行政复议的重要价值追求。本案中，行政复议机构深入践行复议为民宗旨，透过表面争议探寻群众的实质诉求，协调多方力量调解解决了市中心区域综合楼宇设立业主委员会的问题,满足了业主对社区自治管理的迫切愿望。同时,充分发挥行政复议在基层社会治理中的积极作用,探索大型综合社区物业管理区域划分的经验模式,推进形成依法行政与社区共建共治管理的新格局,既保障了业主依法依规自治,又厘清了行政机关依法引导、指导和监督的职责,为社会治理法治化提供了有效借鉴。

二、鼓励行政机关自行化解

党的十九届四中全会《决定》强调,"加强系统治理、依法治理、综合治理、源头治理,把我国制度优势更好转化为国家治理效能"。行政机关自行化解行政争议是一种高效且灵活的纠纷解决方式;是从源头预防减少行政争议,避免大量行政争议涌入行政复议、行政诉讼程序,强化源头治理的必然选择;是促进严格规范公正文明执法,推动法治政府建设的重要举措。行政机关自行化解行政争议,强调行政机关积极主动将行政争议化早化小,化解在行政程序中,具体是指行政机关在行使公权力过程中,与公民、法人或其他组织之间发生争议时,行政机关通过自我复查、纠正错误或采取其他措施,有效化解行政争议,实现行政管理目的的一种工作机制。实践中,许多行政争议的对抗表现在行政复议、行政诉讼等程序中,但问题发生的源头则在行政管理过程中。行政机关应对在前、调处在前、解纷在前,自行化解行政争议,可以有效预防和减少行政争议轻易成讼,从而节省行政资源和司法资源,有助于提升与提高行政效率和政府的公信力。

行政复议机关应当树牢行政争议实质化解理念,加强与行政机关的沟通协调,形成行政争议预防与实质化解工作合力。2023年修订的行政复议法建立特定领域行政机关先行化解机制,新增了对当场作出或者依据电子技术监控设备记录的违法事实作出的行政处罚决定不服申请行政复议的,可以通过作出行政处罚决定的行政机关提交行政复议申请的规定。这一规定对于行政机关先行化解行政争议具有重要意义。通过向作出行政处罚决定的行政机关提交行政复议申请,可以使原行为机关有机会先行对自己作出的行政行为进行再次审视,对发现存在问题的采取变更、撤回、重作等方式立即自行纠正,有利于将化解争议的关口前移,促进行政争议的及时化解,最大限度减轻群众的维权成本。行政执法机关对可能引发行政复议的行政争议进行先行化解,是将实质化解的行政复议理念进一步向行政执法前端延伸的重要举措,是鼓励行政机关自我纠错,监督和保障行政机关依法行使职权的制度创新。如针对公安交通管理领域行政复议案件高发多发趋势,创新案前化解机制,当事人受到交通违章处罚就可以直接向交管部门提出行政复议申请,交管部门通过自行纠错或者向当事人释法明理来快速化解行政争议。

按照"源头预防、前端化解、关口把控"的总体要求,行政复议机关在案件审理过程中,发现行政机关在执法中存在问题的,可以在充分了解案件事实和申请人真实诉求的基础上,通过释法明理、搭建平台等方式,为行政复议双方创造便利条件,允许行政机关自行纠正违法或不当的行政行为,争取申请人的谅解,进而促成行政争议实质性化解。这一做法有利于避免出现矛盾纠纷虽然已走完法律程序,但争议状态仍未彻底终结,当事人因对处理结果不满意,继续申诉上访或者以其他方式表达诉求,导致"案结事不了"的情况。

📖 典型案例②

【基本案情】

2023 年 11 月 24 日,申请人李某通过被申请人福建省某市人民政府官方网站提交政府信息公开申请,申请公开"某政文〔2014〕21 号城市总体规划(2010—2030)修编一份"。2023 年 12 月 20 日,被申请人作出政府信息公开答复,告知申请人《城市总体规划(2010—2030)修编》已经主动公开在市人民政府官网(附查询网址)。申请人对该政府信息公开答复不服,认为被申请人未公开其申请的某政文〔2014〕21号文件,向省人民政府申请行政复议。

【复议办理】

行政复议机构审理查明,某政文〔2014〕21号文件为《关于恳请批准实施〈城市总体规划(2010—2030)修编〉的请示》,该文件与《城市总体规划(2010—2030)修编》虽主题一致,但《城市总体规划(2010—2030)修编》仅系某政文〔2014〕21号文件的一部分。被申请人将《城市总体规划(2010—2030)修编》向申请人公开,但对某政文〔2014〕21号文件是否存在、能否公开以及如何公开等事宜没有作出答复,未尽到全面答复义务,属于部分履行法定职责。为实质化解行政争议,行政复议机构及时与被申请人进行了沟通,在确定该信息不属于《中华人民共和国政府信息公开条例》第十四条、第十五条规定的不予公开情形之后,促请被申请人主动将某政文〔2014〕21号文件提供给申请人。申请人对此表示满意,遂在本案受理后第5个工作日自愿撤回了行政复议申请。

【典型意义】

督促行政机关自行纠错是新修订的行政复议法赋予行政复议机关监督依法行政和实质性化解行政争议的一项重要机制。行政复议机关在审理案件过程中,发现行政机关的执法行为存在问题,可以先与行政机关进行沟通,要求其在一定期限内自行纠错,进而促成争议化解。这种方式既督促行政机关改进执法,又达到了定分止争的目的。本案中,行政复议机构准确把握新修订行政复议法的立法精神,在查清被申请人未尽到政府信息公开义务的情况下,发挥行政复议层级监督优势,督促被申请人依法履职、自行纠错,向申请人公开了其申请的相关政府信息,取得了申请人的理解,使这起行政争议在案件受理后的第 5 个工作日即得到圆满化解,彰显了行政复议公正高效、便民为民的制度优势。

三、积极促成和解

"和合"思想是中华民族的基本文化性格,是中国传统思想文化中最富生命力的文化内核和因子。① "和合"既强调人与自然的和谐,也要求社会成员身心和谐、人际和谐、社会和谐。这种和谐表现在司法领域,就是要求亲和、礼让、"不争"、"无讼"。因此中国传统司法文化的最高境界是寻求秩序和谐,价值取向的基础是以礼义为核心的伦理道德,基本手段是教化和息诉,即使动用刑罚也是追求"以刑去刑"。② 在这种思想浸润下,形成了"和为贵"的社会价值体系,通过和解等非对抗性方式解决矛盾纠纷,作为中华民族独特的法律文化意识和重要的社会治理模式,已经成为深入人心的处世原则和生存法则,具有丰富的制度遗产和深厚的民意基础。

行政和解,作为当代法治社会化解行政纷争的关键手段之一,借鉴了私法中合同法的原则,即行政机关和行政相对人之间可以通过自愿协商,最终达成一致意见,进而化解行政争议的一种工作机制。《法治中国建设规划(2020—2025 年)》鲜明指出,为进一步优化行政执法方式,需强化行政和解等非强制性行政措施的实践与应用。该机制赋予争议双方通过平等协商达成和解协议、进而终结争端的权利,行政和解在我国已经得到了广泛应用。

行政复议和解是一种合意解决纠纷的制度,是指当事人之间通过协商,互相让步、达成协议,以解决行政争议,实现案结事了人和。实践中,为探索以行政复议和解方式解决行政争议的机制和途径,不少行政复议机关很早

---

① 参见陈冬华等:《在马克思主义政治经济学中国化时代化中建设中华民族现代文明——学习贯彻文化传承发展座谈会精神笔谈》,《经济研究》2023 年第 7 期。

② 参见王树江:《文化、治理及转型——"诉调对接"实践的三层考量》,《法律适用》2019 年第 21 期。

之前就开始采取协调和调解等方法,促成申请人和被申请人达成和解,大量行政复议案件以申请人撤回行政复议申请而终止,实现了行政争议实质性化解。2007年《行政复议法实施条例》的出台,标志着国家以行政法规的形式确立了行政复议和解制度,规定公民、法人或其他组织对行政机关行使法律、法规规定的自由裁量权作出的行政行为不服申请行政复议,在行政复议决定作出前,申请人与被申请人可以自愿达成和解。2023年修订的《行政复议法》第七十四条规定,当事人在行政复议决定作出前可以自愿达成和解,和解内容不得损害国家利益、社会公共利益和他人合法权益,不得违反法律、法规的强制性规定。最大的变化是取消了对适用和解的案件范围的限制,将和解的适用范围扩大到各类行政复议案件,在行政复议决定作出前当事人都可以和解。这一规定旨在将行政复议和解制度所蕴含的优势转化为实际工作效能,对行政复议办案实践中适用和解的方式解决行政争议具有积极意义:一是有利于实现案结事了人和。和解有利于缓和申请人与行政机关的对立情绪,促使行政争议的柔性解决,实质化解行政争议,息诉止纷。二是有利于节约行政成本和当事人维权成本。行政争议的及时和解,和解协议达成后主动履行,可以有效减少当事人的时间、精力、财力支出,降低维权成本,提高行政管理效率。三是有利于促进社会和谐稳定。通过争议双方沟通交流、自愿协商,增进了双方的理解和信任,体现了法律效果和社会效果的统一,达到维护社会和谐稳定的良好效果。四是有利于服务型政府建设。行政争议双方基于合法自愿、平等协商,达成双方满意的合意,使"官民"握手言和,赢得群众的信任和支持。

当事人达成和解应当满足三个条件:一是当事人需要自愿达成,任何采用胁迫手段达成的和解都不符合法律的规定,也不具有法律认可的效力。申请人能够证明达成和解协议违背其真实意愿,比如被胁迫或被欺骗撤回行政复议申请的,可以再次提出行政复议申请。二是必须在行政复议决定作出前达成。行政复议和解需要进行大量的协调沟通工作,普通的行政复议审理期限难以满足工作需求,为了引导行政复议机关积极适用行政复议和解,2023 年修订的《行政复议法》第三十九条第(六)项规定,依照本法规定进行行政复议和解的,行政复议审理期限可以中止计算。需要注意的是,因为和解而中止行政复议,需要以当事人双方都同意中止为前提,如果当事人不再同意继续和解,行政复议机关应当及时恢复审理,避免案件久拖不决。三是和解内容不得损害国家利益、社会公共利益和他人合法权益,不得违反法律、法规的强制性规定。这也是行政复议和解应当遵循合法原则的题中应有之义。

当事人依法达成和解后,应当由申请人向行政复议机构撤回行政复议申请。行政复议机构收到当事人撤回行政复议申请后,应当对和解协议进行审查,符合法律规定条件的,准予撤回申请,行政复议机关作出终止行政复议决定。行政复议机构准予撤回行政复议申请、行政复议机关决定终止行政复议后,申请人不得以同一事实和理由再次提出行政复议申请。这里要特别注意两点:一是不得再次申请的主体限定为已和解案件的申请人;二是不得再次申请的理由限定为同一事实和理由。也就是说,如果原行政行为针对的其他相对人就该行政行为申请行政复议或者和解案件的申请人以其他理由申请行政复议,符合法定受理条件的,行政复议机关应当依法受理。

📖 典型案例③

【基本案情】

2023 年 7 月 13 日,被申请人上海市某区生态环境局在现场检查中发现,申请人某生物技术公司存在未按要求贮存危险废物、实验室项目配套环境保护设施未经验收即投入使用等违法行为。2023 年 7 月 27 日,被申请人再次检查,发现申请人已将危险废物贮存在防爆柜中并粘贴危废标识,并与第三方签订了《环境影响评价技术服务合同》和《竣工环保验收技术服务合同》，但尚未完成配套环境保护设施竣工验收。2023 年 10 月 27 日，被申请人对申请人作出罚款 44 万余元的行政处罚决定。申请人不服，认为其违法行为轻微并已及时改正，没有造成危害后果，应适用生态环境部颁发的《生态环境行政处罚办法》有关规定不予行政处罚，向区人民政府申请行政复议，请求撤销上述行政处罚决定。

【复议办理】

行政复议机构审查认为，本案涉及申请人多个实验项目，并存在多个违法行为，案情复杂，遂决定组织双方当事人进行听证。在听证会上，申请人与被申请人围绕事实认定、执法程序、裁量标准进行质证和辩论，被申请人向申请人解释了其虽已完成部分整改措施，但尚未完成配套环境保护设施竣工验收，仍有造成危害生态环境的风险，不符合《生态环境行政处罚办法》规定的"违法行为轻微并及时改正"而不予行政处罚的情形。申请人表示理解，但仍认为其实验项目产生的危废对生态环境影响较小，且未完成配套环境保护设施竣工验收是由于第三方排期问题导致，涉案处罚明显过重。在行政复议机构的协调下，被申请人同意在法定裁量基准范围内对轻微违法行为重新作出决定，申请人承诺在规定时间内完成配套环境保护设施竣工验收，最终双方达成和解并签署和解协议，申请人当场撤回了行政复议申请。

【典型意义】

"听证"与"和解"是新修订行政复议法新增的两种程序机制。听证是行政复议机关审理重大、疑难、复杂行政复议案件的一项程序制度，既可以有效地保障当事人特别是申请人的程序权利，又有助于全面查明案件事实，促进矛盾纠纷的实质化解。和解则对减少当事人成本支出、提高行政复议效率、实现案结事了具有积极意义。本案中,行政复议机构将"听证"与"和解"两种新机制有机结合,通过举行听证,组织双方当事人对案件有关事实进行陈述、申辩、举证、质证,给予申请人当面表达自身利益诉求的机会,在了解到申请人配套环境保护设施虽未通过验收但已建成并正常运行,已实际减少了造成危害生态环境的风险的情况后,不失时机地对双方争议加以协调,推动双方对话协商,帮助寻求各方均能接受的解决方案,最终促使双方达成互谅互解,在有效化解行政争议的同时,也通过释法明理帮助申请人增强了合规经营意识。

第三节　加强对行政执法共性问题的规范治理

行政复议机关除通过办理个案依法纠正违法或者不当行政行为外,还可以针对案件反映出的行政执法共性问题,开展以案促治、以案治本工作,通过制发行政复议意见书、建议书,约谈、通报或规范性文件附带审查等行政手段,推动执法机关统一规范执法,进一步提升行政复议监督质效,促进行政机关提升依法行政水平,加快法治政府建设。

一、用好行政复议意见书

2007 年《行政复议法实施条例》设立了行政复议意见书制度,规定行政复议期间行政复议机关发现被申请人或者其他下级行政机关的相关行政行为违法或者需要做好善后工作的,可以制作行政复议意见书。有关机关应当自收到行政复议意见书之日起六十日内将纠正相关行政违法行为或者做好善后工作的情况通报行政复议机构。2023 年修订的《行政复议法》吸收了《行政复议法实施条例》的规定,在法律层面确立了行政复议意见书制度,明确行政复议机关在办理行政复议案件过程中,发现被申请人或者其他下级行政机关的有关行政行为违法或者不当的,可以向其制发行政复议意见书。有关机关应当自收到行政复议意见书之日起六十日内,将纠正相关违法或者不当行政行为的情况报送行政复议机关。同时,行政复议法还赋予行政复议意见书与行政复议决定相同的法律效力,进一步强化了行政复议对依法行政的监督作用。通过制发行政复议意见书,可以延展行政复议监督的广度、深度、力度,对执法行为进行事前、事中、事后的"全链条监督",强化行政复议监督效能,有力促进依法行政。行政复议意见书与司法建议书有所不同,司法建议书也是促进依法行政的重要手段,但从法律性质上看,其不具有要求行政机关执行的法律强制力,而行政复议意见书具有强制执行力,与行政复议决定具有同样的法律效力,有关行政机关必须在六十日内反馈落实情况。如果行政机关不履行行政复议意见书,根据行政复议法的规定,行政复议机关可以责令其履行,经责令仍拒不履行的,依法追究相应的法律责任。这是法律赋予行政复议机关非常重要的监督手段,这项制度对于延伸办案效果意义重大,必须高度重视、用好用足,特别是要摒弃"就案论案"的传统业务思维,针对行政复议办案中发现的违法或者不当共性问题,要注重从源头上进行规范,做到"办理一案、规范一片、治理一行"。

在具体运用行政复议意见书制度过程中,要注意以下几个方面的问题:

一是行政复议意见书的制作主体。行政复议机关负责制作意见书,在签发权限、外在形式上,与行政复议决定相同。行政复议机构不能以自己的名义出具行政复议意见书。在具体行政复议工作中,行政复议机构有时需要以自己的名义与被申请人或者其他相关行政机关进行沟通。这种沟通可以以其他方式进行,不能使用行政复议意见书。即使沟通事项与行政复议案件直接相关,也不能以行政复议意见书的形式进行。

二是行政复议意见书的制作时间。按照行政复议法的规定,行政复议机关制作行政复议意见书的时间是"在办理行政复议案件过程中"。实践中多数行政复议机关在制作行政复议决定书的同时,制发行政复议意见书,但实际上法律赋予行政复议机关充足的空间,并未限定意见书制作时间,其立法本意也是让行政复议机关用好用足行政复议意见书。有的行政复议机关在办案中通过制发行政复议意见书,督促作为被申请人的行政机关自行纠错或者先行化解行政争议,取得了很好的效果。

三是行政复议意见书的监督对象。行政复议意见书是行政复议机关向被申请人或者其他下级行政机关制作的。这里要特别注意,行政复议机关不仅可以向正在审理的行政复议案件被申请人制发意见书,也可以向其他下级行政机关制发意见书。这一规定充分体现了行政复议全面审查纠错的制度优势,更好地实现监督和保障行政机关依法行使职权、推进法治政府建设的立法目的。

四是行政复议意见书的落实责任。行政复议法规定行政复议意见书的法律效力与行政复议决定相同,关于行政复议决定履行的有关规定,原则上也适用于行政复议意见书。同时还规定了行政复议意见书落实的保障机制,这主要体现在两个方面:第一,法律对行政复议意见书的贯彻落实规定了明确的期限,即自有关行政机关收到行政复议意见书之日起的六十日内。第二,法律对行政复议意见书的贯彻落实规定了报告反馈制度。法律在规定履行期限的同时,还规定了收到行政复议意见书的有关机关应当将落实情况报送行政复议机关。需要注意的是,关于行政复议意见书落实情况的反馈对象,《行政复议法实施条例》规定的是行政复议机构。为了进一步加大行政复议意见书的落实力度,2023 年修订的行政复议法将其修改为“将纠正相关违法或者不当行政行为的情况报送行政复议机关”。

典型案例④

【基本案情】

2019 年 12 月 6 日,申请人某房地产开发有限公司因经营困难不能清偿到期债务,但以拥有优质资产、仍具有重整价值为由向法院申请重整。法院于 2021 年 11 月 12 日裁定批准重整计划草案。2023 年 7 月 26 日,法院作出民事裁定书,裁定将该公司的股权过户登记到投资人名下,至此该破产重整案件审理终结。在法院审理重整案件期间,2023 年 6 月 12 日,被申请人广西壮族自治区某市场监督管理局认为申请人逾期未上报 2020 年、2021 年年度报告,属于《中华人民共和国公司法》规定的公司成立后自行停业连续六个月以上,可以吊销营业执照的情形,作出吊销申请人营业执照的行政处罚决定,导致申请人在重整后因营业执照被吊销无法申报项目开发,企业经营再度陷入困境。申请人向市人民政府申请行政复议,请求撤销该行政处罚决定,恢复其营业执照。

【复议办理】

行政复议机构查明,自 2019 年 12 月 9 日至 2023 年 7 月 26 日,申请人一直处于人民法院审理破产重整案件程序中。因企业未申报变更经营场所,被申请人无法取得联系,也未实际听取其陈述意见,仅公告程序后即作出行政处罚。同时也因有关部门之间未建立关于破产案件审理的信息互通机制,导致遗漏查明作出行政处罚时该企业正处于破产重整期间的事实。

行政复议机关认为,国家发展和改革委员会、最高人民法院、国家市场监督管理总局等 13 部门《关于推动和保障管理人在破产程序中依法履职进一步优化营商环境的意见》规定,破产申请受理后,通过全国企业破产重整案件信息网向国家企业信用信息公示系统推送有关企业破产程序启动、程序种类、程序切换、程序终止、管理人联系方式等信息。在重整程序终止前,非经破产案件审理法院同意或管理人申请,市场监管等部门不得办理企业登记事项变更手续。行政机关未穷尽措施查明案涉企业的现实状况,径直吊销营业执照,导致破产重整成功的企业无法进行项目申报,与相关法律及政策精神不符。行政复议机关向被申请人制发《行政复议意见书》,指出其行政行为存在的主要问题,建议其自行纠正不当行政处罚,助力企业纾困。被申请人落实《行政复议意见书》,撤销上述行政处罚决定并恢复企业营业执照。之后,市场监管部门与法院建立了企业破产信息互通机制。

【典型意义】

市场主体是我国经济活动的主要参与者、就业机会的主要提供者、技术进步的主要推动者,在国家发展中发挥着十分重要的作用。市场监督管理部门既要依法履行市场监管职责,对企业的违法违规行为予以处罚,也要保护企业的主体资格与合法权益,激发市场主体活力。吊销营业执照是剥夺企业经营资格的处罚,必须严格依法进行。本案中,被申请人履行职责不到位,未查明案涉企业正处于人民法院审理破产重整案件程序中的重要事实,径直作出吊销营业执照的处罚决定,导致企业无法继续开展经营活动。行政复议机关在查清事实基础上,积极发挥监督功能,推动行政机关自行纠错,有效保护了企业的合法经营权利。同时,行政复议机关并未"就案办案",还通过制发行政复议意见书,促成市场监管部门对同期作出吊销营业执照处罚的400多起案件进行复查,并与法院形成企业破产信息互通机制,达到了办理一起案件、规范一类行为、完善一项制度的效果。

二、用好行政复议建议书

2007年《行政复议法实施条例》设立了行政复议建议书制度,规定行政复议期间行政复议机构发现法律、法规、规章实施中带有普遍性的问题,可以向有关机关提出完善制度和改进行政执法的建议。由于2023年修订的行政复议法对此没有修改,因此在实践中仍然可以适用。

（一）行政复议建议书的作用

行政复议建议书制度设立的目的,在于通过行政复议案件审理,发现法律、法规、规章实施中的普遍性问题,提出可行性建议以弥补制度漏洞,推动完善相关立法和制度建设,预防类似问题再次发生。行政复议处理的案件类型,涉及各个行政管理领域,可以从案件中观察相应领域执法情况、评估相关法律法律规章实施情况、发现相关制度漏洞或者薄弱环节。因此,充分发掘并运用行政复议建议书的这一特点和优势,为改进和完善依法行政工作提出有价值的意见和建议,对推进法治政府建设具有重要意义。

(二)行政复议建议书与行政复议意见书的比较运用

行政复议建议书制度与行政复议意见书制度在功能作用等方面有相似之处,同时二者也存在明显的区别。①

1. 制作主体不同。行政复议意见书是以行政复议机关的名义下发的,而行政复议建议书是由行政复议机构制发的。

2. 制发对象不同。行政复议意见书主要是针对被申请人或者其他下级行政机关作出的,行政复议建议书主要是对有关立法机关或者其他有关机关作出的。

3. 制发目的不同。行政复议意见书主要是督促下级行政机关纠正违法或者不当的相关行政行为,或者要求下级行政机关就个案做好善后工作。行政复议建议书的主要目的,是向立法机关或者其他有关机关提出完善立法、改善执法的建议。

4. 法律效力不同。行政复议意见书具有与行政复议决定同等的法律效力,有关行政机关必须严格执行,并在收到意见书之日起六十日内反馈落实情况。行政复议建议书属于行政复议机构对有关机关完善立法、改进执法提出的建议性质的法律文书,没有法律强制力。

三、用好附带审查机制

1999 年行政复议法确立了行政复议附带审查制度,行政复议机关在处

---

① 参见郜风涛主编:《中华人民共和国行政复议法实施条例解释与应用》,人民出版社 2007 年版,第 199 页。

理具体行政争议的同时,可以附带审查引发争议的行政行为所依据的规范性文件。但是,由于对如何开展附带审查缺少具体程序设计,实践中各级行政复议机构难以有效运用附带审查制度对"红头文件"进行监督,导致这项制度作用发挥得不够充分。为此,2023 年修订的行政复议法对行政复议附带审查制度作了进一步修改完善,细化了对规范性文件进行附带审查的具体程序和处理期限,推动提升行政复议及时纠正违反法律法规和国家政策,侵犯公民、法人和其他组织合法权益"红头文件"的能力和水平。用好行政复议附带审查机制,要准确掌握以下几个方面内容:

一是行政复议附带审查的启动形式。(1)依申请的附带审查。公民、法人和其他组织在对某一行政行为申请行政复议时一并提出附带审查申请。依申请的附带审查并非单独提出的,不能仅因对抽象行政行为不服而申请行政复议,而只能在对行政行为不服提起行政复议申请时,一并要求行政复议机关审查该规范性文件。在这种情形下,申请人认为行政机关作出行政行为所依据的规范性文件不合法是行政行为错误的根源,行政复议机关在对行政行为作出行政复议决定的同时,应当纠正规范性文件。(2)依职权的附带审查。行政复议机关在行政复议案件审查过程中,发现行政机关作出的行政行为的依据不合法,有权对相关依据依法进行处理。

二是行政复议附带审查的对象。依照 2023 年修订的《行政复议法》第十三条规定,附带审查的规范性文件包括:国务院部门的规范性文件;县级以上地方各级人民政府及其工作部门的规范性文件;乡、镇人民政府的规范性文件;法律、法规、规章授权的组织的规范性文件。

三是行政复议附带审查的主体。依申请附带审查的对象是规章以下规范性文件,因此审查的主体是行政机关,既包括有权处理的行政复议机关,也包括行政复议机关无权处理情形下、接受转送的有权处理的行政机关。

四是行政复议附带审查的条件。(1)附带审查是审查行政机关作出行政行为依据的合法性,而不是合理性。(2)附带审查不是审查行政机关作出行政行为依据的全文,而是作出行政行为所依据的具体条款。(3)主要审查所涉条款制定权限、制定内容的合法性,重点把握是否存在与上位法的规定相抵触,是否超越制定机关的职责和权限范围等。

五是行政复议附带审查的程序。行政复议机关有权处理涉案规范性文件的,应当在三十日内依法处理;无权处理的,应当在七日内转送有权处理的行政机关依法处理,在处理期间,行政复议审理中止。这主要是考虑,规范性文件是反复适用的规定,与执法行为相比影响面更大,需要给予有权处理机关专门的审查时间,确保审查质量。关于"三十日"和"七日"起算点的把握。行政复议法规定了五日的受理审查期限,对于申请人一并提起附带审查申请的,行政复议机关应当尽量在五日受理审查期限中,对本机关是否有权处理拿出初步意见,进入审理期限后,对于本机关有权处理的情形,随即开展三十日的附带审查,并中止案件审理;对于本机关无权处理的情形,应在受理之日起七日内转送有权处理的行政机关依法处理。也就是说,一般情况下,"三十日"和"七日"的期限都从受理案件之日起计算,如果案情比较复杂,在五日的受理审查期间未能准确把握"本机关是否有权处理"的,可以在受理后继续研究判断,"三十日"和"七日"从行政复议机关准确把握"本机关是否有权处理"之日起算。

对于行政复议机关有权处理的规范性文件或者依据,行政复议机构应当自行政复议中止之日起三日内,书面通知规范性文件或者依据的制定机关就相关条款的合法性提出书面答复。制定机关应当自收到书面通知之日起十日内提交书面答复及相关材料。考虑到根据行政复议法的规定,行政复议机关有权处理有关规范性文件或者依据的,都应当在三十日内依法处理,期限相对较短,因此《行政复议法》第五十八条规定的通知答复期限也相应较短,即行政复议机构应当自行政复议中止之日起三日内,书面通知答复。实践中,规范性文件或者依据的制定机关应当高度重视答复要求,充分利用十日的答复期限,提高答复质量。需要特别说明的是,在"有权处理"

作为限定条件的前提下,行政复议机构通知答复的对象主要是下级制定机关,不会出现通知上级制定机关答复的情形。

对于行政复议机关无权处理的规范性文件或者依据,要在七日内转送给有权处理的行政机关、国家机关。有权处理的行政机关、国家机关的处理期限为六十日。由于需要转送的规范性文件及规定所涉及的问题一般都比较复杂,审查难度也比较大,特别是国家权力机关的议事制度有其特殊性,与行政复议机关直接处理的附带审查事项相比,对需要转送处理的附带审查事项应当规定较长一些的审查期限。因此,行政复议法将接受转送的行政机关和国家机关的审查期限统一规定为六十日,要求接受转送的行政机关和国家机关应当自收到转送之日起六十日内,将处理意见回复转送到行政复议机关。

六是行政复议附带审查的结果。(1)审查发现相关条款合法情况的处理。行政复议机构认为相关条款合法的,在行政复议决定书中一并告知,也就是说,要在行政复议决定书中,将对相关条款的认定结论作为行政复议决定书的重要内容予以载明。对于依申请进行附带审查的案件而言,这是回应申请人附带审查请求的必然要求。对于依职权进行附带审查的案件而言,虽然审查请求不是申请人提出的,但由于附带审查时已经通知申请人中止案件审理,因此对于最终审查结论,也应当在行政复议决定书中对申请人作出相应说明。(2)审查发现相关条款不合法情况的处理。行政复议机构审查后,认为相关条款超越权限或者违反上位法的,决定停止该条款的执行,并责令制定机关予以纠正。行政复议附带审查只审查相关条款的合法性,包括该条款是否符合法定权限以及是否违反上位法规定两项内容。就维护法治统一的效果和效率而言,行政复议机关审查发现相关条款超越权限或者违反上位法的,可以在附带审查结束后就决定停止该条款的执行,而不必等到行政复议决定作出时才决定停止执行,以便最大限度避免该条款在实践中继续执行侵犯群众合法权益、引发争议。在决定停止执行时,行政复议机关可以责令制定机关对违法的条款予以纠正,例如,对违反上位法规定的条款,责令制定机关依照上位法对该条款进行修改和完善,并依据法定程序重新予以发布等。与此同时,行政复议机关也应当及时恢复行政复议案件的审理,这时该条款就不能作为认定涉案行政行为合法的依据,而应以适用依据不合法为由对行政行为作出行政复议纠错决定。

📖 典型案例⑤

　　袁某的住房位于县中心城区规划范围。县城镇排水主管部门委托县自来水公司,征收了袁某的污水处理费共计 3005 元。袁某以县城镇排水主管部门对其征收污水处理费违法为由,向县政府申请行政复议,请求责令县城镇排水主管部门退还已征收的污水处理费,依法对县城镇排水主管部门制定的《乙县城市污水处理费征收工作实施方案》的合法性进行审查。县政府审查发现,根据上级文件的规定,污水处理费征收范围明确为"在城市污水集中处理规划区范围内向城市污水集中处理设施排放达标污水的所有用水单位和个人"。但实施方案却扩大至"县中心城区规划区范围内所有使用城市供水的企业、单位和个人",违反了上级行政规范性文件规定。县政府决定撤销城镇排水主管部门对袁某征收污水处理费的行为,责令返还污水处理费,并根据规范性文件管理的制度对县城镇排水主管部门制订的实施方案进行了处理。

四、用好以案促改促治机制

2021 年 1 月,中共中央印发的《法治中国建设规划(2020—2025 年)》指出,要加强和改进行政复议工作,强化行政复议监督功能,加大对违法和不当行政行为的纠错力度。行政复议的办案质效是行政复议制度的生命线。开展以案促改促治工作,是提升行政复议办案质效的重要举措。行政复议监督权来源于上级行政机关对下级行政机关的领导权,对于违法或者不当行政行为应当依法纠正,严格履行监督职责。同时,针对行政复议办案中发现的违法或者不当共性问题,行政复议机关应当通过依法制发高质量的行政复议意见书、约谈等方式,督促指导行政执法机关及时改进执法行为,修改行政规范性文件,完善相关制度机制,持续强化行政复议"以案促改促治"效能,确保行政权力在法治轨道上运行,促进严格规范公正文明执法,为进一步全面深化改革、推进中国式现代化提供有力法治保障。

用好以案促治机制,应当从以下几个方面把握:

(一)加强行政复议个案监督,强化监督效能。依法公正履职是行政复议权威性和公信力的源头。行政复议机构应当切实履行监督法定职责,加大审查纠错力度,针对不同类型行政复议案件的特点,对行政行为的合法性和合理性进行全面审查,对于违法或者不当行政行为,依法作出变更、撤销、确认违法等纠错决定,做到"有错必纠",确保案件办理质量,让人民群众在每一起行政复议案件中都能感受到公平正义。

(二)聚焦行政复议类案规范,强化源头治理。在行政复议办案中发现行政机关行政执法存在重大或者带有共性的问题时,强化行政复议意见书或建议书的运用,督促行政执法机关认真整改提升,避免同类问题重复发生,实现事后监督纠错一起案件,源头规范一类行政执法行为。建立行政复议典型案例发布机制,定期发布行政复议监督依法行政的典型案例,充分发挥典型案例对依法行政的示范指导作用,引导行政执法机关和行政执法人员从行政复议典型案例中汲取经验教训,举一反三,促进行政执法标准进一步细化完善,倒逼行政机关严守法治原则和法律底线。建立联合会商机制,针对行政复议办案中发现的履行法定职责不到位、违反法定程序、裁量不合理等易发、多发的行政执法突出问题,与本地区、本系统行政复议被纠错比例较高的行政执法机关进行专题会商,指导执法部门做精做细执法标准,自觉防范化解执法风险,把行政争议消解于未萌之时。开展行政复议"以案促改促治",通过深入分析、提取典型、编制清单,提炼出行政执法中存在的共性问题,进行专题分析,出台规范指引,从源头强化依法行政,全面促进和提升依法行政水平。

(三)加强行政复议错案警示,巩固监督成效。建立行政复议纠错案件讲评交流和研判机制,树立"办完案"不等于"办好案","程序了结"不等于"履职到位"的理念,行政复议机构可以定期与有关机关开展错案讲评和专题交流研判活动,及时分析案件反映出来的行政执法不规范、行政管理不科学、类型化矛盾成因,研究制定预防整改措施,加强行政纠纷源头预防、前端化解、关口把控,在源头给行政权力定规矩、划界限,规范行政决策程序,推进法治政府建设。比如,一些地方司法局开展"错案讲评"活动,研判近几年行政复议纠错案件、行政诉讼败诉案件情况,从职权、程序、裁量等方面梳理出法律风险点,向有关执法机关进行风险提示,指出行政执法机关在执法中易发多发问题,从源头上加强对依法行政的指引,推动各级行政部门依法办事、依法行政,进一步延展行政复议监督效能,加强行政复议对行政违法问题的源头规范和整体预防。探索建立行政违法案例通报制度,针对行政复议办案中发现的突出问题,要敢于"揭短",进行通报批评,并定期向党委、政府进行专题报告,按程序向有关主管部门抄告,将压力和问题切实传导给执法部门和执法人员,进一步提高行政复议监督质效。

第四节　加强与其他部门的衔接配合

党的十八届四中全会通过的《中共中央关于全面推进依法治国若干重大问题的决定》要求,"完善调解、仲裁、行政裁决、行政复议、诉讼等有机衔接、相互协调的多元化纠纷解决机制"。2021 年 1 月,中共中央印发的《法治中国建设规划(2020—2025 年)》明确提出,要积极引导人民群众依法维权和化解矛盾纠纷,完善调解、信访、仲裁、行政裁决、行政复议、诉讼等社会矛盾纠纷多元预防调处化解综合机制,整合基层矛盾纠纷化解资源和力量,充分发挥非诉纠纷解决机制作用。行政争议的实质性化解是一个系统性工程,要多方协同,形成合力,才能做强做实做优多元纠纷化解,形成共建共治共享社会治理新格局。做好这件事,依靠单一部门的力量很难实现,要从执法、复议、审判等各环节"全链条"共同推进。为此,行政复议工作要树立系统观念、统筹协调理念,重点加强与行政复议密切相关的信访、行政审判、行政执法监督、法治督察、纪检监察等工作的衔接配合,实现理念对接、机制衔接、信息联接,共同答好源头治理这一时代课题,在互促共进中实现双赢共赢多赢,为全面建设社会主义现代化国家提供有力的法治保障。

一、加强行政复议与信访工作的衔接配合

推进信访工作法治化,是党中央重大决策部署。要充分发挥法治的规范、引领和保障作用,运用法治思维和法治方式,保障群众合理合法诉求依照法律规定和程序得到合法合理的结果,坚决纠正"信访不信法"的错误思想。行政复议作为专门的行政争议解决机制,在履行审理程序和作出实体决定方面,更加制度化、规范化,承担着化解行政争议主渠道的时代责任。按照中央关于深入推进信访工作法治化的要求,深化行政复议与信访衔接,确定信访事项所属的法律关系,拓宽行政复议引流渠道,确保将符合《行政复议法》第十一条、第三十条规定的申诉求决类的信访事项依法有序引流到行政复议程序,推动行政争议实质性化解,维护社会和谐稳定。行政复议机构对导入的行政复议案件,要积极听取信访人意见,精准把握信访人真实诉求,依法全面审查行政行为,推动行政争议实质性化解,切实强化行政复议分流行政争议效能。

行政复议和信访的衔接配合,是一项政策性、法律性很强的工作,行政复议机构、信访机构应当加强对《行政复议法》和《信访工作条例》的学习与运用,提高信访事项引流能力,提升引流的质量和效率。同时,行政复议机构、信访机构要强化信息共享与协作联动,完善数字化支撑,打造数字化分流平台,实现信访事项引入、登记、流转、退件全流程跟踪,推动行政复议和信访对接的数据集成、信息互通、办公协同,着力提升工作合力。

二、加强行政复议与行政诉讼的衔接配合

习近平总书记指出,要研究建立健全行政纠纷解决体系,推动构建行政调解、行政裁决、行政复议、行政诉讼有机衔接的纠纷解决机制。行政复议与行政诉讼都肩负着以法治化方式化解行政争议、维护社会安全稳定的重要职责,充分发挥行政复议化解行政争议的主渠道作用,积极发挥行政诉讼司法审查的最终裁判作用,对促进形成行政复议和行政诉讼共同监督依法行政、有效化解行政争议、维护人民群众合法权益、推动法治政府建设有着十分重要的意义。

加强行政复议机关和人民法院交流协作,让行政复议制度和行政诉讼制度在行政争议多元化解机制中有序衔接,合力推动行政争议的实质性化解,应当重点把握以下几个方面:一是树牢共建共治工作理念。逐步实现行政争议治理模式由事后处置向事前预防转型,跳出"一案一事",把工作重心和力量更多放在前端规范和源头预防上,形成更强合力,在良性互动中发挥更大效能,共同将行政争议化解在小、化解在早。二是建立健全联动工作机制。积极采取联席会议、业务研讨、案例通报等方式,加强会商沟通,共同提高工作质效。稳步推进行政复议、行政审判信息化平台的相互连接,有序实现行政案件立案数、调解率、纠错率等业务数据和信息共享。三是做实做优行政复议"先防先治"。发挥行政复议及时、快捷化解行政争议作用,引导人民群众遇到行政争议,先通过行政复议渠道解决。建立联合调解机制,以各地矛盾纠纷化解中心为依托,充分利用各类调解资源化解行政争议。发现群体性、苗头性行政争议时,发挥好行政复议制度优势,及早稳妥处置,防范风险隐患。四是共同监督促进依法行政。加强行政案件纠错警示,就

行政复议纠错、行政诉讼败诉案件发现的执法问题共同进行梳理分析,通过开展错案讲评、发布审理报告等方式,促进执法部门做精做细执法标准,防范执法风险。落实行政机关负责人参加听证、出庭应诉制度,共同促进"关键少数"提升依法行政的意识和能力。五是积极开展业务交流。联合开展调研、座谈会商、业务培训,深入研究行政争议高发、多发领域的重点法律问题,及时发布会议纪要、指导性文件、典型案例等,共同提高办案能力和实质性化解行政争议水平。①

三、加强行政复议与行政执法监督、法治督察的衔接配合

在新时代背景下,行政复议、行政执法监督与法治督察作为党和国家行政监督体系的重要组成部分,在维护行政相对人合法权益、监督行政机关依法行政、促进法治政府建设等方面具有显著的功能与价值。《法治政府建设实施纲要(2021—2025 年)》要求,健全行政权力制约和监督体系,促进行政权力规范透明运行。《国务院组织法》第十七条规定,国务院健全行政监督制度,加强行政复议、备案审查、行政执法监督、政府督查等工作,坚持政务公开,自觉接受各方面监督,强化对行政权力运行的制约和监督。实践中,贯通行政复议与行政执法监督、法治督察协作机制,可以更好地发挥行政复议、行政执法监督与法治督察的监督效能,对全面提升依法行政水平、加快法治政府建设、推进全面依法治国具有重要意义。

建立健全行政复议、行政执法监督与法治督察有机贯通、相互协调、优势互补的衔接配合机制,打出监督行政权力运行的"组合拳",可以从以下几个方面入手:

(一)加强职能统筹,凝聚监督合力。行政复议、行政执法监督与法治督察都是上级行政机关对下级行政机关内部的层级监督,虽然职责分工不

---

① 参见贺荣:《正确贯彻实施新修订的行政复议法　推进新征程行政复议工作高质量发展》,《中国法治》2024 年第 1 期。

同,监督方式不同,但是都肩负着监督行政机关依法行政、维护社会安全稳定的职责使命,应当统一思想、加强统筹协作,做到对权力运行的全方位、全流程监督,实现行政执法到哪里,监督就跟进到哪里,形成监督合力,全面推进严格规范公正文明执法,为经济社会高质量发展提供有力的法治保障。

(二)健全协作机制,深化源头治理。积极促进行政复议与行政执法监督、法治督察形成贯通合力的监督机制,切实推动以案治本、以案促治。在具体实践中,行政复议机构通过办理个案依法纠正违法或者不当行政行为,其间发现行政执法存在突出问题和共性问题,可以向行政执法监督部门进行抄送,行政执法监督部门可以根据个案纠错反映的共性问题开展专项监督带动类案整改,从源头上规范同类行政执法行为。通过对行政复议案件的大数据分析,及时查找违法和不当行政执法行为高发的领域、地域,可以有针对性地开展法治督察,促进行政执法质量整体提升。如果行政执法监督、法治督察部门发现个案违法行为、不作为等问题,也可以及时反馈到行政复议机构依法处理,最终形成"信息共通、问题共研、错偏共纠、协同共治"的良性衔接合作机制。

(三)开展共商共建,提升监督质效。行政执法监督、法治督察是依职权启动的"主动"监督,需要精准查找依法行政的重点领域、地域、层级、环节和突出问题;行政复议是依申请启动的被动监督,是体现行政执法整体情况的"晴雨表"。三方可以积极开展座谈会商等活动,通报行政执法监督工作开展情况,研究共性问题,就行政争议高发、多发重点领域的焦点法律问题达成共识,有针对性地推动改进行政执法水平,提升行政监督质效。同时,在重大项目落地、重点资源保护管理、重要利益关系协调、重大风险防范化解等方面可以根据工作需要开展联合监督,提高精准监督、有效监督水平,全力服务保障经济社会高质量发展。

(四)立足考核评价,巩固监督成效。健全完善督察考核指标体系,充分发挥考核评价"指挥棒"作用。《法治政府建设与责任落实督察工作规定》将行政复议相关内容纳入督察工作中,并就违纪违法干预行政复议、拒不执行生效行政复议决定等情形规定了责任追究方式。2023年修订的行政复议法在法律责任一章中强化了行政复议相关法律责任,可以将行政复议工作开展情况与法治督察相结合,加大压力传导,使行政复议法规定的各项法律责任落地见效,共同提升监督成效。

四、加强行政复议与纪检监察的衔接配合

2023年修订的行政复议法规定了行政复议与纪检监察的衔接工作机制,促进对事监督和对人监督的有机统一,不断增强行政复议监督的主动性和权威性。对行政复议办案中发现的违法违纪线索,或者发现行政机关拒不履行行政复议法定职责的,行政复议机关应当依法及时移送纪检监察机关查处,努力形成监督合力,真正让行政复议监督长出"牙齿",确保对行政权力制约和监督的全覆盖、无死角。

加强行政复议机关与监察机关的衔接配合,形成监督违法违纪行为的合力,要注重从以下两个层面重点推进。

一是行政复议机关对行政机关及其工作人员违反行政复议法规定的,可以将违法的事实材料移送监察机关,由监察机关依法处理。行政复议法对行政机关及其工作人员违反行政复议法的法律责任作了规定,明确责任追究的启动程序,确保违反行政复议法的行为得到及时查处纠正,有利于维护行政复议法的权威,保障行政复议制度功能实现,确保行政复议机关依法履职。这里需要注意两个方面:一方面是违法的事实材料移送主体是行政复议机关。行政复议机关发现行政机关及其工作人员违反行政复议法规定的,即可以移送有关人员违法的事实材料。另一方面是监察机关需要通报处理结果。接受移送的监察机关应当严格按照法定期限、权限、程序,核查有关人员违法的事实材料,对有关人员作出处理结论,并将处理结果通报转送的行政复议机关。此外,《行政复议法实施条例》还规定,行政复议机构

向人事、监察部门提出对有关责任人员的处分建议,转送有关人员违法的事实材料,接受转送的人事、监察部门应当依法处理,并将处理结果通报转送的行政复议机构。这一规定具有其独特的实践意义,接受移送的监察机关对违法的事实材料依法处理后向行政复议机关通报反馈处理结果,将有助于进一步追根溯源查实问题,确保法律规定落地落实。

二是在行政复议办理案件过程中发现的涉嫌违法违纪问题线索移送监察机关依法调查处置。《监察法》第三十七条第一款规定,人民法院、人民检察院、审计机关等国家机关在工作中发现公职人员职务违法或职务犯罪的问题线索,应当移送监察机关,由监察机关依法调查处置。在行政复议案件办理中,群众对行政执法的合法性和合理性产生质疑,经常涉及行政机关及其工作人员责任履行是否到位、权力运用是否得当的问题,往往能够发现与违法或不当行政行为相关联的涉嫌贪污贿赂、失职渎职等职务违法或职务犯罪的问题线索。因此,行政复议机关应当依照有关规定将办理行政复议案件过程中发现的问题线索移送监察机关,由监察机关依法调查处置,以此推动和加强对所有行使公权力的公职人员的监督,实现国家监察全覆盖。同时,将向监察机关移交办理行政复议案件过程中发现的问题线索制度化,对于强化依法行政意识、规范源头行政执法行为、实现行政争议源头治理具有积极作用。

第三章　主渠道导向下的行政复议申请

随着行政复议主渠道建设的不断深化,申请行政复议正在成为越来越多的人民群众解决行政争议的首选途径。行政复议主渠道首先表现为行政复议案件数量的比较优势,在多个行政争议化解渠道中,通过申请行政复议化解的行政争议数量占大多数,仅有少量行政争议通过其他渠道解决。在行政复议主渠道建设导向下,行政复议需要不断畅通申请渠道,持续发挥宽口径的制度优势,提升行政复议吸纳行政争议能力。新修订的行政复议法对此规定了一系列便民举措,优化行政复议管辖体制,扩大行政复议受案范围,建立行政复议申请权利告知制度,规定在线申请复议,允许口头申请,明确申请人可申请法律援助等。各级行政复议机构认真落实新修订行政复议法规定的各项便民惠民机制要求,通过在基层乡镇司法所、法院立案大厅设置复议受理点,开通在线申请、加大法律援助力度等方式,引导群众和企业通过行政复议依法表达诉求、维护权益,行政复议分流行政争议效能不断强化。

第一节　行政复议参加人

行政复议参加人,是指与被行政复议的行政行为有利害关系的当事人,包括申请人、被申请人、第三人、代表人以及代理人等,行政复议参加人必须具备法律规定的资格和条件,在行政复议活动中享有权利并承担义务。

一、申请人

行政复议申请人,是指认为行政行为侵害其合法权益,并以自己的名义向行政复议机关提出行政复议申请,要求对该行政行为进行审查并作出行政复议决定的公民、法人或者其他组织。行政复议申请人既可以是公民,也可以是法人或者其他组织。

(一)行政复议申请人要素

1. 申请人必须是行政管理的相对人或者符合条件的利害关系人。行政相对人不仅仅是公民、法人或者其他组织,行政主体在处于被管理地位时,也可以成为行政复议申请人。

2. 申请人必须以自己的名义申请行政复议,不能以他人的名义申请行政复议。

3. 申请人是认为行政行为侵犯其自己合法权益的相对人,申请人应与被申请行政复议的行政行为有法律上的利害关系。申请人不能为了别人的利益或者以公共利益受损为由申请行政复议。

4. 申请人必须在法定期限内提出行政复议申请。

(二)行政复议申请人种类

1. 公民。(1)中国公民。法律上的中国公民指的是具有中国国籍,并根据宪法和法律规定享有权利与承担义务的人。(2)受中国法律管理的具有中华人民共和国以外的某国国籍的外国公民。(3)受中国法律管理的不具有任何国家国籍的无国籍人。严格来说,无国籍人并不是公民,但是属于自然人的一种。无论是以上哪种情况,公民在不服行政机关的行政行为时都有权申请行政复议。

2. 法人。民法典将法人分为营利法人、非营利法人和特别法人三大类。(1)营利法人以营利为目的,可以广泛从事各种营利活动。营利法人的设立通常要依据特别法,如《公司法》等,且一般采取准则主义的设立原则。(2)非营利法人不得以营利为目的,只能从事非营利活动。非营利法人的设立大多要依据民法的规则,且一般采取许可主义的设立原则。(3)特别法人是《民法典》新设的一类法人,主要包括机关法人、农村集体经济组织法人、城镇农村的合作经济组织法人、基层群众性自治组织法人等。

3. 其他组织。一般指合法成立、有一定的组织机构和财产,但又不具备法人资格的组织。这些组织包括但不限于个人独资企业、合伙企业、中外合作经营企业、外资企业等。这些组织虽然在法律上没有取得法人资格,但它们是实际存在的社会实体,有一定的组织机构和独立的财产,因此,它们能够在一定范围内独立地享有法律权利和承担法律义务。《民法典》第二条规定,民法调整平等主体的自然人、法人和非法人组织之间的人身关系和财产关系。由此可见,民事权利主体包括自然人、法人以及非法人组织。其中,非法人组织就包含了上述的"其他组织"。

(三)行政复议申请人权利

1. 行政复议申请形式的选择权。申请人既可以书面申请,也可以口头申请。行政复议法规定可以口头申请,但前提条件是书面申请有困难的,保留口头申请主要考虑便民为民。

2. 申请复议内容的选择权。申请人既可以单独对行政行为申请复议,也可以一并提出对规范性文件的附带审查申请。

3. 行政赔偿请求权。申请人在申请行政复议时可以一并提出行政赔偿请求。行政复议法规定对行政机关作出的赔偿或者不予赔偿决定不服,可以单独申请行政复议。

4. 撤回复议申请权。行政复议决定作出前,申请人要求撤回行政复议申请的,经说明理由,可以撤回。撤回行政复议申请的,行政复议终止。

5. 查阅材料权。行政复议期间,申请人、第三人可以查阅被申请人提出的书面答复、作出行政行为的证据、依据和其他有关材料,除涉及国家秘密、商业秘密或者个人隐私外,行政复议机构不得拒绝。

(四)行政复议申请人的义务

行政复议申请人既有权利,也要尽义务。

1. 如实填写行政复议申请书,并按照要求提交有关证明材料。

2. 除《行政复议法》第四十二条规定以外,在行政复议期间执行被申请人作出的行政行为。

3. 行政复议机构认为需要申请人协助调查取证的,申请人应当予以配合。

4. 履行已经发生法律效力的行政复议决定。

二、被申请人

行政复议被申请人,是其行政行为被公民、法人或者其他组织提起行政复议,由行政复议机关通知参加行政复议活动的行政机关和法律、法规、规章授权的组织。在行政复议活动中,与申请人处于对抗地位的是被申请人。

(一)行政复议被申请人的特征

行政复议被申请人是行政机关而非自然人,行政机关工作人员的职务行为,是以行政机关的名义作出的,因而应由行政机关承担责任。行政复议被申请人具有以下特征:

一是具有行政主体资格,能够以自己的名义对外行使行政管理职能,并能独立承担由此引起的法律责任的组织。

二是行使行政职权、作出争议行政行为的行政机关或者法律、法规、规章授权的组织;对不作为行为提出行政复议申请的,是法定行政管理职责的实际承担者。

三是接受行政机关委托行使一定行政管理职能的单位或者组织不能成为被申请人,委托人是被申请人。

（二）行政复议被申请人的类型

在行政复议活动中，行政主体是恒定的被申请人。行政主体包括行政机关和法律、法规、规章授权的组织两大类。其具体种类包括：国务院各组成部门、直属机构，各省、自治区、直辖市人民政府及其组成部门，省级人民政府的派出机构，市、自治州、县、自治县、旗、市辖区的人民政府及其组成部门，乡、镇或者市、县人民政府派出机构的有关部门等。

由于我国缺乏统一的行政组织法，实践中行使行政职权、作出行政行为的行政机关比较复杂，加之行政机构改革，有时行政复议被申请人不易确定。一般按照权责统一、"谁行为，谁负责"的原则来确定行政复议被申请人。依照行政复议法和行政复议法实施条例的规定，按照以下原则确定某一具体行政复议申请的被申请人：

1. 公民、法人或者其他组织对行政机关的行政行为不服申请行政复议的，作出该行政行为的行政机关是被申请人。这是确定行政复议被申请人的一般原则。

2. 法律、法规、规章授权的组织作出行政行为的，该组织是被申请人。

3. 两个或者两个以上的行政机关或者法律、法规、规章授权的组织以共同的名义作出行政行为的，共同作出行政行为的行政机关或者法律、法规、规章授权的组织是共同被申请人。

4. 行政机关委托的组织作出行政行为的，委托的行政机关是被申请人。

5. 县级以上地方人民政府依法设立的派出机关作出行政行为的，该派出机关是被申请人。

6. 行政机关设立的派出机构、内设机构或者其他组织作出行政行为的，有法律、法规、规章授权的，该派出机构、内设机构或者其他组织是被申请人；未经法律、法规、规章授权的，该行政机关是被申请人。

7. 作出行政行为的行政机关被撤销或者职权变更的，继续行使其职权的行政机关是被申请人。

8.下级行政机关依照法律、法规、规章规定,经上级行政机关批准作出行政行为的,批准机关是被申请人。

📖 典型案例⑥

某市生态环境局和市城管局共同发布了一项关于在特定区域禁止露天从事烧烤活动的规定,要求区域内所有商家都必须遵守。某烧烤店负责人认为这项规定对其经营造成了严重影响,并以市城管局为被申请人向市政府提起行政复议,要求撤销该规定。市政府收到材料后进行了审查,发现该规定是市生态环境局和市城管局以共同名义作出的,市生态环境局和市城管局都是被申请人,遂向烧烤店负责人进行了告知。该烧烤店负责人在行政复议申请书中将市生态环境局增列为被申请人。最终,市政府依法受理了此案。

(三)行政复议被申请人的义务权利

在行政复议活动中,被申请人负有对行政行为合法性和适当性进行举证、依法参加行政复议活动并接受审查、不得自行收集证据以及履行行政复议决定等义务;同时,也享有依法举证和反驳、决定是否停止执行行政行为以及强制执行行政复议决定等权利。

三、行政复议第三人

行政复议第三人,是指与被申请行政复议的行政行为有利害关系,按照规定参加行政复议活动的公民、法人或者其他组织。《行政复议法》第十六条规定,申请人以外的同被申请行政复议的行政行为或者行政复议案件处理结果有利害关系的公民、法人或者其他组织,可以作为第三人申请参加行政复议,或者由行政复议机构通知其作为第三人参加行政复议。第三人不参加行政复议,不影响行政复议案件的审理。

（一）行政复议第三人的特征

行政复议第三人具有以下特征：一是行政复议申请人和被申请人以外的公民、法人或者其他组织，具有独立的法律地位；二是与被申请行政复议的行政行为有法律上的利害关系；三是以自己的名义，为维护自己的合法权益而参加行政复议活动。

（二）行政复议第三人制度的功能

第三人既可以自行申请参加行政复议，也可以应行政复议机构通知参加行政复议。第三人不参加行政复议，不影响行政复议案件的审理。但是，允许第三人参加行政复议，既有助于行政复议机构及时查清全部案件事实，准确把握和分析有关法律问题，正确地作出行政复议决定；又可以避免对同一问题产生新的行政争议，妥善处理好各方面的利益，也有助于保护第三人的合法权益，促进"案结事了"。因此，行政复议机构应当尽可能通知第三人参加行政复议。

（三）行政复议第三人的种类及其权利义务

实践中，比较常见的第三人包括行政处罚案件中的被处罚人或者被害人、相邻权人或者竞争权人、行政确权或者行政裁决案件中的当事人，在另一方当事人申请行政复议后，主动申请或者依通知成为行政复议第三人。行政复议第三人在行政复议活动中，享有行政复议申请人的部分权利义务，即享有查阅复制有关证据和资料、要求听证审理、委托代理人、要求停止执行行政行为、提起行政赔偿、与被申请人和解、要求履行行政复议决定等权利。同时，第三人也要承担就特定事项举证、履行行政行为、执行行政复议决定等法定义务。

📖 典型案例⑦

2023年1月，石山头村村民唐某生与同村村民赵某刚签订了农村土地经营权流转合同，合同约定将唐某生的1.7亩承包地出租给赵某刚用于种植蔬菜,赵某刚每年向唐某生支付租金 3000 元。2023 年 6 月,赵某刚种植的蔬菜正当旺盛之际,当地发生突发事件,县交通局依法组织抢修农村道路,需临时占用唐某生出租给赵某刚使用土地。因时间紧、任务重,县交通局直接向唐某生作出了行政补偿决定,决定补偿唐某生占地费用、损害青苗费 5000 元。唐某生认为补偿金额太少,随即向县政府申请了行政复议,请求责令县交通局重新对其进行补偿。县政府受理案件后,承担行政复议具体工作的县司法局了解到赵某刚承租唐某生土地的事实,认为赵某刚与县交通局的补偿决定具有利害关系,遂书面通知赵某刚可以作为第三人参加行政复议。赵某刚表示愿意参加行政复议,全力配合县政府查明案件事实。之后,县政府组织该案的申请人、被申请人、第三人进行了调解,调解结果为:县交通局另行补偿 1500 元给赵某刚,唐某生接受县交通局的补偿决定,该行政复议案件实现了案结事了。

四、行政复议代表人与代理人

(一)行政复议代表人

行政复议代表人,是指同一行政复议案件申请人超过五人的,由所有申请人推选出来代表参加行政复议的申请人,人数为一至五名。行政复议代表人制度主要适用于多数群众集体就同一行政行为申请行政复议的情况。通过推选出来的行政复议代表人参加行政复议,既可以保证行政复议申请人正常参加行政复议,又符合行政复议经济效率原则,有利于行政复议机关及时审理案件。《行政复议法》第十五条规定,同一行政复议案件申请人人数众多的,可以由申请人推选代表人参加行政复议。代表人参加行政复议的行为对其所代表的申请人发生效力,但是代表人变更行政复议请求、撤回行政复议申请、承认第三人请求的,应当经被代表的申请人同意。

依照《行政复议法实施条例》第八条的规定,行政复议代表人应当符合下列条件:一是申请人一方人数众多,即涉及同一法律问题或者事实问题的利害关系人超过 5 人;二是申请人之间存在着共同的法律问题或者事实问题;三是行政复议请求和抗辩事由属于同一类型,即行政复议代表人所提出的请求或抗辩事由能代表绝大多数被代表成员的意志;四是行政复议代表人本身是行政复议申请人,且经申请人推选出来代表参加行政复议。

📖 典型案例⑧

2020 年 6 月,某市一区政府作出了关闭辖区某市场的决定,并进行了通告。同年 7 月,该市场 60 家商户的负责人认为关闭市场的决定违法,以经营者的身份共同向市政府提起了行政复议申请。市政府受理后,主动告知其可以自愿推选二至五名代表人参加复议,同时告知代表人参加行政复议的效力以及注意事项。申请行政复议的商户纷纷表示赞同。经过三天的推选,60 家商户共推选了四名代表人参加行政复议。之后,市政府对案件进行了听证审理,四名行政复议代表人充分发表了意见。同年 8 月,市政府认定区政府关闭该市场系为了公共利益,保障人民群众的生命财产安全,其行为具有法律依据,同时推选行政复议代表人等程序均合法,遂维持了区政府作出的关闭市场决定,并向四名行政复议代表人送达了行政复议决定文书。

(二)行政复议代理人

行政复议代理人,是指根据法律规定、行政复议机关指定或者当事人及其法定代理人的委托,以被代理人的名义为维护被代理人的利益参加行政复议活动的人。《行政复议法》第十七条规定,申请人、第三人可以委托一至二名律师、基层法律服务工作者或者其他代理人代为参加行政复议。申请人、第三人委托代理人的,应当向行政复议机构提交授权委托书、委托人及被委托人的身份证明文件。授权委托书应当载明委托事项、权限和期限。申请人、第三人变更或者解除代理人权限的,应当书面告知行政复议机构。

行政复议代理人制度的特点是:第一,行政复议法中仅规定申请人和第三人可以委托代理人,对被申请人能否委托代理人未作规定。一般认为,被申请人应当指定工作人员参加行政复议活动,不得仅委托律师独自代理并参加行政复议活动,因为参加行政复议活动、配合行政复议机关调查取证是被申请人的法定职责。第二,代理人以被代理人的名义,为维护被代理人的利益而参加行政复议。第三,代理人必须在代理权限范围内实施代理行为,代理行为的法律后果由被代理人承担。第四,同一行政复议活动中,代理人不得同时代理相互对立的几方当事人。

行政复议代理人分为法定代理人、委托代理人和指定代理人三种情形。

1. 法定代理人。依照《行政复议法》第十四条第三款的规定,有权申请行政复议的公民为无民事行为能力人或者限制民事行为能力人的,其法定代理人可以代为申请行政复议。法定代理人的代理权来源于法律的直接规定,其代理权限是全权代理,地位与行政复议当事人相当。法定代理人一般由无民事行为能力人或者限制民事行为能力人的监护人承担。

2. 委托代理人。这是行政复议代理人中最常见的一种。代理人的代理权来源于被代理人的委托,代理事项和代理权限由被代理人授权委托决定。代理人既可以是律师、基层法律服务工作者,也可以是当事人的近亲属或者公民。申请人、第三人可以委托一至二名代理人参加行政复议。申请人、第三人委托代理人的,应当向行政复议机构提交授权委托书。授权委托书应当载明委托事项、权限和期限。公民在特殊情况下无法书面委托的,可以口头委托。口头委托的,行政复议机构应当核实并记录在卷。申请人、第三人解除或者变更委托的,应当书面报告行政复议机构。

3. 指定代理人。即是指由行政复议机关指定,代理申请人参加行政复议的人。行政复议法和行政复议法实施条例对此没有明确规定,一般适用于当事人为无民事行为能力人或者限制行为能力人,并且无法定代理人或者法定代理人不能行使代理权的情形。

五、其他

行政复议共同参加人。一般情况下,行政复议当事人都是单一的。但是在某些特殊情况下,行政复议的申请人或者被申请人可能是两个或者两个以上,这就出现了行政复议共同参加人。行政复议申请人为两个或两个以上的,称为共同申请人;行政复议被申请人为两个或两个以上的,为共同被申请人,两者统称行政复议共同参加人。建立行政复议共同参加人制度,可以通过合并案件审理,提高行政复议效率,也可以避免行政复议机关就相同问题作出相互矛盾的决定。

根据成立条件的不同,行政复议共同参加人可以区分为必要的行政复议共同参加人和普通的行政复议共同参加人。前者是指两个或者两个以上的申请人对同一行政行为提起行政复议,共同申请人或者被申请人具有相同的权利义务。行政复议机关对此可以实行合并审理。后者是指两个或者两个以上的申请人对几个事实和理由基本相同的行政行为提起行政复议的情形,实质上是几个独立的案件而非一个案件,行政复议申请之间并非具有不可分割的联系,这些行政复议申请可以分别审查,分别裁决①。

第二节 行政复议范围

行政复议范围是行政复议制度发挥作用的界限,在一定程度上决定着行政复议功能目标的实现。新修订的行政复议法以打造化解行政争议的主渠道为导向,进一步扩大行政复议受案范围和复议前置范围,将适宜通过行

---

① 参见石佑启、杨勇萍编著:《行政复议法新论》,北京大学出版社 2007 年版,第148—149 页。

政复议渠道解决的各类行政争议尽可能纳入行政复议渠道,有效强化了行政复议分流行政争议的能力。行政复议范围的扩大是 2023 年行政复议法修订的一大亮点,也是在贯彻落实行政复议法过程中需要重点把握的一项制度要求。

一、属于行政复议范围的事项

行政复议范围,实质是行政复议的申请范围、行政复议的受案范围,是行政复议法的首要问题,直接决定了行政复议化解行政争议的能力及申请人获得救济的事项范围。它既是公民、法人或者其他组织提出行政复议申请的范围,又是行政复议机关可以审查的行政行为或者处理的行政争议的范围。从行政法理论来看,对行政行为不服,都可以申请行政复议,当然也有例外情形。所以,法律对行政复议范围加以明确,使行政机关和行政管理相对人都知晓哪些事项可以申请行政复议,哪些事项不能申请行政复议。行政复议范围直接关系到对行政机关进行监督以及对行政管理相对人进行救济的广度和深度,是行政复议制度的核心问题之一。从《行政诉讼法》第四十四条规定来看,对属于人民法院受案范围的行政案件,公民、法人或者其他组织可以先向行政机关申请复议,对复议决定不服的,再向人民法院提起诉讼;也可以直接向人民法院提起诉讼。此项规定可以理解为"可以诉讼就能复议"的原则。通说认为,行政复议范围应当大于行政诉讼的范围。

(一)行政复议范围立法考量因素

行政复议范围的立法考量,不是立法者的一种偶然选择,它是一个国家政治、经济、文化和法治状况的综合反映。考量行政复议范围一般应考虑公民权利意识的强弱、行政权力的疆域、行政复议机关解决行政争议的能力以及行政法治背景等因素。[1] 从世界范围来看,各国行政复议范围呈现逐步

---

[1]　参见石佑启、杨勇萍编著:《行政复议法新论》,北京大学出版社 2007 年版,第 78 页。

扩大趋势。我国行政复议范围也经历了一个逐渐扩大的过程。自新中国成立至 20 世纪 80 年代末,多数单行法律法规将行政复议范围局限于行政处罚行为。1990 年 12 月国务院公布实施的《行政复议条例》,从当时的实际情况出发,参照行政诉讼法规定的行政诉讼受案范围,规定行政复议范围主要是法律法规规定的涉及人身权、财产权的行政行为。1999 年行政复议法进一步扩大了行政复议范围,对于行政行为,无论是涉及人身权、财产权还是受教育权,只要是可能侵犯相对人合法权益,又可以通过行政复议解决的问题,都可以申请行政复议。新形势下,因行政复议作为化解行政争议的主渠道定位,2023 年修订的行政复议法再次扩大了行政复议范围,强化了行政复议吸纳行政争议的能力。

（二）行政复议范围的立法模式

行政复议范围的立法模式,主要分为三种:概括式、列举式和混合式。1. 概括式是指法律规定用一个抽象概括的法律概念或者原则标准,来确定可以提起行政复议的案件类型,如利害关系、合法权利或者合法权益等。它的优点是简单、全面、包容性强,灵活性大;缺点是不够明确,容易产生争议,行政复议机关也不易把握受案尺度,更容易使行政复议事项泛化,引发权利滥用问题。2. 列举式是指法律用逐一列举的方式,明确规定可以申请行政复议的案件类型。凡是肯定列举的行政争议都可以申请行政复议,凡是排除列举的事项都不能申请行政复议。它的优点是明确、具体、易于掌握。缺点是分散、繁杂、不便执行或者列举不全等。3. 混合式是混合使用概括式和列举式,法律既规定可以申请行政复议的概括标准,又明确列举可以受理的行政复议案件类型。它既能充分保障相对人的行政复议申请权,又能够通过肯定或者否定列举的方式,明确属于或者不属于行政复议范围的事项,使行政复议范围既明确具体又避免以偏概全。

我国行政复议法采用了概括和列举相结合的混合方式,对行政复议范围作出了规定。《行政复议法》第二条第一款规定,公民、法人或者其他组织认为行政机关的行政行为侵犯其合法权益,向行政复议机关提出行政复议申请,行政复议机关办理行政复议案件,适用本法。此条规定是对行政复议范围的总体性概括。《行政复议法》第十一条前十四项列举了可以申请行政复议的十四种情形,第十五项作为兜底条款,对目前难以全面列举但属于行政复议范围的其他行政行为作了补充。《行政复议法》第十三条采用概括和列举相结合的方式将部分抽象行政行为纳入了行政复议的附带审查范围,但不是行政复议的直接受案范围。此外,《行政复议法》第十二条参照行政诉讼法,采取否定列举方式,明确了不能申请行政复议的四种情形。

(三)正确理解属于行政复议范围内的行政行为

此次修订行政复议法,删除"具体行政行为"中"具体"二字,与 2014 年修订的行政诉讼法将"具体行政行为"修改为"行政行为"的做法相一致。理解我国行政复议范围的关键是准确把握"行政行为"的含义。

1. 行政行为的含义

"行政行为"的两条标准:对象的特定性和内容适用的一次性。① 一般认为,行政行为是行政主体在行使行政职权中针对特定行政管理相对人作出或者不作出的、对其权利义务产生法律效果的行政行为。行政行为主要包括 5 个方面内容:

一是行政行为主体。行政行为主体一般包括行政机关和法律、法规、规章授权的组织两大类,承担管理社会的重要职责。因此,上述两类主体以外的机关作出的行为不是行政行为,比如权力机关的立法行为和司法机关的裁判行为都不属于行政行为。

二是行政行为主体法定职责。行政行为必须是行政行为主体履行法定职责的公法行为。这就要求行政行为必须是行政机关对外行使公共管理职责的行为,既不是对内部事务进行管理、不涉及行政管理相对人的内部行政

---

① 参见姜明安著:《行政诉讼法》(第二版),法律出版社 2007 年版,第 147—148 页。

行为,比如行政机关内部上下级之间的请示、审批、授权、计划、会计以及制定内部规则等事项;也不包括以平等主体身份实施的民事法律行为,比如行政机关签订民事合同、购买办公用品等民事行为。

三是行政行为产生影响。行政行为必须是对权利义务产生影响的行为。行政行为是行政主体对公民、法人或者其他组织作出的引起相对人权利义务产生、变更或者消灭等法律后果的行为。因此,那些不以产生、变更或者消灭当事人法律上权利义务为目的的行政活动(比如重复处理行为)以及为最终作出影响权利义务的行政行为所进行的程序性、阶段性行政活动等,都不属于可以申请行政复议的行政行为。

四是对行政行为相对人的理解。必须是特定的行政管理相对人。这就排除了行政机关制定行政法规、规章等行政立法行为,也不应当包括针对不特定对象发布的能够反复适用的行政规范性文件,即通常所说的抽象行政行为。但是,实践中对于什么是"特定人"的界定有时会比较模糊。比如某市政府发布通知要求关闭该市三环路以内的加油站,从形式上看该通知的对象是不特定的,但是从具体情形来看,该市三环路以内的加油站数量又是特定的,因此不能说该通知就不是行政行为,从而将其排除在行政复议范围之外。为了更好地实现行政复议法及其实施条例有效保护行政管理相对人合法权益的立法目的,行政复议人员应当坚持"应收尽收"的原则,在不违反一般法理和不损害社会公益的前提下,从宽把握行政行为的界限,将尽可能多的行政行为纳入行政复议范围。

五是不作为的行政行为。行政行为既可能是行政作为,也可能是行政不作为。行政作为是行政主体实施的积极行为,其典型形式包括行政处罚、行政强制措施、行政许可、行政征收、行政给付等。行政不作为是行政主体消极的不作为,通常表述为"不履行有关法定职责"。一般认为,要满足以下3个条件:一是行政机关必须有法律、法规、规章规定的法定职责;二是行政机关的职责是对外实施具体管理的法定职责,不是内部的层级监督职责,也不是抽象行政行为的法定职责,更不是内部的管理职责;三是行政机关完全没有履行法定职责,既不是部分履行,也不是否定性行政作为,比如不予许可决定、不予受理决定等。

2. 与行政行为相关的几个概念

行政复议法明确列举了14类行政行为,同时明确排除4类不属于行政复议范围的行政行为。正确理解我国行政复议范围,需要对行政复议法的上述规定进行综合把握。同时,由于法律对行政行为的内涵和外延均未作规定,导致实践中对其与相关概念的区别把握不准,因此,有必要对行政行为等相关概念进行界定,以正本清源,澄清有关认识。同时,行政复议作为与行政诉讼平行并列的两大救济制度,在受案范围上具有衔接性,行政诉讼法及其司法解释对某些行政行为是否属于受案范围作了明确排除,行政复议如何与其衔接,也需要进一步说明。

行政行为是行政法上的一个基本概念,但是由于人们对行政的定义不同,行政法学界也对行政行为下过各种各样的定义,其中有观点认为,行政行为是指"行政主体在实施行政管理活动、行使行政职权过程中所作出的具有法律意义的行为"①。这一定义列出了行政行为的几个核心要素,有助于我们把握行政行为的本质:一是行政主体作出的行为;二是行政主体行使行政职权、履行行政职责的行为;三是具有法律意义的行为。行政行为从内容上来说,是对行政管理相对人权利、义务作出的某种处理和决定。具体表现为赋予权益或者科以义务、剥夺权益或者免除义务、变更法律地位、确认法律事实与法律地位等。对于行政行为的种类,有观点概括为以下相互对应的分类方式:内部行政行为与外部行政行为;抽象行政行为与具体行政行为;羁束行政行为与自由裁量行政行为;依职权行政行为与依申请行政行为;单方行政行为与双方行政行为;作为行政行为与不作为行政行为;行政

---

① 罗豪才主编:《行政法学》,北京大学出版社1996年版,第105—106页。

立法行为、行政执法行为和司法行政行为;自为的行政行为、授权的行为和委托的行为。其中,对于正确理解行政复议范围来说,比较重要的是两对概念:内部行政行为与外部行政行为,抽象行政行为与具体行政行为。

(1)行政法律行为与行政事实行为。

行政法律行为是行政主体依法实施行政管理而作出的产生行政法律效果的行为。包含几个要件:首先,行政法律行为必须由行政主体,包括行政机关和法律、法规、规章授权组织作出,其他主体比如公民个人无权作出行政行为。其次,有法律、法规、规章的授权,"法无授权不可为",必须是行政主体为实施管理而进行的履职行为。最后,客观上产生了法律效果,不产生法律效果的行为不能称为行政法律行为。

行政事实行为是与行政法律行为相对的一个概念,我国行政法学界也习惯性地将其简称为事实行为。法律法规中没有规定事实行为,但是事实行为在我国行政管理实践中是客观存在的。一般认为,事实行为是行政主体实施的,不以形成、变更或者消灭法律关系为目的,对当事人不产生法律上拘束力,但是影响或者改变了事实状态的行为。事实行为也会产生侵犯申请人合法权益的情形。因此,各国和地区都把事实行为纳入行政复议或者行政诉讼受案范围。关于常见的事实行为的类型,我国台湾地区学者概括为4大类:日常实行活动的事实行为(如开辟道路、砍伐树木、救火等事务性行为);执行性的事实行为(如对违规汽机车的拖吊、对古物采取的维护措施等);无拘束力的提供资讯与通报(如提供就业信息、警告抽烟有害健康的通报、行政指导等);行政上的非正式行为(如行政与私人间基于相互利益而订立无法律效果的、取代行政处理的非正式行政协议等)①。上述对事实行为的类型化概括,可以为我们理解事实行为提供参考。

实践中,有时行政法律行为与行政事实行为的界限比较模糊,难以判

---

① 参见翁岳生:《行政法》(下册),中国法制出版社2009年版,第890—891页。

断。因此,我国有学者在研究行政诉讼受案范围时,提出并借用了准行政行为的概念,认为行政法上的准行政行为通常包括通告行为、证明行为等。实践中,对这些行为是否属于行政复议范围有争议,判断的关键是看这些行为是否对当事人权利义务产生了实际影响。

(2)内部行政行为与外部行政行为。

行政行为以其适用于效力作用的对象范围为标准,可以分为内部行政行为与外部行政行为。内部行政行为,是指行政主体在内部行政管理组织过程中所作的只对行政组织内部产生法律效力的行为,一般涉及行政主体的内部组织关系、隶属关系、人事关系等方面,其法律效果是影响行为对象的职务、职责、职权等,如行政处分及上级行政机关对下级行政机关所下达的行政命令等。外部行政行为,是指行政主体在对社会实施行政管理活动过程中针对公民、法人或者其他组织所作出的行政行为,如行政许可、行政处罚行为等①。对于内部行政行为,因为不影响行政管理相对人的合法权益,所以不能提起行政复议或者行政诉讼;外部行政行为则恰恰相反,是产生外部效果、直接影响行政管理相对人合法权益的行政行为,行政管理相对人可以通过提起行政复议或者行政诉讼来进行救济。内部行政行为与外部行政行为的区分,并不存在绝对的界限,实践中有时会发生混淆、争议。把握两者的区别可以从主体、所针对的事项和法律依据、行为内容和法律效果等角度来考虑,其中最关键的一点是行政行为是否产生外部效果,即是否对公民、法人或者其他组织等行政管理相对人的权利义务产生影响。如果行政行为的内容是关于社会管理方面的事项,法律效果上影响到了公民、法人或者其他组织的权利义务,则不管其是以什么形式作出的,都应当视为外部行政行为。比如,某行政机关通过会议纪要的形式决定对某居民的房屋进行拆迁,或者某省政府针对下级政府请示作出的同意征收某农村集体经济

---

① 参见罗豪才主编:《行政法学》,北京大学出版社1996年版,第115—116页。

组织土地的批复等。

（3）抽象行政行为与具体行政行为。

行政行为以其对象是否特定为标准可以分为抽象行政行为和具体行政行为。关于具体行政行为，既是之前行政诉讼法和行政复议法中使用的概念，也是行政复议和行政诉讼的审查对象，目前两部法律中均已不再使用。抽象行政行为是与具体行政行为相对应的概念，是指国家行政机关针对不特定的人和不特定的事制定具有普遍约束力的行为规则的行为。它具有对象的不特定性、效力的持续性和普遍性以及准立法性等特点。抽象行政行为包括两类：一类是行政机关制定行政法规或者规章的行为，它是一种行政立法行为；另一类是制定不具有法源性的规范性文件的行为，即有权行政机关制定除行政法规和规章以外具有普遍约束力的其他规范性文件的行为。

目前，对于行政法规和规章，依照立法法和法规规章备案审查条例的规定，可以通过备案审查程序进行监督。对于规章以下的规范性文件，实践中可以通过备案审查程序进行监督，除此之外，行政复议法还规定了规范性文件的行政复议附带审查程序。当规范性文件作为行政行为的依据时，公民、法人或者其他组织可以在申请行政复议时提出附带审查请求。具体来说，依照《行政复议法》第十三条的规定："公民、法人或者其他组织认为行政机关的行政行为所依据的下列规范性文件不合法，在对行政行为申请行政复议时，可以一并向行政复议机关提出对该规范性文件的审查申请：（一）国务院部门的规范性文件；（二）县级以上地方各级人民政府及其工作部门的规范性文件；（三）乡、镇人民政府的规范性文件；（四）法律、法规、规章授权的组织的规范性文件。前款所列规范性文件不含规章，规章的审查依照法律、行政法规办理。"

行政复议法对规范性文件的附带审查程序具有以下特点：一是范围上的有限性，限于国务院部门的规定，县级以上地方各级人民政府及其工作部门的规定，以及乡、镇人民政府的规定。二是依据上的关联性，申请人只能对与行政行为有关的规定提出审查申请。三是方式上的附带性,申请人只能在对行政行为申请行政复议时,一并提出审查申请。四是处理上的程序性,公民、法人或者其他组织提出对有关行政规定的审查申请以后,即进入行政复议机关的审查程序,行政复议机关有权处理的,应当在三十日内依法处理;无权处理的,应当在七日内转送有权处理的行政机关依法处理,有权处理的行政机关应当在六十日内依法处理。五是处理期间,行政复议中止审查。①

行政复议法将规章以下的规范性文件这类抽象行政行为纳入行政复议的附带审查范围,具有重要的意义:一是赋予公民、法人和其他组织对规范性文件的行政复议审查请求权,扩大了行政管理相对人的权利救济范围和救济力度。二是使行政机关的行政活动受到行政复议较为全面的审查和监督,有利于促进行政机关依法行政。三是有利于弥补我国现行行政法制监督制度的不足,加强对抽象行政行为的法律监督。

(四)属于行政复议范围的行政行为

1. 行政处罚行为

行政处罚是指行政机关依法对违反行政管理秩序的公民、法人或者其他组织,以减损权益或者增加义务的方式予以惩戒的行为。行政处罚的种类:警告、通报批评;罚款、没收违法所得、没收非法财物;暂扣许可证件、降低资质等级、吊销许可证件;限制开展生产经营活动、责令停产停业、责令关闭、限制从业;行政拘留;法律、行政法规规定的其他行政处罚。《行政复议法》第十一条第(一)项规定,对行政机关作出的行政处罚决定不服,属于行政复议范围。实践中,行政处罚类行政复议案件是比较常见的,例如被处罚人对交通违章处罚决定不服申请行政复议。

---

① 参见石佑启、杨勇萍编著:《行政复议法新论》,北京大学出版社 2007 年版,第 91—92 页。

📖 典型案例⑨

曹某与胡某系同村村民,平日交好,经济往来频繁。2023 年 5 月 9 日,曹某要求胡某归还欠款八千余元,胡某以经济拮据为由拒绝归还。二人发生争执,因胡某出言不逊造成曹某情绪激动,曹某在拉扯中对胡某扇了一耳光,胡某报警。经调查,县公安局认定曹某故意殴打他人,并于 2023 年 5 月 17 日作出了行政处罚决定,对曹某行政拘留五日,并罚款五百元。曹某对县公安局作出的行政处罚决定不服,向县政府申请了行政复议,请求撤销行政处罚决定。经审理,县政府认为县公安局没有充分考虑申请人行为的性质、情节以及社会危害程度,没有将本案与一般治安违法案件相区分,认定该处罚决定明显不当,遂予以撤销。

2. 行政强制行为

我国 2011 年出台了《行政强制法》,对行政强制措施和行政强制执行作出了规定,行政强制措施和行政强制执行均属于行政复议范围。

(1)行政强制措施。行政机关在行政管理过程中,为制止违法行为、防止证据损毁、避免危害发生、控制危险扩大等情形,依法对公民的人身自由实施暂时性限制,或者对公民、法人或者其他组织的财物实施暂时性控制的行为。行政强制措施的种类:限制公民人身自由;查封场所、设施或者财物;扣押财物;冻结存款、汇款;其他行政强制措施。实践中,限制人身自由的行政措施主要包括强制戒毒、强制带离现场、强制隔离治疗、扣留、限制出境等。限制财产流通的行政强制措施包括查封、扣押、冻结、强制收购、强行收缴、强制销毁、强制检定等形式,其中最常见的是查封、扣押和冻结 3 种形式。所谓查封,是指行政机关对行政管理相对人的财产依法就地封存,加贴封条,以防止行政管理相对人任意使用、处分的行为。扣押是指行政机关为了防止案件当事人以及相关人员处分、转移财产而依法将涉案的财产扣押于一定地点并置于行政机关控制下的行为。冻结是指银行根据行政机关的要求,冻结当事人的账户,不准其动用存款的行为。

(2)行政强制执行。行政机关或者行政机关申请人民法院,对不履行行政决定的公民、法人或者其他组织,依法强制履行义务的行为。行政强制执行的方式包括:加处罚款或者滞纳金;划拨存款、汇款;拍卖或者依法处理查封、扣押的场所、设施或者财物;排除妨碍、恢复原状;代履行;其他强制执行方式。需要特别注意的是,行政强制执行只能由法律设定。法律没有规定行政机关强制执行的,作出行政决定的行政机关应当申请人民法院强制执行。《行政复议法》第十一条第(二)项规定,对行政机关作出的行政强制措施、行政强制执行不服,属于行政复议范围。

📖 典型案例⑩

肖某从事客运经营,其驾驶的车辆额定乘员为 35 人。2022 年 8 月 3 日,肖某驾驶的车辆乘坐了 40 人,被执行公务的县交警大队的值班交警当场发现。值班交警亮明身份并听取肖某的陈述、申辩后,向肖某送达了扣留机动车辆决定书,之后立即向单位负责人作了报告,并补办了批准手续。8 月 4 日,肖某因不服县交警大队作出的扣留机动车辆决定,向县政府申请行政复议,请求撤销扣留机动车决定书。经审理,县政府认为肖某所驾车辆超载,依法应当扣留车辆,交警部门虽然当场作出了扣留机动车辆的决定,但是履行了行政强制法规定的报告、补办手续的程序,认定事实清楚,适用法律正确,程序合法,据此作出了维持的行政复议决定。

3. 行政许可行为

根据公民、法人或者其他组织的申请,行政机关经依法审查,准予其从事特定活动的行为是行政许可行为。有关行政机关对其他机关或者对其直接管理的事业单位的人事、财务、外事等事项的审批,不属于行政许可行为。行政许可是行政机关对社会实施的一种外部管理性行政行为,是依相对人申请、准予相对人从事特定活动的行政行为。行政机关颁发的许可证、执照、资质证、资格证等证书,是公民、法人或者其他组织获得某种资格或者能力的法律凭证,也是从事某种活动的前提条件,如果行政机关决定变更、中止或者撤销,就意味着从事某种特定活动能力的丧失或者受到限制,直接或者间接影响行政管理相对人的合法权益。《行政复议法》第十一条第(三)项规定,申请行政许可,行政机关拒绝或者在法定期限内不予答复,或者对行政机关作出的有关行政许可的其他决定不服,属于行政复议范围。

典型案例⑪

林某在所住小区附近承租了一个门面,拟经营歌舞厅。2022 年 7 月,林某向其所在的区文旅广体局申请娱乐经营许可证。申请当日,区文旅广体局组织工作人员对林某承租的门面进行了实地核查,发现林某承租门面的背后就是一所小学,该小学与林某承租的门面只相隔一堵墙。次日,区文旅广体局在听取林某的陈述、申辩意见后作出了不予批准的决定,并告知了理由,送达了不予批准决定书。2022 年 8 月,林某向区政府申请行政复议,请求撤销区文旅广体局作出的不予批准决定书。经审理,区政府认为,林某拟开办歌舞厅的门面紧靠一小学,不符合娱乐场所管理条例关于"娱乐场所不得设在学校周围"的规定,区文旅广体局组织进行了实地核查,并听取了林某的陈述、申辩意见,书面告知了不予批准的理由,履行了法定程序,应予维持。

4. 行政确权行为

行政确权行为属于行政确认的一种,是行政机关对有关自然资源的所有权或者使用权权属的确认。我国《土地管理法》《草原法》《森林法》《矿产资源法》等法律规定,对土地、矿藏、水流、森林、山岭、草原、荒地、海域等自然资源的所有权或者使用权予以确认和核发证书,是县级以上各级人民政府的法定职责。实践中,行政确权行为包括两种情形:一是直接的行政确认行为,如确认宅基地、核发土地所有权证书、出让或者划拨土地等行为;二是通过行政裁决的确权行为,比如土地、森林、水面等自然资源的权属问题发生争议时所作出的裁决决定。《行政复议法》第十一条第(四)项规定,对行政机关作出的确认自然资源的所有权或者使用权的决定不服,属于行政复议范围。

典型案例⑫

2009年12月,某区政府向辖区塘石镇某村村民罗某办理了林权证书,确认某村狮山岭100余亩林木的所有权人为罗某。2021年7月,辖区金达公司认为罗某并非上述林木的所有权人,遂向区政府提出申请,请求重新确认林木权归属,并将所有权人确定为金达公司。2021年8月,区政府作出林木权属纠纷处理决定,将狮山岭100余亩林木重新确定为金达公司所有。罗某不服该处理决定,于同年9月向市政府申请行政复议,请求撤销区政府的处理决定,认定罗某为林木的所有权人。经审理查明,罗某与金达公司的负责人系好友,其先前已约定由金达公司通过贷款形式出资造林,并以金达公司的名义办理林权证,罗某只负责养护打理。罗某持有的林木权证系其隐瞒事实真相取得的。最终,市政府认定林木归金达公司所有,维持了区政府作出的处理决定。

5. 行政机关作出的征收征用决定。

行政征收是指行政主体凭借国家行政权,根据国家和社会公共利益的需要,依法向行政相对人强制性征集行政相对人财产所有权的行政行为。征收对象是私有财产,包括土地等不动产;征收的形式是行政行为;征收目的是为了公用事业,比如公路、铁路等基础设施建设工程;征收以完全补偿为要件,而且大多是事先补偿。《宪法》第十三条第三款规定:"国家为了公共利益的需要,可以依照法律规定对公民的私有财产实行征收或者征用并给予补偿。"从这里可以看出,行政征收和征用均对相对方有一定的补偿。

行政征收和征用的相同之处在于都是为了公共利益的需要,依据法律并在给予补偿的前提下,对公民财产权的限制或剥夺;它们的区别在于征收一般是指对公民财产所有权的限制或剥夺,而征用仅是指对公民财产使用权的暂时剥夺(用完之后还要归还),征用大多适用于紧急状态或者军事、战争等特殊紧急情况下。《行政复议法》第十一条第(五)项规定,对行政机关作出的征收征用决定及其补偿决定不服,属于行政复议范围。

📖 典型案例⑬

为实施城市棚户区改造项目,李某的房屋被纳入某片区国有土地上房屋征收范围。2021年7月,当地县政府作出了房屋征收决定,将包括李某房屋在内的片区所有房屋征收为国有,并进行了公告。李某认为补偿标准太低,拒绝签订补偿安置协议,并于同年8月向市政府申请行政复议,请求撤销房屋征收决定。经查,市政府认为县政府认定事实清楚、证据充分,适用法律正确,并履行了调查登记、征求意见、风险评估、资金专户存储等国有土地上房屋征收与补偿条例规定的程序,遂作出了维持区政府关于房屋征收的决定。

6. 赔偿或者不予赔偿行政行为

行政赔偿,是指国家行政机关及其工作人员在行使职权的过程中侵犯公民、法人或其他组织的合法权益并造成损害,由国家承担赔偿责任的制度。《行政复议法》第十一条第(六)项规定,对行政机关作出的赔偿或者不予赔偿决定不服,属于行政复议范围。第七十二条进一步规定,申请人在申请行政复议时一并提出行政赔偿请求,行政复议机关对依照《中华人民共和国国家赔偿法》的有关规定应当不予赔偿的,在作出行政复议决定时,应当同时决定驳回行政赔偿请求;对符合《中华人民共和国国家赔偿法》的有关规定应当给予赔偿的,在决定撤销或者部分撤销、变更行政行为或者确认行政行为违法、无效时,应当同时决定被申请人依法给予赔偿;确认行政行为违法的,还可以同时责令被申请人采取补救措施。申请人在申请行政复议时没有提出行政赔偿请求的,行政复议机关在依法决定撤销或者部分撤销、变更罚款,撤销或者部分撤销违法集资、没收财物、征收征用、摊派费用以及对财产的查封、扣押、冻结等行政行为时,应当同时责令被申请人返还财产,解除对财产的查封、扣押、冻结措施,或者赔偿相应的价款。

7. 不予受理工伤认定申请或者工伤认定结论行政行为

《行政复议法》第十一条第(七)项规定,对行政机关作出的不予受理工伤认定申请的决定或者工伤认定结论不服,属于行政复议范围。工伤范围是工伤认定的前提,一般由法律直接规定。我国《工伤保险条例》对工伤范围采取列举式立法模式,通过肯定性列举和否定性列举相结合的方式,明确了我国《工伤保险条例》规范的工伤范围。《工伤保险条例》规定,社会保险行政部门应当自受理工伤认定申请之日起六十日内作出工伤认定的决定,并书面通知申请工伤认定的职工或者其近亲属和该职工所在单位。社会保险行政部门对受理的事实清楚、权利义务明确的工伤认定申请,应当在十五日内作出工伤认定的决定。社会保险行政部门作出认定为工伤的决定后发生行政复议、行政诉讼的,行政复议和行政诉讼期间不停止支付工伤职工治疗工伤的医疗费用。

工伤认定关乎群众职工切身利益,是行政复议常见的案件类型,有一些法律适用问题受到各方面高度关注。具体包括:

(1)关于工作原因、工作时间和工作场所。依据《中华人民共和国社会保险法》第三十六条、《工伤保险条例》第一条的规定,工伤认定应当围绕着工作原因开展,工作场所、工作时间是工伤认定的辅助要素,在工作原因无法查明时,工作场所、工作时间可以用来推定是否属于工作原因。对于用人单位安排职工居家办公,有充分证据证明职工在工作时间确因工作受到事故伤害的,不应因在家工作而影响工伤认定。对于利用微信、电话、邮件等现代通信方式进行简单沟通,具有偶发性和临时性的,不应视为工作状态。①关于对工作原因的认定,应当考虑是否属于工作或者作为工作安排的活动、是否属于履行工作职责、是否受用人单位指派、是否与工作职责有关、是否基于用人单位的正当利益、是否属于工作期间在合理场所解决必需的基本需求等因素。②关于对工作时间的认定，应当考虑是否属于法律规定的或者用人单位要求职工工作的时间。包括但不限于：一是劳动合同约定的工作时间；二是用人单位规定的工作时间；三是法律规定的工作时间；四是完成用人单位临时指派或者特定工作任务的时间；五是加班时间。③关于对工作场所的认定，应当考虑是否属于与职工工作职责相关的区域以及因履行工作职责所需的合理区域。包括但不限于：一是用人单位能够对从事日常生产经营活动进行有效管理的区域；二是职工为完成某项特定工作所涉及的单位以外的相关区域；三是职工因工作来往于多个与其工作职责相关的工作场所之间的合理区域。

（2）关于工伤认定的因果关系。职工所受伤害的原因复杂多样，对职工所受伤害与履行工作职责之间的关系应作全面、准确的理解和把握。实践中，因工作直接受到伤害或者因履行工作职责受到伤害的，应当认定为因工受伤。同时，根据《社会保险法》第三十七条的规定，职工伤亡，是职工本人的故意犯罪、醉酒或者吸毒、自残或者自杀等法定原因导致的，不认定为工伤。

（3）关于突发疾病视同工伤。《工伤保险条例》第十五条第一款第一项有关"在工作时间和工作岗位，突发疾病死亡或者在48小时之内经抢救无效死亡的，视同工伤"的规定，在实践中应当准确把握，加强协商沟通，不得作随意解释。

①职工在家突发疾病，是否属于《工伤保险条例》第十五条第一款第一项规定的"工作时间和工作岗位"，应当充分考虑职工的职业要求、岗位职责等因素。有充分证据证明在家处理工作是根据用人单位的工作要求及工作需要进行，且与日常的工作强度和工作状态基本一致，明显占用劳动者休息时间的，可以视为"工作时间和工作岗位"。②死亡时间一般以医疗卫生

机构出具的死亡证明记载的时间为准,没有医疗卫生机构出具死亡证明的,以公安机关出具的死亡证明记载的时间为准。有其他证据足以推翻以上记载时间的,以该证据证明的时间为准。

(4)关于劳动关系和工伤认定。依据《社会保险法》《工伤保险条例》的规定,工伤认定的前提条件是工伤职工与用人单位存在劳动关系,职工提出工伤认定申请应当提交相应的证明材料加以证明。判断是否存在事实劳动关系,可以参照原劳动和社会保障部《关于确立劳动关系有关事项的通知》等规定。确定是否存在劳动关系,可以由社会保险行政部门在工伤认定中根据双方提供的证据依法进行认定,难以认定的,也可以通过仲裁、诉讼等方式予以认定。

①新就业形态劳动者工伤认定,要坚持以维护新就业形态劳动者工伤保障权益为基本原则。当前,我国新就业形态劳动者人数众多,识别新就业形态劳动者与平台企业之间是否存在劳动关系,合同约定是重要判断依据,没有约定的可以从人格、经济、组织从属性的有无及强弱进行综合判断。②不需要劳动关系为前提的工伤认定情形。有下列情形之一,工伤职工与具备用工主体资格的单位之间即使不存在劳动关系,工伤认定申请主体也可以依据有关规定申请认定工伤:(一)用工单位违反法律、法规规定将业务发包、转包、分包给不具备用工主体资格的组织或者自然人,该组织或者自然人聘用的职工从事承包业务时因工伤亡的;(二)个人挂靠其他单位对外经营,其聘用的人员因工伤亡的;(三)法律、法规、规章规定的其他情形。

📖 典型案例⑭

2022 年 7 月 10 日 10 时许,某市 A 区某建材公司售后部门电话联系黄某到 A 区碧桂园小区 47 栋安装橱柜。安装过程中,黄某不慎被电锯锯伤左手大拇指,导致其左拇指近节指骨开放性骨折。事故发生后,某建材公司没有向 A 区人社局申请工伤认定。之后,黄某自行向 A 区人社局提交了工伤认定申请。A区人社局收到黄某申请后,向某建材公司送达了工伤认定限期举证通知书。某建材公司在规定时间内未向A区人社局提交举证材料。2022年11月21日,A区人社局作出了认定工伤决定书,并分别送达黄某和某建材公司。某建材公司对认定工伤决定不服,向A区人民政府申请行政复议。经审理查明,黄某系建材公司员工,其在某建材公司安排的工作时间、工作地点因工作原因受伤,符合认定工伤的条件。虽然某建材公司未在法定期间内申请工伤认定,但根据工伤保险条例有关用人单位未在法定期限提出工伤认定申请的,工伤职工在事故伤害发生之日起一年内,可以直接向用人单位所在地统筹地区社会保险行政部门提出工伤认定申请的规定,黄某也有权申请工伤认定。2022年12月28日,A区人民政府作出了维持工伤认定书的决定。

8. 侵犯经营自主权、农村土地承包经营权、农村土地经营权的行为

《行政复议法》第十一条第(八)项规定,认为行政机关侵犯其经营自主权或者农村土地承包经营权、农村土地经营权,属于行政复议范围。经营自主权是市场主体依法享有的依照自己意愿调配和使用人力、物力、财力,独立开展生产经营活动的权利,在产供销环节中自主决定不受干涉的权利。按照《市场主体登记管理条例》的规定,市场主体是指在中华人民共和国境内以营利为目的从事经营活动的下列自然人、法人及非法人组织:(1)公司、非公司企业法人及其分支机构;(2)个人独资企业、合伙企业及其分支机构;(3)农民专业合作社(联合社)及其分支机构;(4)个体工商户;(5)外国公司分支机构;(6)法律、行政法规规定的其他市场主体。经营自主权包括生产经营决策权、定价权、购销权、资产处置权、联营兼并权、人事管理权等,行政机关不能干涉企业的经营自主权。

农村土地承包经营权是指承包农户以从事农业生产为目的,对集体所有或国家所有的由农民集体使用的土地进行占有、使用和收益的权利。在土地利用过程中,土地承包经营权人应当维持土地的农业用途,不得用于非

农建设,禁止占用耕地建窑、建坟或者擅自在耕地上建房、挖砂、采石、采矿、取土等,禁止占用基本农田发展林果业和挖塘养鱼。

农村土地经营权是从农村土地承包经营权中分离出的一项权能,就是承包农户将其承包土地流转出去,由其他组织或者个人经营,其他组织或者个人取得土地经营权。《农村土地承包法》第三十七条规定,土地经营权人有权在合同约定的期限内占有农村土地,自主开展农业生产经营并取得收益。

📖 典型案例⑮

【基本案情】

2023 年,××市出台《××市中心城区共享电动自行车管理暂行办法》,规定中心城区共享电动自行车实行总量控制,由市城市管理局负责监督规范共享电动自行车的运营管理,运营企业对车辆投放数量等运营信息及信息变动情况报送市城市管理局并实现相关部门信息共享。依据该办法,市城市管理局制定《××市中心城区共享电动自行车运营管理实施方案》,明确共享电动车企业应当服从总量控制原则,根据市城市管理局要求适时调整投放数量,且企业须经申请并获得城市管理局批准同意后方可投放增加。2024 年 1 月,申请人某共享单车运营公司向被申请人某市城市管理局申请增加投放运营共享电动车至总量 3000 台。被申请人认为,投放车辆数量可以根据对包括申请人在内所有运营企业的动态考核情况进行适当调整,但是目前该市共享电动自行车数量已近饱和,遂作出不同意增加投放数量的回复。申请人不服,于 6 月 4 日向市人民政府申请行政复议。

【复议办理】

行政复议机构审查认为,本案的争议焦点为被申请人是否具有审批新增共享电动车投放数量的行政许可职权。根据行政许可法的规定,规章以下的规范性文件一律不得设定行政许可。本案中,该市通过规范性文件规定,新增投放运营车辆需运营企业向城市管理局申请,经批准同意后才能增加,违反了行政许可法对行政许可权设定的有关规定。根据新修订的行政复议法,行政复议机构联合有关部门会同被申请人多次举行案审会,对被申请人作出答复的依据即《××市中心城区共享电动自行车管理暂行办法》《××市中心城区共享电动自行车运营管理实施方案》的合法性进行论证,建议被申请人对其制定的文件合法性进行重新审核。被申请人经法制审核后,废止了该方案,并发布《关于全面放开××市中心城区共享电动车市场的通告》。之后,被申请人向申请人作出更正回复,明确其可以根据市场竞争和本企业情况,自主决定是否新增运营车辆数量。因申请人未申请撤回行政复议申请,行政复议机关最终作出确认违法的行政复议决定。

【典型意义】

新修订的行政复议法赋予了行政复议机关主动启动对被申请复议行政行为的依据进行附带审查的处理权限,目的是更好地发挥行政复议的监督功能,通过加强对"红头文件"的审查和"纠偏",维护群众和企业的合法权益,从源头上预防和减少行政争议。共享经济作为一种新的经济业态,政府应以包容审慎的行政监管策略促进其可持续发展,不得违法增设权力干预企业正常生产经营活动。本案中,行政复议机构经过调查发现,被申请人违法审批新增投放车辆数量的做法不合法,遂主动联合有关部门对被申请人作出答复的依据是否合法进行论证,最终促成被申请人自行纠正违法行为,并废止了作出行政行为的依据,推动行政机关依法审慎实施监管,实现了共享电动自行车市场全面开放,杜绝了同类违法行为再次发生。通过案件的办理,既规范了行政机关的行为依据,彰显行政复议监督依法行政的功能,也保障了企业经营自主权,促进了市场公平竞争和资源有效配置,不断优化法治化营商环境。

9. 滥用行政权力排除或者限制竞争行政行为

行政机关和法律、法规授权的具有管理公共事务职能的组织不得滥用行政权力,排除、限制竞争。《反垄断法》第五章规定,行政机关和法律、法规授权的具有管理公共事务职能的组织不得有以下滥用行政权力的行为:(1)限定或者变相限定单位或者个人经营、购买、使用其指定的经营者提供的商品;(2)通过与经营者签订合作协议、备忘录等方式,妨碍其他经营者进入相关市场或者对其他经营者实行不平等待遇,排除、限制竞争;(3)妨碍商品在地区之间的自由流通;(4)对外地商品设定歧视性收费项目、实行歧视性收费标准,或者规定歧视性价格;(5)对外地商品规定与本地同类商品不同的技术要求、检验标准,或者对外地商品采取重复检验、重复认证等歧视性技术措施,限制外地商品进入本地市场;(6)采取专门针对外地商品的行政许可,限制外地商品进入本地市场;(7)设置关卡或者采取其他手段,阻碍外地商品进入或者本地商品运出;(8)妨碍商品在地区之间自由流通的其他行为。

行政机关和法律、法规授权的具有管理公共事务职能的组织不得有以下滥用行政权力的行为:(1)以设定歧视性资质要求、评审标准或者不依法发布信息等方式,排斥或者限制经营者参加招标投标以及其他经营活动;(2)采取与本地经营者不平等待遇等方式,排斥、限制、强制或者变相强制外地经营者在本地投资或者设立分支机构;(3)强制或者变相强制经营者从事行政复议法规定的垄断行为;(4)制定含有排除、限制竞争内容的规定。

按照《行政复议法》第十一条第(九)项的规定,认为行政机关滥用行政权力排除或者限制竞争,公民、法人或者其他组织可以申请行政复议。

10. 非法要求行政管理相对人履行义务的行政行为

依照法律法规的规定,公民法人或者其他组织负有某种行政法上的义务时,必须及时履行,如纳税、缴费、服兵役、提供劳务、协助执行公务等。但是,除法定义务,行政机关不得违法要求相对人履行法外义务,也不得违反法律规定要求相对人履行义务,比如违法集资、乱摊派、乱收费等行为,这是违法加重行政管理相对人负担的行为,是对相对人合法权益的一种侵害。因此,《行政复议法》第十一条第(十)项规定,认为行政机关违法集资、摊派费用或者违法要求履行其他义务,属于行政复议范围。

📖 典型案例⑯

为迎接 A 市旅发大会,该市 B 区商务部门组织辖区 20 余家企业开会,要求企业开展"义捐"活动,每家出资 20000 元,用于旅发大会的相关支出。参加会议的企业负责人当场进行了"义捐",该商务部门出具了收款凭证。十天后,某企业认为 B 区商务部门的行为不合法,向 B 区政府提出了行政复议申请,请求退还"义捐"费用。B 区政府认为,商务部门要求企业"义捐"的行为没有法定依据,属于违法摊派费用,作出了撤销商务部门摊派费用行为,责令退还费用的行政复议决定。

11. 不履行保护人身权、财产权和受教育权法定职责的行为

人身权利又称人身非财产权,是指公民依法享有的与人身直接相关而没有经济内容的权益,是公民的基本权利之一。主要包括人格权和身份权、人身自由权、生命健康权和人格尊严权,人格尊严又包括肖像权、名誉权、荣誉权、姓名权和隐私权等。

财产性权利是指可单独转让或与其他权利一并转让的权利;旨在使持有者获得物质利益的权利;以现实物质利益或预期物质利益交换而得的权利。

受教育权,是由宪法确认和保障的公民受教育的权利,也是公民的基本权利之一。在我国,宪法确认公民有受教育的权利和义务,这里指公民有获得文化科学知识和不断提高思想觉悟、道德水平的权利,而且每个公民都必

须按照法律要求接受义务教育。

依照有关法律法规的规定,行政机关负有保护公民、法人或者其他组织人身权、财产权和受教育权的法定职责,当行政管理相对人的人身权、财产权和受教育权受到侵犯时,行政机关应当依法履行积极保护的义务,否则就是一种失职行为,也就是通常所称的"行政不作为",应当承担相应的法律责任。因此,《行政复议法》第十一条第(十一)项规定,申请行政机关履行保护人身权利、财产权利、受教育权利等合法权益的法定职责,行政机关拒绝履行、未依法履行或者不予答复,属于行政复议范围。行政管理相对人对行政机关不履行保护人身权、财产权和受教育权的行政不作为提出行政复议,必须满足3个条件:一是行政管理相对人正面临着人身权、财产权或者受教育权方面的侵害,这种侵害不是虚构的,而是必须基于一定的客观事实;二是该行政机关具有法律、法规、规章规定的保护人身权、财产权和受教育权的法定职责;三是行政机关没有履行法定职责,既不是部分履行,也不是否定性行政作为,比如不予受理决定等。

12. 不依法发放抚恤金、社会保险金或最低生活保障费的行为

世界各国普遍建立了社会保险、社会福利等制度,我国也实行了社会保险、伤亡抚恤等各种各样的民生保障制度,政府应当依法履行发放抚恤金、社会保险金或者最低生活保障费的义务。(1)抚恤金是公民因公或因病致残、死亡时发给本人或者其家属,用以维持本人或者家属日常生活的费用,主要包括给因公死亡人员遗属的死亡抚恤金和给因公致伤、致残者本人的伤残抚恤金。(2)社会保险金是参加社会保险的公民在丧失劳动机会或者劳动能力时依法领取一定金额的生活费用,具体包括养老保险金、失业保险金、医疗保险金、工伤保险金和生育保险金。(3)最低生活保障费是指向城镇居民发放的维持其基本生活需要的社会救济金,目前我国也推行了农村低保制度,农民可以领取最低生活保障费。抚恤金、社会保险金和最低生活保障费,事关公民的生存权,如果行政机关不依法发放,就是对行政管理相

对人合法权益的侵犯。因此,《行政复议法》第十一条第(十二)项规定,申请行政机关依法给付抚恤金、社会保险待遇或者最低生活保障等社会保障,行政机关没有依法给付,属于行政复议范围。

📖 典型案例⑰

　　家住太山里村的何大爷因年老多病向当地镇政府申请享受低保待遇。经初步审查,镇政府认为何大爷可以享受低保,并将何大爷的申请材料报送区民政局审批。经核实,区民政局发现何大爷家庭条件较好,其膝下三个子女均有正式工作,其中一个儿子还是公职人员,认定何大爷不能享受低保待遇,并向其送达了《不予批准低保待遇决定书》。何大爷不服,向区政府申请行政复议,请求责令区民政局给予低保待遇。行政复议机关查明,何大爷的儿子确为公职人员,另外两个子女均建有别墅。区政府审理后认为,何大爷的子女具有赡养的义务,何大爷虽然年老多病,但确实不符合社会救助暂行办法规定的享受低保的条件,遂作出了维持区民政局作出的不予批准低保待遇的行政复议决定。

　　13. 不依法订立、不依法履行、未按照约定履行行政协议的行政行为

　　行政协议是指行政机关为了实现行政管理或者公共服务目标,与公民、法人或者其他组织协商订立的具有行政法上权利义务内容的协议。主要包括:(1)政府特许经营协议;(2)土地、房屋等征收征用补偿协议;(3)矿业权等国有自然资源使用权出让协议;(4)政府投资的保障性住房的租赁、买卖等协议;(5)符合规定的政府与社会资本合作协议;(6)其他行政协议。按照《行政复议法》第十一条第(十三)项的规定,认为行政机关不依法订立、不依法履行、未按照约定履行或者违法变更、解除政府特许经营协议、土地房屋征收补偿协议等行政协议,可以依法申请行政复议。

典型案例⑱

【基本案情】

申请人某医院作为协议乙方与甲方被申请人北京市某医疗保险事务管理中心签订《医疗保障定点医疗机构服务协议》(以下简称《医保服务协议》),约定由申请人提供医药服务,被申请人对其服务项目进行监督管理,协议有效期为2022年12月31日至2023年12月31日。之后,因申请人在提供医疗服务过程中虚构医药服务项目骗取医保基金被行政处罚,被申请人作出《关于对某医院违规行为处理决定的通报》(以下简称《通报》),决定自2023年12月29日解除与申请人签订的《医保服务协议》。申请人不服,向市人民政府申请行政复议,请求撤销该《通报》,并责令被申请人与其续签《医保服务协议》。

【复议办理】

行政复议机构审查认为,依照《中华人民共和国社会保险法》的规定,被申请人具有订立本案《医保服务协议》的法定职责,申请人具有定点医疗机构资格;签订协议是为了保障广大参保人员享受基本医疗保障服务、促进社会保障及卫生事业的发展;主要内容是申请人提供医药服务,被申请人进行监督管理,符合行政法上权利义务的法律特征,因此本案《医保服务协议》在合同订立主体、合同目的、合同内容等方面均符合行政协议特征,依法属于行政复议受案范围。出于实质性化解争议的考虑,行政复议机构首先组织申请人和被申请人进行了当面沟通,试图通过协商化解双方争议,但因双方意见分歧较大未能成功调解。行政复议机构对各项证据材料进行审查后认为,当事人双方在《医保服务协议》中约定,申请人经医疗保障部门和其他有关部门查实有欺诈骗保行为的,被申请人可以作出解除协议处理。本案中,经医疗保障部门查实申请人存在骗保行为,属于双方约定的解除协议情形,故被申请人通知申请人解除协议符合约定。同时,被申请人在解除协议之前告知申请人其解除协议决定的内容、申请行政复议和行政诉讼的权利,并按照相关规定向社会公布解除协议的结果,程序合法正当。综上,行政复议机关认定被申请人解除协议的行为符合协议约定,据此作出维持的行政复议决定。

【典型意义】

行政协议是行政机关为了实现行政管理或者公共服务目标,与公民、法人或者其他组织协商订立的具有行政法上权利义务内容的协议。作为现代行政管理活动的新方式,行政协议的运用对经济社会发展产生了重要影响。新修订的行政复议法首次将行政协议争议纳入行政复议受案范围,为保障行政协议当事人的合法权益提供了新的救济途径。本案中,申请人不服行政机关单方解除《医保服务协议》行为提出行政复议申请,行政复议机构依法受理后,对行政协议及解除协议行为进行了全面审查,包括协议约定条款是否成立生效、解除行为是否满足协议约定的解除条件、约定解除权的行使是否遵守程序规定、是否保障协议相对人的陈述申辩权利等问题,逐一进行释法明理并依法作出行政复议决定,既有效实现了定分止争,也有力维护了广大参保用户的合法权益,其办案思路以及审查标准,对行政协议类行政复议案件的办理具有积极借鉴意义。

14. 政府信息公开侵犯合法权益的行政行为

政府信息是指行政机关在履行行政管理职能过程中制作或者获取的,以一定形式记录、保存的信息。行政机关公开政府信息,坚持以公开为常态、不公开为例外,遵循公正、公平、合法、便民的原则,及时、准确地公开政府信息。公开政府信息有两种方式:主动公开和依申请公开。在经济全球化和信息化的时代,瞬息万变的信息,已成为社会经济发展的关键性因素。政府信息作为最重要的信息资源,既是公众了解政府行为的直接途径,也是公众监督政府行为的重要依据。《行政复议法》第十一条第(十四)项规定,公民、法人或者其他组织认为行政机关在政府信息公开工作中侵犯其合法权益,可以依法申请行政复议。

📖 典型案例⑲

　　胡某英向某州人民政府寄送政府信息公开申请材料,在法定期限内未收到政府信息公开申请答复。胡某英认为某州人民政府未履行政府信息公开职责,向行政复议机关申请行政复议,请求责令某州人民政府公开相关政府信息。复议机关审理认为,胡某英提供的邮寄凭证及邮件跟踪查询显示已经成功递交政府信息公开申请,某州人民政府以其工作人员未当面签收该邮件为由称其未收到该政府信息公开申请,且不能提供相关证据证明其确实未收到,该项主张无事实依据。鉴于行政复议期间,某州人民政府作出《关于政府信息公开申请的答复》并将相关政府信息提供给胡某英,复议机关作出确认某州人民政府未在法定期限内答复政府信息公开申请违法的行政复议决定。

　　15. 其他行政行为

　　除了上述明确列举的 14 类事项之外,《行政复议法》第十一条第(十五)项作了兜底性规定,即认为行政机关的其他行政行为侵犯其合法权益属于行政复议范围。现代社会,行政管理领域普遍而广泛,行政机关作出的行政行为各种各样,有的很难归类到某一行政行为类型。因此,为了避免列举不全面可能带来的遗漏,只要公民、法人或者其他组织认为行政机关的行政行为侵犯其合法权益的,就可以申请行政复议,这样可以更好地保护公民、法人或者其他组织的合法权益。

　　最典型的就是行政机关处理举报投诉行为,举报投诉行为由行政管理相对人发起,行政机关处理(或者不处理)结束,相对人对处理结果不满,由此引起的行政争议纠纷。实践中需注意以下几个问题:

（1）关于投诉与举报的区分。人民群众对相关争议事项向行政机关投诉举报，是行政机关吸纳民意、汇集民智的重要渠道，有助于发现违法行为、推进依法行政，有助于维护人民群众合法权益，更好地保障和改善民生。现行有效的法律、法规、规章以及规范性文件规定的"投诉""举报"的内涵、外延尚不统一，对投诉、举报的管辖、处理职责、程序及期限等的规定也不一致。此种状况既影响人民群众有效行使监督权，也影响行政机关及时处理投诉、举报事项，发现并制止行政违法行为的工作质量与效率。为了更好地解决因投诉、举报引起的行政争议，清晰定位相关的法律关系，需要对"投诉"与"举报"的内涵等作出明确界定。

关于投诉与举报的界定。一般来讲，公民、法人或者其他组织，认为第三人实施的违法行为侵犯其合法权益，请求行政机关履行解决行政争议、依法查处违法行为等职责的，属于"投诉"。公民、法人或者其他组织认为第三人实施的违法行为侵犯他人合法权益或者国家利益、社会公共利益，请求行政机关依法查处的，属于"举报"。由于不同的法律、法规、规章以及规范性文件中规定投诉举报的内涵和外延并不相同，因此不宜仅仅以投诉或者举报的名称表述来判断，而应结合各行政执法领域有关投诉、举报相关管理办法的规定以及个案情况进行综合判断。

（2）关于行政复议受理范围的界定。公民、法人或者其他组织认为行政机关和行政机关工作人员的行政行为侵犯其合法权益，有权依照行政复议法向行政复议机关申请行政复议。

①公民、法人或者其他组织应当基于合法权益受到侵害的情形，依法实施投诉、举报行为，不得滥用投诉、举报权利。行政复议是救济公民、法人或者其他组织的法定渠道，公民、法人或者其他组织申请行政复议须符合法定要件。

②界定受理、受案条件的一般原则。公民、法人或者其他组织认为第三人实施的违法行为侵犯自身合法权益，向具有处理投诉职责的行政机关投

101

诉,该行政机关的处理行为或者未作出处理行为对其权利义务产生实际影响的,投诉人就该处理行为或者未作出处理行为申请行政复议,一般属于行政复议受理范围。例如,《公安机关执行〈中华人民共和国治安管理处罚法〉有关问题的解释(二)》规定,关于被侵害人是否有权申请行政复议问题,根据《中华人民共和国行政复议法》第二条的规定,治安案件的被侵害人认为公安机关依据《治安管理处罚法》作出的行政行为侵犯其合法权益的,可以依法申请行政复议。

公民、法人或者其他组织认为第三人实施的违法行为侵犯他人合法权益或者国家利益、社会公共利益,向具有处理举报职责的行政机关举报,行政机关对第三人作出的行政处罚决定等处理行为,与举报人无利害关系,举报人对行政机关的该处理行为申请行政复议的,不属于行政复议受理范围。

法律、法规、规章或者规范性文件规定受理举报事项的行政机关应当对举报人作出答复,而行政机关未作出答复的,举报人对未作出答复行为不服,申请行政复议的,属于行政复议受理范围。

③行政机关在受理投诉后实施的调解行为。行政机关受理投诉后,根据法律、法规、规章等的规定,经投诉人和被投诉人同意,可以采用调解的方式处理投诉争议。该调解行为不属于行政复议受理范围。

(3)关于行政复议申请人资格的判断。行政行为的相对人以及其他与行政行为有利害关系的公民、法人或者其他组织,有权申请行政复议。公民、法人或者其他组织为维护自身合法权益向行政机关投诉,具有处理投诉职责的行政机关作出或者未作出处理的,可以认定其"与行政行为有利害关系"。对于投诉引发的行政争议,有权申请行政复议的主体应是为维护自身合法权益的公民、法人或者其他组织。

关于"利害关系"的判定。公民、法人或者其他组织认为被投诉人的行为侵害自身合法权益,对具有处理投诉职责的行政机关作出或者未作出处理不服,申请行政复议的,行政复议机关可以结合以下因素综合判断是否具有"利害关系":一是投诉是为维护自身合法权益还是为维护他人合法权益或者国家利益、社会公共利益;二是投诉主张保护的权益是否属于法律、法规、规章等规定的应当保护的合法权益;三是投诉主张保护的权益是否存在被投诉行为侵害的情形或者现实可能性;四是影响利害关系判定的其他因素。

（4）关于适格被申请人的判断。公民、法人或者其他组织行使投诉权利,应当依法向有管辖权的行政机关提出,避免越级投诉。有处理投诉职责的行政机关要及时受理、依法处理投诉,更好地保护公民、法人或者其他组织的合法权益。

①关于投诉的管辖职权判定。法律、法规、规章就投诉的事务管辖、地域管辖、级别管辖有规定的,有管辖权的行政机关应当及时受理、依法处理投诉。

规范性文件对管辖的规定不违反上位法的,行政复议机关可予认可。法律、法规、规章和规范性文件对上、下级行政机关受理投诉职责规定不明确的,下级行政机关可以按照行政惯例行使管辖权。上级行政机关认为需要由自己处理的,可以要求下级行政机关依法移送。

②关于上级行政机关的转办行为。上级行政机关收到的投诉事项依法属于下级行政机关法定职责范围的,可以交由下级行政机关处理。上级行政机关收到的投诉事项依法属于其职责范围的,一般不应交由下级行政机关处理,法律、法规、规章以及规范性文件规定可以转办的除外。

③关于适格被申请人或者被告的判断。投诉人对有处理职责的行政机关作出的投诉处理决定不服申请行政复议的,应当以作出投诉处理决定的行政机关为被申请人。

上级行政机关将投诉事项交由具有处理职责的下级行政机关处理并告知投诉人的,下级行政机关未作出处理或者投诉人对处理决定不服的,一般应当以下级行政机关为被申请人;上级行政机关转交下级行政机关处理但未告知投诉人,下级行政机关未在法定或者合理期限内作出处理决定的,可以以该上级行政机关为被申请人。

④关于对重复投诉、举报的认定。行政机关已经向投诉、举报人答复处理情况后,投诉、举报人在无新问题或者新证据、线索,或者政策依据未发生变化的情况下,以相同或者基本相同的事实和理由再次投诉、举报的,可以认定为重复投诉、举报。行政机关对重复投诉、举报的处理或者未予处理行为,对投诉、举报人的权利义务不产生实际影响。

二、不属于行政复议范围的情形

行政复议法既对行政复议范围作了肯定列举,也作了明确否定列举,该法第十二条明确规定4类行政行为不属于行政复议范围:一是国防、外交等国家行为;二是行政法规、规章或者行政机关制定、发布的具有普遍约束力的决定、命令等规范性文件;三是行政机关对行政机关工作人员的奖惩、任免等决定;四是行政机关对民事纠纷作出的调解。

1. 国防、外交等国家行为

所谓国家行为是指涉及国家根本制度的保护和国家主权的行使,由国家承担法律后果的政治行为。包括国务院、中央军事委员会、国防部、外交部等根据宪法和法律的授权,以国家名义实施的有关国防和外交事务的行为,以及经宪法和法律授权的国家机关宣布紧急状态、实施戒严和总动员等行为。其主要特征是:其一,国家行为是特定国家机关作出的行为。特定机关包括国务院、中央军事委员会、国防部、外交部以及特别情况下的省一级人民政府;其二,国家行为是带有重大政治性的行为。这种重大政治性主要体现在国防、外交事务,宣布紧急状态,施行戒严、总动员。其三,国家行为是依据宪法和法律的特别授权作出的行为。其四,国家行为是由整体意义的国家承担后果的行为。也就是说,国家行为的后果不可能由哪一个行政机关来承担,而必须由在国际关系中具有主权地位的整体意义上的国家承担。因此,从以上特征可以看出,并非所有与国防、外交有关的行为都是国家行为,国家行为也并非仅限于与国防外交有关的行为,行政管理相对人也并非对外交、国防部门作出的行为都无权申请行政复议。

2. 行政法规、规章或者规范性文件

《行政复议法》第十二条明确规定,行政法规、规章或者行政机关制定、发布的具有普遍约束力的决定、命令等规范性文件不属于行政复议范围。需要注意的是,这里所说的规范性文件不属于行政复议范围,是指不属于行政复议直接受理范围,申请人不能直接针对该规范性文件申请行政复议。但当该规范性文件作为行政行为的依据时,申请人在不服行政行为的同时,可以对该规范性文件一并提起附带审查。规范性文件附带审查制度拓宽了行政复议的审查范围,提升了行政复议的审查深度,有利于加强行政复议对行政行为的监督,从源头上纠正行政行为的合法性和适当性问题,对推动政府及其部门依法行政、促进我国法治政府建设具有重要意义。

3. 行政机关工作人员的奖惩、任免等决定

行政机关工作人员的奖惩、任免等决定是行政机关内部管理事项,属于内部行政行为的范畴,直接涉及的是公务员的权益,与影响行政管理相对人合法权益的外部行政行为不同。“奖”包括嘉奖、记三等功、记二等功、记一等功、授予称号等。“惩”包括警告、记过、记大过、降级、撤职、开除等处分。行政机关按照公务员管理权限和规定程序,给予有违法违纪行为但尚未构成犯罪,或者虽然构成犯罪但依法不追究刑事责任的公务员的一种内部行政制裁。公务员对于行政机关作出的处分或者其他人事处理不服的,可以依照《公务员法》或者《监察法》的规定,申请复核或者提出申诉。《公务员法》第九十五条规定,公务员对涉及本人的下列人事处理不服的,可以自知道该人事处理之日起三十日内向原处理机关申请复核;对复核结果不服的,可以自接到复核决定之日起十五日内,按照规定向同级公务员主管部门或

者作出该人事处理的机关的上一级机关提出申诉;也可以不经复核,自知道该人事处理之日起三十日内直接提出申诉。

鉴于法律、法规对奖惩、任免行为另行规定了复核、申诉、再申诉等救济渠道,同时这类行为作为内部行政行为,与影响行政管理相对人合法权益的行政行为不同,因此行政复议法未将其纳入行政复议范围。

4. 民事纠纷调解行为

民事纠纷由司法机关进行裁判,是各国的普遍做法。由于现代社会经济关系的迅猛发展,民事活动的范围不断地扩大,民事关系日趋复杂,其中不少与行政机关的管理活动密切相关。司法机关的力量很难完全承担起民事关系的调整需要。因此,法律将一些与行政机关行使职权相关的民事纠纷,授权有关行政机关先行处理,对经过行政机关处理仍然未能解决的民事纠纷,由司法机关最终解决。如此一来,既可以发挥有关行政机关在人员和专业上的优势,有利于民事纠纷的及时解决,也可以有效地减轻法院的负担。鉴于行政机关对于民事纠纷的调解不具有行政行为的确定力、公定力和执行力,解决的纠纷本质上属于民事纠纷而不是行政纠纷,为避免救济程序上的循环和提高纠纷解决的效果,行政复议法将其排除在行政复议范围之外。但是,如果行政机关及其工作人员在调解过程中采取了不适当的手段,如强迫当事人签字画押,或者将自己的意志强加于当事人,其行为性质就不属于调解行为,而是违背当事人意志的行政命令,当事人对这种行为不服,可以依法申请行政复议。此外,如果民事纠纷通过行政机关的处理转换成了行政争议,并且要求当事人必须执行,则行政机关的处理行为变成了行政行为,属于行政复议范围。比如,行政机关对平等主体之间发生的涉及土地、矿藏、水流等自然资源所有权或使用权的归属发生的纠纷所作的处理,当事人不服该权属处理决定的,可以依法申请行政复议,《行政复议法》第十一条第(四)项对此也作了明确规定。

典型案例⑳

　　姚某与同乡村民邓某发生口角之争,双方情绪激动时,姚某不慎将邓某一件刚买的新衬衫扯烂,邓某将姚某左脚穿的拖鞋扔入下水道。邓某报警,当地派出所民警出警后,进行了调解。姚某、邓某均认为彼此没有伤害以及损坏对方财产的故意,应当互相谅解。之后,派出所出具调解书,双方互不追究赔偿责任,握手言和。十天后,邓某反悔,觉得自己的衬衫价值不菲,应予赔偿方显公平,于是以不服派出所作出的调解书为由,向当地县政府提出行政复议申请。县政府收到材料后,认为派出所的行为系对民事纠纷的调解行为,不属于行政复议受案范围。

　　5. 其他不属于行政复议范围的行政行为

　　行政复议与行政诉讼是我国两大行政法律救济制度,在受案范围上具有相互衔接性。参照法院的司法实践,一般认为以下几种行为也不属于行政复议范围。

　　(1)公安、国家安全等机关依照《刑事诉讼法》明确授权实施的行为。

　　我国公安、国家安全机关负有刑事和行政的双重职责,其行为包括行政行为和刑事司法行为(如刑事侦查行为、刑事强制措施)两种不同性质的行为,刑事司法行为不属于行政复议范围。主要考虑:一是依照我国行政复议法的规定,行政复议的范围是行政机关的行政行为,而我国的公安、国家安全等机关从事刑事侦查活动时,其身份不是行政机关,其作出的行为也不是行政行为,而是刑事司法行为,不能纳入行政复议范围。二是对于公安机关的刑事侦查行为的监督,《刑事诉讼法》有专门规定,已经授权检察机关对其进行监督,没有必要由行政机关进行监督。但是,这并不意味着凡是涉及公安、国家安全等机关刑事侦查和刑事强制措施的行为都不属于行政复议范围,要对公安、国家安全机关从事的是刑事司法行为还是行政行为进行正确的区分,可以从行为目的、行为手段、行为后果和行为的机构等方面进行判断。比如公安机关以刑事侦查为由插手经济纠纷的活动,就不再是刑事司法行为,而是一种行政行为,当事人不服可以依法申请行政复议。

(2)不具有强制性的行政指导行为。

行政指导行为,是行政机关在行政管理活动中,对公民、法人或者其他组织实施的带有咨询、提示、建议或倡导性质的行为,其本身不具有强制力,考虑到实践中对于行政指导研究不够,为避免造成误解,所谓"不具有强制性"的定语仅仅用于强调,而不是对行政指导行为进行了具有强制性和非强制性的区分。其具有以下主要特征:其一,行政指导应当是一种良性的咨询、提示、建议或倡导。所谓良性,即这种咨询、提示、建议或倡导应当是在合法的前提下,出于维护国家利益、公共利益和公民合法权益的目的,对于国家、公众、公民具有积极意义。其二,是不具有强制性和执行力的行为,不具有当事人必须履行的法律效果。其三,是不直接产生法律后果的行为。行政指导行为对于被指导者没有直接的法律效力,实施行政指导行为的机关或者组织与被指导者之间不形成具有权利义务内容的法律关系。其四,行政指导行为的作用发挥或目的实现,取决于被指导者的自愿接受和实行。但是,如果名义上是一种行政指导行为,实际上具有强制执行力或者要求当事人必须为一定行为或不为一定行为,或者如果不按此办理就强制执行,则不再属于行政指导行为,当事人不服可以依法申请行政复议。

(3)驳回当事人对行政行为提起申诉的重复处理行为。

重复处理行为,是指行政机关在法定救济程序以外作出的没有改变原有行政法律关系、没有对当事人的权利义务产生新的影响的行为。这种情况通常表现为当事人不服行政机关对历史遗留问题的行政处理,或已过争讼期间的行政行为,或行政机关已经作出终局处理的行为,向行政机关或有关部门提出申诉,行政机关经过复查,维持原有的行政行为,驳回当事人的申诉。其主要特征是:其一,重复处理行为是对原行政处理行为的复查处理。其二,未形成新的行政法律关系,对当事人的权利义务不产生新的影响。重复处理行为实质上是对原行政处理行为的认可或重申,并没有改变原有的行政法律关系,也没有对当事人的权利义务产生新的影响,或者说没有作出新的行政行为。因此,如果允许对这类重复处理行为提起行政复议,实际上延长了申请行政复议的法定期间,意味着任何时候都可以通过申诉的方式将一个不能再进入法定程序的行政行为重新进行行政复议审查,这不仅不利于行政法律关系的稳定,而且不利于维护行政复议法律制度的严肃性。

(4)对公民、法人或者其他组织的权利义务不产生实际影响的行为。

其主要特征:一是没有实际改变当事人的权利义务关系,没有对当事人产生实际法律后果的行为;二是对当事人没有实际造成不利影响的行为;三是与当事人没有直接的法律上的利害关系的行为。比如,尚未最终发生法律效力的行政行为(即行政法理论上称为不成熟的行政行为),如行政机关向另一个行政机关提出处理建议的行为。

三、行政复议前置范围

所谓行政复议前置,是指按照法律规定,申请人对某些特定行政行为不服,应当先向行政复议机关申请行政复议,对行政复议决定不服的,可以再依法向人民法院提起行政诉讼,而不能未经行政复议程序直接向人民法院起诉。1989 年制定的行政诉讼法,首次对行政复议前置作出规定。2017 年修正后的《行政诉讼法》第四十四条第二款规定:"法律、法规规定应当先向行政机关申请复议,对复议决定不服再向人民法院提起诉讼的,依照法律、法规的规定。"1999 年制定的行政复议法对行政复议前置再次作出规定,法律、法规规定应当先向行政复议机关申请行政复议、对行政复议决定不服再向人民法院提起行政诉讼的,在法定行政复议期限内不得向人民法院提起行政诉讼。上述两部法律共同确立了"以当事人自由选择为原则,以复议前置为例外"的制度模式。2023 年修订的行政复议法适当增加了行政复议前置情形,并将其他行政复议前置情形的设定权限调整为"法律、行政法规";同时,增加规定了行政机关对行政复议前置的告知义务,即行政机关在作出行政行为时应当告知公民、法人或者其他组织先向行政复议机关申请行政复议。

按照《行政复议法》第二十三条的规定,以下五种情形实行行政复议前置:

(一)对当场作出的行政处罚决定不服

《行政处罚法》规定了简易程序,即对依法应当予以处罚,事实确凿,处罚较轻的违法行为当场作出行政处罚决定的程序。《行政处罚法》第五十一条规定,违法事实确凿并有法定依据,对公民处以 200 元以下、对法人或者其他组织处以 3000 元以下罚款或者警告的行政处罚的,可以当场作出行政处罚决定。

(二)对行政机关作出的侵犯其已经依法取得的自然资源的所有权或者使用权的决定不服

本项规定是指,公民、法人或者其他组织认为行政机关确认土地、矿流、森林、山岭、草原、荒地、滩涂、海域等自然资源的所有权或者使用权的行政行为,侵犯其已经依法取得的自然资源所有权或者使用权的,经行政复议后才可以向人民法院提起行政诉讼。需要满足以下条件:一是行政相对人认为行政行为侵犯了自己合法的使用权或所有权;二是行政相对人已经依法取得了所涉自然资源的所有权或使用权,持有相应证件或法律文书。这类案件包括不服收回、撤销或变更所有权或使用权证、许可证等。根据土地管理法、森林法、矿产资源法等法律法规的规定,处理土地所有权和使用权争议一般是人民政府的专属职权,对自然资源的权属争议往往争议时间长、情况比较复杂,解决此类争议的专业性、政策性也较强,由行政机关先行复议,有利于行政机关履行职责,有利于解决矛盾平息纠纷。需要注意的是,对涉及自然资源所有权或者使用权的行政处罚、行政强制措施等其他行政行为的,不属于本规定的范围。

📖 典型案例㉑

邓某华与邓某平系同村组村民,二人的宅基地相邻。2021年7月,因结婚分家,邓某华准备在其宅基地建造房屋,并向当地镇政府申请农村建房审批。同月,镇政府组织工作人员前来丈量土地,实地核查时,邓某平提出邓某华拟建房屋的部分土地是归他使用的。二人发生争议,村组调解无果,二人请求镇政府先行处理土地使用权纠纷。经查实,镇政府于2021年8月作出土地使用权处理决定,将二人有争议的宅基地的使用权人确定为邓某华,并将处理决定文书分别送达,但未告知相关救济权利。邓某平不服处理决定,经打听后,在收到处理决定书后第二天就直接向法院提起了行政诉讼。经审查,法院告知邓某平对土地使用权纠纷处理决定不服的,应当先申请行政复议,对行政复议决定不服的,才可以提起行政诉讼。于是,邓某平向县政府申请了行政复议,请求县政府撤销镇政府的处理决定,重新确定案涉宅基地的使用权,县政府依法受理了该案。

(三)认为行政机关存在本法第十一条规定的未履行法定职责情形

行政机关在法定期限内不履行法定职责,属于行政复议前置范围,主要情形包括:申请行政许可,行政机关在法定期限内不予答复;申请行政机关履行保护人身权利、财产权利、受教育权利等合法权益的法定职责,行政机关未依法履行或者不答复;申请行政机关依法给付抚恤金、社会保险待遇或者最低生活保障等社会保障,行政机关没有依法给付。实行行政复议前置的未履行法定职责情形,应当符合下列条件:一是行政机关依法具有某方面的法定职责;二是行政相对人申请行政机关履行相应法定职责;三是行政机关在法定期限内未履行、不予受理或者不予答复。对于这些情形导致的行政争议,由行政复议机关先行处理,通过行政机关内部监督予以纠正,有利于行政争议的及时解决,也有利于行政机关及时纠错,促进行政机关依法行政。

（四）申请政府信息公开,行政机关不予公开

将行政机关不予公开政府信息纳入行政复议前置范围,主要基于以下考虑:政府信息公开制度是为了更好地保障公民、法人和其他组织依法获取相关政府信息,由于政府信息的制作主体是各级行政机关,作为行政复议机关,其对各级行政机关政府信息制作获取以及后续的公开行为了解更多。对于行政机关不予公开行为的纠正和处理,相较于人民法院的确认违法、撤销答复、责令公开等处理形式,行政复议机关可以更好地发挥制度优势,直接变更政府信息公开答复或者直接公开相关政府信息,最大限度地避免程序空转。

（五）法律、行政法规规定应当先向行政复议机关申请行政复议的其他情形

一些法律、法规从实体法层面对行政复议前置的领域作出了具体规定。例如,《税收征收管理法》第八十八条第一款、《海关法》第六十四条规定的纳税争议;《反垄断法》第六十五条规定的反垄断争议;《电影产业促进法》第五十八条规定的电影公映许可争议;《反间谍法》第六十八条规定的反间谍领域行政争议;《注册会计师法》第十一条、第十三条规定的会计师注册争议。同时,还有约20部行政法规规定了行政复议前置,包括《价格违法行为行政处罚规定》《军品出口管理条例》《外国人来华登山管理办法》《外汇管理条例》《城市居民最低生活保障条例》等。此外,自1999年行政复议法制定以来,除有些地方性法规落实法律、行政法规有关规定,对行政复议前置作出规定外,还有个别地方性法规创设规定了行政复议前置情形。

第三节　行政复议管辖

行政复议管辖通过明确分工和权限,确保行政复议有序、高效地开展。

科学合理的管辖体制有助于行政复议机关更好地履行职责,公正高效地审理复议案件,这也是行政复议主渠道建设所追求的目标,即让行政复议成为群众愿意选择、能够有效解决行政争议的主要途径。2023 年行政复议法的修订,明确由县级以上地方各级人民政府统一行使行政复议职责,解决案件管辖过于分散的问题,构建了统一、科学的行政复议管辖体制,方便人民群众找准行政复议机关,提高行政复议的效率和公信力,从而更好地发挥行政复议主渠道的作用。

一、地方实行"块"的管辖

县级以上地方各级人民政府管辖下列行政复议案件:(一)对本级人民政府工作部门作出的行政行为不服的;(二)对下一级人民政府作出的行政行为不服的;(三)对本级人民政府依法设立的派出机关作出的行政行为不服的;(四)对本级人民政府或者其工作部门管理的法律、法规、规章授权的组织作出的行政行为不服的。除上述规定外,省、自治区、直辖市人民政府同时管辖对本机关作出的行政行为不服的行政复议案件,即选择原级复议。省、自治区人民政府依法设立的派出机关参照设区的市级人民政府的职责权限,管辖相关行政复议案件。

此外,对县级以上地方各级人民政府工作部门依法设立的派出机构依照法律、法规、规章规定,以派出机构的名义作出的行政行为不服的行政复议案件,由本级人民政府管辖;其中,对直辖市、设区的市人民政府工作部门按照行政区划设立的派出机构作出的行政行为不服的,也可以由其所在地的人民政府管辖。

二、少数部门实行"条"的管辖

对海关、金融、外汇管理等实行垂直领导的行政机关、税务和国家安全机关的行政行为不服的,向上一级主管部门申请行政复议。税务和国家安全机关的行政复议管辖权作了特殊规定,主要原因是这两类行政机关具有一定的特殊性。"条"的管辖实际上属于例外情形,应当有立法的明确规定,不能作随意扩大解释。如公安、民航、邮政、通信、消防等部门亦具有行政管理上的特殊性,但没有法律授权不能扩大解释为垂直管理部门。

📖 典型案例㉒

张某在某省省城经营一家外贸公司,主要从事进出口业务。某日,张某收到了海关总署某省分署的一份行政处罚决定书,认定张某公司在进口货物时存在违法行为,并处以罚款10万元人民币。张某对该处罚决定不服,认为海关在调查过程中存在程序违法,并向分署所在地的省政府提出了行政复议申请。省政府认为,海关属于实行垂直领导的行政机关。根据行政复议法有关规定,申请人应当向作出行政处罚决定的分署的上级行政机关即海关总署提交行政复议申请。后申请人向海关总署提交了行政复议申请,海关总署依法受了该案。

三、国务院部门保留行政复议管辖权

国务院部门管辖下列行政复议案件:(一)对本部门作出的行政行为不服的;(二)对本部门依法设立的派出机构依照法律、行政法规、部门规章规定,以派出机构的名义作出的行政行为不服的;(三)对本部门管理的法律、行政法规、部门规章授权的组织作出的行政行为不服的。

四、司法行政部门实行双重管辖

由于县级以上人民政府的行政复议职责具体由司法行政部门承担,为避免既当裁判员又当运动员,《行政复议法》第二十八条规定,对履行行政复议机构职责的地方人民政府司法行政部门的行政行为不服的,可以向本级人民政府申请行政复议,也可以向上一级司法行政部门申请行政复议。

第四节　行政复议申请的提出

一、申请的形式

（一）书面申请

申请人以提交书面申请的形式向行政复议机构申请行政复议,具体表现形式是行政复议申请书。目前书面形式是行政复议申请的主要形式,具有正式性和规范性。行政复议申请书应当具备必要的内容,符合一定的规范要求,全面、准确、详尽地表达行政复议请求和目的,阐明申请行政复议的事由和依据,有利于行政复议机关及时、准确地了解情况,对行政复议申请及时进行审查并作出相应的处理。

（二）口头申请

在某些特殊情况下,申请人可以采用口头形式提出行政复议申请。口头申请主要适用于申请人因文化程度、身体条件等原因无法提交书面申请的情形。口头申请的具体要求如下:1. 口头申请的提出。申请人向行政复议机关工作人员口头提出复议请求,行政复议机关指派专人记录申请人的复议请求、事实与理由等内容,并形成书面记录。2. 口头申请的记录。行政复议机关的工作人员应当如实记录申请人的陈述,确保记录内容的准确性和完整性。记录完成后,应当向申请人宣读,并由申请人确认无误后签字或按手印。3. 口头申请的效力。口头申请经行政复议机关记录并确认后,与书面申请具有同等法律效力。行政复议机关应当根据口头申请的内容依法受理并处理行政复议案件。

（三）在线申请

社会公众通过手机微信小程序"掌上复议"或者使用电脑"全国行政复

议服务平台"可以在线申请行政复议。首先,填写注册信息、人脸识别验证、手写签名完成实名注册;其次,填写申请人信息、被申请人信息、行政行为内容,系统即自动生成行政复议申请书,确认签名并根据案件实际情况上传相关材料后,即成功提交了在线行政复议申请。申请人在线提交符合要求的申请材料后,行政复议机构不得再要求提供纸质材料。

总的来说,书面申请目前仍是主要形式,比较正式和规范;口头申请则适用于特殊情形,需由行政复议机关记录并确认。随着电子政务的发展,网上申请正逐渐成为一种便捷的申请方式。无论采用何种形式,申请人都应当确保申请内容的准确性和完整性,以便行政复议机关依法作出处理。

二、申请的期限

关于申请行政复议的期限,《行政复议法》第二十条、第二十一条作出了具体规定。

(一)一般期限

依照《行政复议法》第二十条的规定,公民、法人或者其他组织认为行政行为侵犯其合法权益的,可以自知道或者应当知道该行政行为之日起六十日内提出行政复议申请;但是法律规定的申请期限超过六十日的除外。

当行政机关作出行政行为时,未告知公民、法人或者其他组织申请行政复议的权利、行政复议机关和申请期限的,申请期限自公民、法人或者其他组织知道或者应当知道行政复议申请权利、行政复议机关和申请期限之日起计算,但是自知道或者应当知道行政行为内容之日起最长不得超过一年。

📖 典型案例㉓

石某与邻居因口角之争发生了肢体冲突。邻居报警后,县公安局对案件进行了调查。2020 年 5 月 20 日,县公安局以石某故意殴打他人为由,作出了行政拘留 10 日、处罚款 200 元的行政处罚决定,并告知了如不服处罚可申请行政复议的权利。同日,石某签收了县公安局作出的行政处罚决定书。3个月后,石某越想越气,觉得县公安局作出的处罚过重,于是当即向县政府申请了行政复议,请求变更行政处罚决定。收到申请材料后,县政府进行了审查,认为石某提出申请的期限已超过六十日,且没有不可抗力和其他耽误了行政复议申请时间的正当理由。第二天,县政府作出了不予受理的决定,并将决定文书送达石某。

（二）期限中断

行政复议申请期限,因遇到不可抗力或者其他正当理由耽误的,申请期限自障碍消除之日起继续计算,也就是行政复议申请期限的中断。所谓不可抗力,是指不能预见、不能避免且不可克服的客观事实,比如发生地震、火灾、洪水等自然灾害,或者爆发战争、武装冲突等社会动乱。其他正当理由通常包括:申请人在生产、生活或工作中发生重大变故,比如发生急病、重病等;行政机关胁迫或者阻挠申请人申请行政复议;因人身自由受到限制而不能申请行政复议的;其他非因申请人自身原因耽误申请期限的情形。

（三）期限计算

由于行政复议申请期限是自知道行政行为之日起算,因此,把握这个问题的关键是如何理解"知道",这与行政行为的送达方式密切相关。一般推定为送达即知道,行政行为只有送达相对人,才能视为相对人知道该行政行为。因为送达是申请人"知道"行政行为的最基本方式。

依照《行政复议法实施条例》第十五条的规定,不同送达方式下知道行政行为的起算时间各不相同:(1)具体行政行为当场作出的,自具体行政行为作出之日起计算。(2)载明具体行政行为的法律文书直接送达的,自受送达人签收之日起计算。(3)载明具体行政行为的文书邮寄送达的,自受送达人在邮件签收单上签收之日起计算;没有邮件签收单的,自受送达人在送达回执上签名之日起计算。(4)具体行政行为依法通过公告形式告知受送达人的,自公告规定的期限届满之日起计算。(5)行政机关作出具体行政行为时未告知公民、法人或者其他组织,事后补充告知的,自该公民、法人或者其他组织收到行政机关补充告知的通知之日起计算。(6)被申请人能够证明公民、法人或者其他组织知道具体行政行为的,自证据材料证明其知道具体行政行为之日起计算。(7)行政机关作出具体行政行为,依法应当向有关公民、法人或者其他组织送达法律文书但是没有送达的,视为该公民、法人或者其他组织不知道该具体行政行为。

以上规定是关于作为的行政行为的行政复议申请期限的起算。关于行政不作为情形下行政复议申请期限如何计算,《行政复议法实施条例》第十六条也作了规定:(1)有履行期限规定的,自履行期限届满之日起计算;(2)没有履行期限规定的,自行政机关收到申请满60日起计算;(3)公民、法人或者其他组织在紧急情况下请求行政机关履行保护人身权、财产权的法定职责,行政机关不履行的,行政复议申请期限不受前述规定的限制。

(四)最长期限

《行政复议法》第二十一条对最长行政复议申请期限作了规定:因不动产提出的行政复议申请自行政行为作出之日起超过二十年,其他行政复议申请自行政行为作出之日起超过五年的,行政复议机关不予受理。

在行政复议法修订过程中,有意见提出,行政复议的申请期限与行政诉讼的起诉期限不一致,在行政复议前置情形下可能影响当事人的诉讼权利。主要理由是,当事人超过六十日未申请行政复议的,在起诉期限内仍然可以提起诉讼,但在行政复议前置情形下,当事人超过行政复议期限提起行政诉讼的,人民法院可能不予受理,当事人可能因此将丧失约四个月的期限利益。针对这一意见,修订后的行政复议法作了如下制度安排:一是有正当理由耽误法定申请期限的,申请期限自障碍消除之日起继续计算。对于符合该情形的,当事人仍可以继续申请行政复议,对行政复议决定不服的可以提起行政诉讼。二是行政机关在作出行政行为时,应当明确告知行政相对人实行行政复议前置以及具体的起诉期限,这样可以避免行政相对人因为不知道行政行为属于行政复议前置事项而错过救济期限的问题。通过这些规定,最大限度地保护行政相对人的权利。

三、申请的途径

通过下列途径均可申请行政复议:一是可以通过 EMS 邮寄行政复议申请书;二是通过行政复议服务窗口直接提交;三是通过行政复议机关指定的全国行政复议服务平台提交,具体提交申请网址为 xzfy.moj.gov.cn。申请人应当在法定申请期限内将行政复议申请书及相关材料提交行政复议机关。

四、行政复议申请书的基本要素

行政复议申请书是行政复议程序得以启动的前提之一。行政复议申请书的基本要素主要包括以下内容。

(一)申请人的基本情况

1. 申请人是公民的,应当写明申请人的姓名、性别、年龄、身份证号码、工作单位、住所、邮政编码;申请人是法人或者其他组织的,应当写明法人或者其他组织的名称、住所、邮政编码和法定代表人或者主要负责人的姓名、职务。如果申请人有委托代理人的,还应当写明委托代理人的基本情况。包括委托代理人的姓名、工作单位、住所、联系方式等内容。

此外,申请人还可以写明通信地址、电话等联系方式,以便行政复议机关和申请人联系,有利于案件的审理和调查,维护申请人的权利。因此,申请人应当保证所填联系方式的真实性和有效性。

(二)被申请人的名称

被申请人的名称应当写正式名称,不能随意使用简称或者不完全的名称,以保证认定被申请人的准确性。有一种观点认为,申请人还要写明被申请人的住址、法定代表人的姓名、职务等基本情况。这实际上加重了申请人的负担,却没有什么实际意义。因为行政复议机关作为被申请人的上级机关,应当知道被申请人的地址等基本情况,不需要申请人去帮助查明。申请人是否知道被申请人的地址、法定代表人等情况,不应当影响其行政复议申请权利的行使。

(三)明确行政复议请求

明确申请行政复议的行政行为,并说明请求撤销、变更或确认该行政行为违法等具体诉求。

(四)简要阐述事实与理由

简要陈述申请行政复议的事实依据和法律依据。简要说明为何认为该行政行为违法或不当。

(五)提供必要证据材料

提供与行政复议请求相关的必要证据材料,如行政机关作出的决定书、通知书、相关法律文书等。

(六)提供清楚的行政复议申请日期

申请书的末尾或者邮寄单上应当有明确且清楚的申请日期,以便确定复议申请的时效。

行政复议申请书应当采用正式的格式,语言应当简洁、准确、规范,避免使用模糊或歧义的语言。申请书应当由申请人本人签名或盖章,若申请人是法人或其他组织,则需由法定代表人签名并加盖公章。

第四章 主渠道导向下的行政复议受理

行政复议受理是行政复议主渠道建设的基础环节。只有行政复议机关对符合条件的行政复议申请均依法予以受理,保持行政复议渠道畅通,才能确保各类行政争议顺利进入行政复议程序,为主渠道建设奠定基础。新修订的行政复议法以主渠道建设为目标,明确行政复议受理条件,增设行政复议申请补正制度,规定受理时限,明确不予受理的监督救济,完善了行政复议受理的制度机制,以优化行政复议"入口"为主渠道建设提供更强的制度保障。各级行政复议机关应当认真学习领会并贯彻落实这一立法精神,坚持"复议为民",以更高效、更便民的方式推进行政复议受理工作,探索建立"存疑先收、容缺受理"等有效机制,不断提高行政复议案件的受理质效。同时加强对受理工作的监督,确保行政复议机构对符合条件的复议申请"应受尽受",提升受理工作的效率和规范化水平。

第一节 行政复议受理概述

行政复议的受理既关系到公民、法人或者其他组织行使行政复议申请权的实际效果,也直接影响行政复议活动的正常进行。行政复议的受理有广义与狭义之分。广义的受理,是指行政复议机关对行政复议申请人提出的行政复议申请进行审查后,确认其符合法律规定从而决定立案,或认为该行政复议申请不符合行政复议受理条件而不予受理。上述定义的本质,是对行政复议申请受理环节诸要素的概括,包括行政复议申请的接收、审查及对审查结果所作出的受理或不受理的决定。严格来说,其实际运作结果不仅包括受理或者不受理,还包括对不予受理决定的进一步监督,如责令纠正、上级行政机关直接受理等。狭义的受理是指申请人在法定期限内提出行政复议申请后,经有管辖权的行政复议机关审查,认为符合受理条件而决定立案审理的活动。这种意义的受理,仅涉及行政复议机关针对符合条件的行政复议申请决定予以立案等主要程序环节。

受理是相对于申请而言的,它依附于申请、承继申请并赋予申请以法律效果。申请针对的是行政行为,受理是对申请的审查和处理。申请未被受理意味着行政复议程序将不再继续,申请也失去法律意义。申请是公民、法人或者其他组织的一项权利;而受理既是行政复议机关的职权,也是其职责,依法受理行政复议申请是其职权与职责的一体化。对于符合法定条件的申请,行政复议机关如不受理,就属于不履行法定职责,应被追究法律责任。受理是入口,如果受理环节不畅通,比如受行政机关不当干预,行政争议难以进入行政复议程序,行政复议制度势必难以发挥作用。

以往行政复议管辖比较分散,"多头办案"容易使申请人找不到、找不准复议机关。行政复议体制改革后,除垂管系统外,地方各级政府只设立一个行政复议机关,构建起了由"多头受案"为"一(窗)口受案"的新格局。在具体工作举措上,各级行政复议机关逐步打通行政复议受理环节的堵点,打造方便群众辨识的行政复议受案窗口,畅通便于群众沟通、咨询的联络渠道,发挥"一口对外"的新优势,进一步拉近了行政复议和群众的距离。例如,开通行政复议便民窗口,加强行政复议信息化建设,完善互联网、小程序接收行政复议申请功能,提升群众申请行政复议的便利度。为夯实行政复议主渠道建设成效,这些好的做法应当得到坚持和发展。

一、受理条件

申请人提出的行政复议申请,无论是口头的还是书面的,都应当形式规范、内容清楚,这样行政复议机关才能及时进行审查,并决定是否受理,从而提高行政复议效率。行政复议法对行政复议机关在决定是否受理前从哪些方面对收到的行政复议申请进行审查作了明确规定。一方面可以指导和帮助申请人了解如何申请行政复议,进而正确行使行政复议申请权利;另一方面也有助于行政复议人员掌握审查的重点和主要方面,以便提高工作效率。这些受理条件具体包括以下方面。

（一）有明确的申请人和符合行政复议法规定的被申请人

《行政复议法》第十四条规定:"依照本法申请行政复议的公民、法人或者其他组织是申请人。有权申请行政复议的公民死亡的,其近亲属可以申请行政复议。有权申请行政复议的法人或者其他组织终止的,其权利义务承受人可以申请行政复议。有权申请行政复议的公民为无民事行为能力人或者限制民事行为能力人的,其法定代理人可以代为申请行政复议。"《行政复议法》第八十九条规定:"外国人、无国籍人、外国组织在中华人民共和国境内申请行政复议,适用本法。"因此,申请行政复议必须明确是由哪一个公民、法人、其他组织或者外国人、无国籍人、外国组织来申请。同时,"有明确的申请人"还应当满足以下要求:一是有权利能力和行为能力。自然人的权利能力始于出生,终于死亡,有权申请行政复议的自然人死亡的,不能再以其名义申请行政复议,可由其近亲属以自己的名义申请行政复议。自然人不具有行为能力的,由其法定代理人以被代理人名义代为申请行政复议。有权申请行政复议的法人或者其他组织应当是依法成立的,并办理了必要的工商、民政等登记手续。依法不能认定为法人或者其他组织的,应以自然人名义申请行政复议。比如合伙企业应当以核准登记的企业为原告;其他合伙组织申请行政复议的,由合伙人共同申请行政复议。有权申请行政复议的法人或者其他组织终止的,承受其权利的法人或者其他组织可以申请行政复议。二是有相应的基本信息。比如公民的姓名、性别、年龄、身份证号码、住所,法人或者其他组织的名称、住所、法定代表人或者主要负责人的姓名及职务、组织机构代码证等,用以对申请人进行特定化、明确化。三是有签名、盖章或者当场口述。申请人的签名、盖章或者当场口述是其本人作出,而非他人伪造或者被欺诈胁迫作出的。四是有真实意愿。代法人和其他组织表达意愿的负责人或者内设机构,依法应当具有相应权限。比如股份制企业的董事会认为行政机关作出的行政行为侵犯企业合法权益的,可以企业名义申请行政复议。

《行政复议法》第十九条规定:"公民、法人或者其他组织对行政行为不服申请行政复议的,作出行政行为的行政机关或者法律、法规、规章授权的组织是被申请人。两个以上行政机关以共同的名义作出同一行政行为的,共同作出行政行为的行政机关是被申请人。行政机关委托的组织作出行政行为的,委托的行政机关是被申请人。作出行政行为的行政机关被撤销或者职权变更的,继续行使其职权的行政机关是被申请人。"根据上述规定,"符合行政复议法规定的被申请人"还需满足以下条件:一是被申请人应与被申请行政复议的行政行为的作出主体相一致。对某行政行为申请行政复议,不能将与该行政行为无关的主体作为被申请人。作出行政行为的主体被撤销或者职权变更的,继续行使其职权的主体是被申请人。二是被申请人的类型包括地方各级人民政府、各级人民政府工作部门、派出机关和法律、法规、规章授权的组织,不包括没有经过法律、法规、规章授权的行政机关的派出机构、内设机构以及其他社会组织等。未经法律、法规、规章授权,行政机关内设机构等以自己名义作出行政行为,应当以该行政机关为被申请人。三是要注意特殊情形的处理。两个以上行政机关以共同名义作出同一行政行为的,共同作出行政行为的行政机关是被申请人。行政机关与法律、法规、规章授权的组织以共同名义作出同一行政行为的,该行政机关和法律、法规、规章授权的组织是共同被申请人。两个以上法律、法规、规章授权的组织以共同名义作出同一行政行为的,共同作出行政行为的组织是被申请人。行政机关与未经法律、法规、规章授权的其他组织以共同名义作出行政行为的,该行政机关是被申请人。行政机关委托的组织作出行政行为的,委托的行政机关是被申请人。行政机关委托的其他行政机关作出行政行为的,委托的行政机关是被申请人。

📖 典型案例㉔

张某因所驾车辆行驶造成公路损坏,未履行报告制度,被当地县交通局处以罚款一千元的行政处罚。张某收到县交通局送达的行政处罚决定书一个月后因突发脑出血去世。其妻认为,县交通局的行政处罚决定是违法的,于是以自己的名义向当地县政府申请了行政复议,县政府对张某是否去世的情况进行了核实,发现自县交通局向张某送达行政处罚决定书时至张某妻子申请行政复议只过了48天,张某的妻子有权以自己的名义申请行政复议,县政府依法受理了该案。

（二）申请人与被申请行政复议的行政行为有利害关系

利害关系是判断行政复议受理条件中最为关键的内容,包括两种情形:直接相对人和间接关联人。直接相对人一般具有天然的利害关系,如行政许可、行政处罚、行政征收等,在相关法律文书中载明的针对对象,其人身财产等实体权益必然受到影响,因而具备法律上的可救济性。而间接关联人无法从形式上判断,要作具体分析。

判断申请人与行政行为是否存在利害关系,需要注意以下几点:

一是行政行为侵犯的是申请人自身的合法权益,而不是别人的合法权益,也不是社会公共利益。申请人不能对行政机关侵犯他人权益的行为,在本人没有申请行政复议,也没有委托的情况下,代其申请行政复议。另外,我国虽然引入了行政公益诉讼制度,但目前并未规定公益行政复议制度。《行政诉讼法》第二十五条第四款规定:"人民检察院在履行职责中发现生态环境和资源保护、食品药品安全、国有财产保护、国有土地使用权出让等领域负有监督管理职责的行政机关违法行使职权或者不作为,致使国家利益或者社会公共利益受到侵害的,应当向行政机关提出检察建议,督促其依法履行职责。行政机关不依法履行职责的,人民检察院依法向人民法院提起诉讼。"根据上述规定,即使在行政公益诉讼领域,也只有人民检察院有权起诉,并未赋予公民、法人或者其他组织起诉的权利。

二是侵犯的权益必须是合法的。所谓"合法权益"是指公民、法人或者其他组织依法已经享有或者取得的权利或者利益,该权益应当已经得到具体法律上的认可和保护,尚未取得或者依法不予保护的权益,不属于本法规定的合法权益。比如,某农业公司准备扩大种植面积,与农村土地承包户协商拟取得土地经营权。但在尚未达成协议并办理土地经营权登记时,省人民政府批准征收了该块土地。因其尚未取得土地经营权,依法不能就省人民政府土地征收决定申请行政复议。同理,在其他农户的承包地上违规建设违章建筑的人,在上述土地征收过程中,依法也不能就省人民政府土地征收决定申请行政复议。

三是行政行为对公民、法人或者其他组织的合法权益产生了实际影响。对公民、法人或者其他组织的合法权益不产生实际影响的行为,依法不能申请行政复议。比如,行政机关为作出行政行为而实施的准备、论证、研究、层报、咨询等过程性行为,上级行政机关基于内部层级监督关系对下级行政机关作出的听取报告、执法检查、督促履责等行为,驳回当事人对行政行为提起申诉的重复处理行为,均对公民、法人或者其他组织的合法权益不产生实际影响。在上述情况下,实际影响公民、法人或者其他组织的合法权益的行为分别是最终作出的行政行为、下级行政机关对外作出的行政行为、申诉所针对的原行政行为,公民、法人或者其他组织应当就实际影响其合法权益的行政行为申请行政复议,不能通过拆分、关联、扩展等方式把一个行政争议变成若干个行政争议,把一个行政复议案件变成若干个行政复议案件。再比如,行政机关根据人民法院的生效裁判、协助执行通知书作出的执行行为,被执行人申请行政复议,行政复议机关一般不会受理。但是,如果行政机关扩大人民法院裁判文书执行范围或者违背裁判文书要求、采取违法方式实施执行,进而对公民、法人或者其他组织的合法权益产生了实际影响,被执行人申请行政复议的,行政复议机关应当依法予以受理。即实质判断标准要大于形式判断标准。有的行政文书的对象,虽然形式上属于"直接相对人",比如上述驳回其对行政行为提起申诉的重复处理文书的对象,或者不具有强制执行效果的行政指导文书的对象,其合法权益并未受到实际影响。

四是申请人只要"认为"侵犯其合法权益,就可以提出行政复议申请,而不必拘泥于其权益是否真正受到侵犯。根据《行政复议法》第一条关于"为了防止和纠正违法的或者不当的行政行为"的规定,以及第三十条第一款第三项关于"有具体的行政复议请求"的规定,这里的"侵犯其合法权益"是指"违法、不当影响其合法权益"。行政行为对合法权益要有实际影响,这是受理审查的必要条件。至于这种影响是否"违法、不当",则属于实体审查阶段处理的问题。但是,申请人申请行政复议负有初步证明行政行为存在,以及证明自己与行政行为具有利害关系的举证责任。许可文书、处罚文书直接送达当事人,土地征收文书依法要通过土地征收公告进行公示并可以通过主动公开、依申请公开等方式直接获取,这些均可以作为初步证明行政行为存在的证据。但在缺乏行政文书的情况下,某个行为是否是行政行为、是哪个行政机关行为的证明会比较困难,需要结合相关情况进行推定,以充分保护公民、法人或其他组织的合法权益。比如,在违章建筑拆除和不动产征收过程中,有的行政机关基于追求行政效率等考虑,不作书面强拆决定就直接强拆房屋。当事人甚至不知道是谁、在什么时候把房子拆除的,要想获得行为主体的确定信息和证据较为困难,不利于其寻求救济。此时应当结合违章建筑拆除和不动产征收过程中制发的其他行政文书,以及现场实际参与强拆房屋公职人员身份等情况,来推定行为性质和主体,并确定行政复议的被申请人和申请期限起算点。

五是具体判断利害关系时可以适当参考人民法院司法实践和主流法学理论。《最高人民法院关于适用〈中华人民共和国行政诉讼法〉的解释》(法释〔2018〕1 号)第十二条对行政诉讼中"与行政行为有利害关系"列举了 6种具体情形:1. 被诉的行政行为涉及其相邻权或者公平竞争权的;2. 在行政复议等行政程序中被追加为第三人的;3. 要求行政机关依法追究加害人法律责任的;4. 撤销或者变更行政行为涉及其合法权益的;5. 为维护自身合法权益向行政机关投诉,具有处理投诉职责的行政机关作出或者未作出处理的;6. 其他与行政行为有利害关系的情形。2017 年最高人民法院在"刘广明诉张家港市人民政府再审申请一案"中引入了保护规范理论,此后,这一审查思路在最高人民法院和地方各级人民法院的司法实践中得到广泛运用。在上述《行政诉讼法解释》的第十三条中也规定:"债权人以行政机关对债务人所作的行政行为损害债权实现为由提起行政诉讼的,人民法院应当告知其就民事争议提起民事诉讼,但行政机关作出行政行为时依法应予保护或者应予考虑的除外。"结合该规定和相关裁判文书,主要有以下要点:1. 利害关系是具体的、特定的、客观的。如果根据法律法规的规定或者立法精神,行政行为目的是维护社会秩序或者行政管理秩序,保护公共利益或者不特定利害关系人的合法权益,特定公民仅因此存在反射利益的,不具有利害关系。2. 利害关系一般仅指公法上的利害关系,除特殊情形或法律另有规定,一般不包括私法上的利害关系。3. 行政行为减损的权益必须是行政法律规范保护的权益。即以行政机关作出行政行为时所依据的行政实体法和所适用的行政实体法律规范体系,是否要求行政机关考虑、尊重和保护原告诉请保护的权利或法律上的利益,作为判断是否存在公法上利害关系的重要标准。看一个法律规范的保护目的究竟是保护个别公民的利益，还是保护公共利益。如果法律规范的保护目的仅仅在于公共利益，则不能认可公民个人享有诉权。

（三）有具体的行政复议请求和理由

申请人对行政行为不服提出行政复议，应当有具体的行政复议请求，并对行政复议请求的理由进行说明。具体的行政复议请求，就是申请人申请行政复议时，有明确的请求，比如要求撤销、部分撤销、变更行政行为，要求确认行政行为违法、无效，要求责令被申请人履行法定职责，要求被申请人承担依法订立行政协议、继续履行行政协议、采取补救措施或者赔偿损失等责任，申请行政赔偿，申请附带性审查行政规范性文件。行政复议请求明确、具体，便于行政复议机关及时了解申请人的真实意图，及时进行有针对性的审理。对此，应当从宽把握行政复议申请的形式要求，在法律未有明确规定的情况下，行政复议机构对申请人申请复议时提交的申辩书、申诉书、投诉书等形式的不规范材料，或者材料中有关要求等内容不明确的，不应以材料不符合要求而简单拒绝或者直接决定不予受理，可以采取与申请人沟通或者让其补正申请材料的做法，释法明理，沟通引导，以了解申请人的真实意思，再决定是否受理行政复议申请。

行政复议理由，是指认为行政行为违法、不当的具体理由，既包括认为行政行为在事实、证据方面的错误，也包括在行政程序、法律适用方面的问题，还包括不合理、不适当的合理性问题。《行政复议法》第四十四条规定："被申请人对其作出的行政行为的合法性、适当性负有举证责任。有下列情形之一的，申请人应当提供证据：（一）认为被申请人不履行法定职责的，提供曾经要求被申请人履行法定职责的证据，但是被申请人应当依职权主动履行法定职责或者申请人因正当理由不能提供的除外；（二）提出行政赔偿请求的，提供受行政行为侵害而造成损害的证据，但是因被申请人原因导致申请人无法举证的，由被申请人承担举证责任；（三）法律、法规规定需要申请人提供证据的其他情形。"结合上述规定,申请人基于对事实法律了解所限,只提出"行政行为实体和程序均违法"此类相对笼统的理由,对此行政复议机关不宜直接决定不予受理,可以请被申请人对其作出的行政行为的合法性、适当性进行举证,再进行全面审查。

(四)在法定申请期限内提出

《行政复议法》第二十条规定:"公民、法人或者其他组织认为行政行为侵犯其合法权益的,可以自知道或者应当知道该行政行为之日起六十日内提出行政复议申请;但是法律规定的申请期限超过六十日的除外。因不可抗力或者其他正当理由耽误法定申请期限的,申请期限自障碍消除之日起继续计算。行政机关作出行政行为时,未告知公民、法人或者其他组织申请行政复议的权利、行政复议机关和申请期限的,申请期限自公民、法人或者其他组织知道或者应当知道申请行政复议的权利、行政复议机关和申请期限之日起计算,但是自知道或者应当知道行政行为内容之日起最长不得超过一年。"法律设定行政复议申请期限的目的是维护社会管理秩序的稳定,防止行政复议救济权利被滥用。如果当事人不及时行使行政复议权利,无正当理由超过行政复议申请期限的,行政复议机关对其行政复议申请依法不予受理。

(五)属于行政复议法规定的行政复议范围

《行政复议法》第十一条规定了公民、法人或者其他组织可就十五类行政行为申请行政复议。第十三条规定了公民、法人或者其他组织认为行政机关的行政行为所依据的规范性文件不合法,在对行政行为申请行政复议时,可以一并向行政复议机关提出对该规范性文件的附带审查申请的具体范围。第十二条还规定了"国防、外交等国家行为""行政法规、规章或者行政机关制定、发布的具有普遍约束力的决定、命令等规范性文件""行政机关对行政机关工作人员的奖惩、任免等决定""行政机关对民事纠纷作出的调解"四类排除事项。对此,行政复议机关既要严格依法进行审查,不能以各种借口将符合行政复议范围的申请排除在受理范围之外,也不能随意扩大行政复议范围,对应当通过其他方式和途径解决的争议,也作为行政复议申请进行受理。

（六）属于收到行政复议申请的行政复议机关的管辖范围

行政复议法将行政复议管辖作为单独一节集中规定。行政复议法第二十四条、第二十五条对县级以上地方各级人民政府以及国务院部门管辖的复议案件作了明确列举。《行政复议法》第二十四条规定:"县级以上地方各级人民政府管辖下列行政复议案件:(一)对本级人民政府工作部门作出的行政行为不服的;(二)对下一级人民政府作出的行政行为不服的;(三)对本级人民政府依法设立的派出机关作出的行政行为不服的;(四)对本级人民政府或者其工作部门管理的法律、法规、规章授权的组织作出的行政行为不服的。除前款规定外,省、自治区、直辖市人民政府同时管辖对本机关作出的行政行为不服的行政复议案件。省、自治区人民政府依法设立的派出机关参照设区的市级人民政府的职责权限,管辖相关行政复议案件。对县级以上地方各级人民政府工作部门依法设立的派出机构依照法律、法规、规章规定,以派出机构的名义作出的行政行为不服的行政复议案件,由本级人民政府管辖;其中,对直辖市、设区的市人民政府工作部门按照行政区划设立的派出机构作出的行政行为不服的,也可以由其所在地的人民政府管辖。"第二十五条规定:"国务院部门管辖下列行政复议案件:(一)对本部门作出的行政行为不服的;(二)对本部门依法设立的派出机构依照法律、行政法规、部门规章规定,以派出机构的名义作出的行政行为不服的;(三)对本部门管理的法律、行政法规、部门规章授权的组织作出的行政行为不服的。"此外,行政复议法第二十六条、第二十七条分别针对国务院最终裁决以及垂管领域的复议管辖作了特殊规定。第二十六条规定:"对省、自治区、直辖市人民政府依照本法第二十四条第二款的规定、国务院部门依照本法第二十五条第一项的规定作出的行政复议决定不服的,可以向人民法院提起行政诉讼;也可以向国务院申请裁决,国务院依照本法的规定作出最终裁决。"第二十七条规定:"对海关、金融、外汇管理等实行垂直领导的行政机关、税务和国家安全机关的行政行为不服的,向上一级主管部门申请行政复议。"行政复议机关应当严格依照这些规定来受理行政复议申请,既不能推诿、敷衍,该受理不受理,也不能越权不应受理而受理。

(七)行政复议机关未受理过该申请人就同一行政行为提出的行政复议申请,并且人民法院未受理过该申请人就同一行政行为提起的行政诉讼

该项规定是为了维护行政复议、行政诉讼的既判力,避免行政法律秩序的不稳定和行政救济资源的浪费。行政复议机关已经受理并实体处理过涉案行政行为的,申请人不能再重复申请行政复议。《行政复议法》第七十四条第二款规定:"当事人达成和解后,由申请人向行政复议机构撤回行政复议申请。行政复议机构准予撤回行政复议申请、行政复议机关决定终止行政复议的,申请人不得再以同一事实和理由提出行政复议申请。但是,申请人能够证明撤回行政复议申请违背其真实意愿的除外。"同时,根据《行政复议法》第二十八条的规定,对履行行政复议机构职责的地方人民政府司法行政部门的行政行为不服的,可以选择向不同的行政复议机关申请行政复议,但是对于同一行政复议申请只能由一个行政复议机关受理,如果其中一个行政复议机关已经受理,另一个行政复议机关就不能再受理。在管理相对人既可选择请求行政复议又可选择提起行政诉讼的情况下,行政复议在制度设计上是先于行政诉讼的,如果对行政复议决定不服,申请人仍然可以提起行政诉讼。但是,行政复议和行政诉讼这两种法律制度在主体、性质、工作方式和法律效力等方面均有明显不同,这两种法律制度不能同时适用。管理相对人一旦提起行政诉讼,则表明其已放弃了行政复议,行政复议机关也不应再受理其行政复议申请。但是,如果人民法院裁定不予立案,则不能视为"受理过",行政复议机关应当依法审查受理。需要注意的是,复议前置的案件,申请人提起行政诉讼,人民法院登记立案受理后,以复议前

置为由又驳回起诉的,申请人再申请行政复议的,行政复议机关应当依法审查受理。在行政复议受理审查活动中,行政复议机关要加强和人民法院、被申请人沟通,注意防止行政复议程序与行政诉讼程序的重复和冲突,以保证行政复议活动的有效性。

二、受理的法律效果

受理是行政复议机关的法律行为。行政复议申请受理后,行政复议案件即告成立,行政复议实体审查程序正式开始,相应法律效果是:

(一)对各方当事人的法律效果

因为案件的受理,申请人、被申请人、第三人和行政复议机关都成为该行政复议法律关系的主体。

1. 行政机关、行政相对人取得相应的行政复议法律地位。提出行政复议申请的行政相对人或者利害关系人转化为申请人,享有申请人的权利,承担申请人的义务;被申请行政复议的行政机关,成为被申请人,承担被申请人的义务。在行政复议过程中,申请人、被申请人法律地位平等,不再是行政执法过程中被管理者与管理者的关系。

2. 行政复议机关的法律地位确立。行政复议机关享有行政复议案件的审理权和裁判权,并负有依法定程序、按法定期限审结案件的义务。同时,行政复议机关作为行政争议的裁判者,依法对案件进行审理,任何组织或者个人不得干涉。

3. 当事人必须执行发生法律效力的行政复议决定。行政复议机关作出的发生法律效力的行政复议决定,申请人、被申请人、第三人作为行政复议案件的当事人必须执行。行政复议法也对各类行政复议决定的执行明确了强制执行的责任。

(二)行政复议案件进入法定程序

1. 行政复议机关、申请人和被申请人都必须严格按照行政复议程序进行行政复议活动,行使行政复议程序中的相应权利并依法承担相应义务,否则就要承担法律责任。

2. 行政复议法律关系非经法定程序,不得随意中止或终止。申请人要求撤回行政复议申请的,由行政复议机关决定是否准许。

（三）对行政行为的影响

行政复议申请受理后,除了法定的应当停止执行的情形外,行政行为不因行政复议申请的提出或者受理而停止执行。《行政复议法》第四十二条对行政复议期间行政行为应当停止执行的情形作了列举,分别是:1. 被申请人认为需要停止执行;2. 行政复议机关认为需要停止执行;3. 申请人、第三人申请停止执行,行政复议机关认为其要求合理,决定停止执行;4. 法律、法规、规章规定停止执行。

（四）申请人的救济权受到抑制

行政复议机关一旦受理行政复议申请,申请人享有的行政复议申请权得到落实;但其原本享有的行政诉讼起诉权,则受到抑制,必须暂停行使。同一申请人不能就同一行政行为,重复申请行政复议或者提起行政诉讼。

第二节　行政复议受理审查

行政相对人提出行政复议申请后,并不必然意味着行政复议申请的成立,行政复议机关对行政行为的实体审查也并不因此开始。因为行政复议申请反映的是公民、法人或者其他组织要求进行行政复议的意愿,这一意愿能否为行政复议机关所接受的关键,就是要对行政复议申请进行审查,以决定能否受理。对行政复议申请设置审查环节,主要基于两方面的考量:一是权利救济的必要性。行政复议是一项权利救济制度,即只有管理相对人的权益受损有救济必要性时才能纳入行政复议渠道加以解决,而设立行政复议申请的审查制度就是对相对人权利救济的必要性作出判断。二是行政资源的有限性。行政资源是有限的,对于不应当纳入行政复议予以解决的复议申请,设置审查环节将其排除在行政复议实体审查之外,而将有限的行政资源真正用于救济因为行政行为合法权益受到损失的行政相对人,也是必要和有现实意义的。

一、审查内容

行政复议机关收到申请人递交的行政复议申请书或者口头申请笔录后,要及时指定有关行政复议人员对其申请进行审查。由于口头申请笔录是比照行政复议申请书的必备事项记录的,因此,无论是口头申请还是书面申请,审查的内容都是一样的。从提高效率的角度分析,在口头申请的情况下,对行政复议申请的审查,是随着行政复议申请笔录的制作一并完成的。行政复议人员在制作申请笔录时要指导释明,尽量使申请规范、内容具体明确。

对行政复议申请的审查内容,就是行政复议申请是否符合行政复议审理条件,即:(一)是否有明确的申请人和符合行政复议法规定的被申请人;(二)申请人是否与被申请行政复议的行政行为有利害关系;(三)是否有具体的行政复议请求和理由;(四)是否在法定申请期限内提出;(五)是否属于行政复议法规定的行政复议范围;(六)是否属于收到行政复议申请的行政复议机关的管辖范围;(七)收到行政复议申请的行政复议机关是否未受理过该申请人就同一行政行为提出的行政复议申请,并且人民法院未受理过该申请人就同一行政行为提起的行政诉讼。

行政复议审查内容和行政复议受理条件是一体两面的关系。但是,实践中经常有申请人在提起申请时提供的相关材料不齐全或者表述不清楚的情况出现,对于此类行政复议申请,如果行政复议机关直接决定不予受理或者视为未提出复议申请,既不利于保护申请人行政复议申请的权利,也不符合发挥行政复议公正高效、便民为民的制度优势和化解行政争议的主渠道作用的要求,与行政复议法的立法本意相抵触。对此,行政复议法明确规定了补正制度。准确把握行政复议申请补正制度,需要掌握以下几点:

第一,补正程序的适用条件。即行政复议申请材料不齐全或者表述不清楚,致使行政复议机关无法判定是否受理。需要注意的是,并不是只要存在行政复议申请材料不齐全或者表述不清楚的情形,都必须启动补正程序。如果通过简单的电话沟通或者当面沟通就可以进一步明确申请内容的,就不需要正式启动补正程序。

第二,补正程序的期限。补正程序必须在"行政复议机关收到申请之日起五日内"启动,是为了防止补正程序被滥用。超过五日期限,依法推定受理行政复议申请,但此时行政复议机关仍处于无法判断行政复议申请是否符合受理条件的状态,可以考虑以下处理方式:一是通过电话沟通或者当面沟通等方式,请申请人补正相关材料,申请人配合补正完整材料的,依法作出驳回行政复议申请决定或者实体审查的行政复议决定;二是经电话沟通或者当面沟通等,申请人不配合补正的,可以向其制发补正通知书。

第三,补正的形式。补正通知必须以书面形式作出并予以送达。口头沟通可以起到补正程序的作用,但是不能发生补正程序同等效力。正式的补正程序,必须通过书面方式实施。

第四,补正程序中的一次性告知义务。行政复议机关应当一次性完整全面告知申请人待补正事宜,不能出现反复多次要求申请人补正不同材料。理想状态下申请人也应当在补正期限内补齐相关材料。实践中会出现申请人未按照补正通知补全相关材料的情形,这种情况下行政复议机关通过适当方式再次通知申请人补正,不能认定其违反一次性告知义务。

第五,不予补正的法律效果。行政复议法明确了补正的期限,即行政复议机关依法启动补正程序后,申请人应当自收到补正通知之日起十日内提交补正材料。在规定期限内完成补正是申请人应当承担的义务,申请人如果有正当理由不能按期补正的,应当与行政复议机关联系沟通,行政复议机关可以延长合理的补正期限。延长补正期限,建议制发书面通知。申请人如果无正当理由逾期不补正的,法律上视为申请人放弃行政复议申请,行政复议机关不再处理该行政复议申请,行政复议申请处理程序自然终止。需要注意的是,视为放弃行政复议申请,申请人在法定申请期限内针对同一行为再次申请行政复议的,应当依法审查受理。

第六,补正程序的效力。补正程序一旦启动,直接的法律效果就是受理审查期限的重新计算。申请人按照要求提交补正材料,行政复议机关从收到补正材料起,按照新的行政复议申请处理,重新计算行政复议受理审查期限。

二、审查期限

为了督促行政复议机关及时审查行政复议申请,防止在行政复议工作中出现办事拖拉、效率低下的现象,更好地发挥行政复议制度的作用,对行政复议机关审查行政复议申请的期限予以明确限定,是十分必要的。《行政复议法》规定,行政复议的受理审查期限为五日,其考量因素在于:一是申请行政复议的法定条件是明确的、具体的,大部分行政复议申请只需要形式要件审查,不需要实质审查,更不需要对原行政行为是否违法或不当作出判断,行政复议机关并不需要花费太多的时间。行政复议的职能定位,也要求行政复议机关应当尽快作出是否受理的决定。二是行政复议法规定的行政复议范围很宽泛,除国防、外交、人事奖惩、任免等行为外,只要申请人符合法定条件并认为行政行为侵犯其合法权益,都可以纳入行政复议这一救济渠道,决定不予受理的情况很少。

近年来的实践进一步证明,这样规定确有必要:一是体现方便申请人的原则,充分发挥行政复议便捷、及时、高效的特点;二是简化行政复议申请的审查内容;三是督促行政复议机关抓紧审查行政复议申请,提高行政复议工作效率,增强行政复议工作人员的责任心,防止行政复议程序的冗长低效和官僚主义作风;四是有利于行政复议申请人在申请不被受理后及时采取其他措施。

行政复议机关收到行政复议申请后,应当在五日内进行审查。这里的"五日"是指收到行政复议申请次日起算五个工作日。五日内未作出不予受理决定书,但行政复议申请又不符合受理条件的,应当决定驳回申请并说明理由。需要注意的是,这里的起算时间点是行政复议机关收到行政复议申请,而不是行政复议机构,一定要加强内部邮件等流转效率,特别是地方人民政府及其司法行政机关之间的流转流程,避免因邮件等流转耽误审查期限。

行政复议和行政诉讼的一个重要区别是不收费,且更加注重便民高效,在申请受理环节的重要体现就是实行推定受理制度,不需要向申请人制发行政复议受理通知书。《行政复议法》第三十条第三款规定:"行政复议申请的审查期限届满,行政复议机关未作出不予受理决定的,审查期限届满之日起视为受理。"五日审查期限届满,直接推定为已经受理,开始计算行政复议机关的审理期限。这里需要注意的是,1999 年行政复议法规定,除不予受理情形外,"行政复议申请自行政复议机关负责法制工作的机构收到之日起即为受理",新的推定受理制度与此有两点不同:一是现行规定以行政复议机关收到,而非行政复议机构收到行政复议申请为计算节点;二是现行规定将五日受理审查期限排除在行政复议机关的审理期限之外,不占用行政复议机关实体审查的时间。

三、审查决定

行政复议申请受理审查结果有两种:一是符合法律规定的受理条件,二是不符合法律规定的受理条件。符合法律规定受理条件的,其审查结论是予以受理;不符合法律规定受理条件的,其审查结论是不予受理决定。根据

行政复议法关于是否制作文书和行为期限的规定,行政复议受理的审查决定包括以下类型:

(一)推定的受理决定

行政复议机关按照审查事项,对行政复议申请进行审查后,认为符合行政复议申请条件的,即为受理。从行政复议法的规定看,行政复议的受理,实质上都是推定受理,即只要在行政复议机关收到行政复议申请五日内未作出不予受理决定并说明理由,即视为已经受理。实行推定受理制度,不仅是要从根本上解决行政相对人申请行政复议难、行政复议机关无故不受理的问题,也是行政复议制度便民高效、不收费、低成本的逻辑引申。针对符合立案受理条件的行政复议申请,行政复议机关可以不制作受理通知书或者受理决定书,直接由行政复议受理阶段进入审理阶段,通知被申请人参加行政复议。行政复议机关在收到行政复议申请五日后,行政复议审理期限即开始计算。

(二)受理决定书

行政复议法实行推定受理制度,但未禁止向申请人制作受理通知书或者受理决定书。实践中,有的行政复议机构基于更好保障申请人知情权、参与权的考虑,参照行政诉讼司法实践制作并向申请人送达受理通知书或者受理决定书,亦无不可。但需要注意的是,《行政复议法》第三十条第三款规定,行政复议申请的审查期限届满,行政复议机关未作出不予受理决定的,审查期限届满之日起视为受理。该法第六十二条规定,适用普通程序审理的行政复议案件,行政复议机关应当自受理申请之日起六十日内作出行政复议决定;适用简易程序审理的行政复议案件,行政复议机关应当自受理申请之日起三十日内作出行政复议决定。根据上述规定,受理通知书或者受理决定书在受理审查期限内送达的,行政复议审理期限自送达之日起计算;受理通知书或者受理决定书在受理审查期限外送达的,行政复议审理期限仍应自审查期限届满之日起计算。

（三）不予受理决定

行政复议机关按照审查事项,对行政复议申请进行审查后,认为不符合行政复议申请条件的,应当在受理审查期限内作出不予受理决定,并说明理由,即具体不符合哪一项受理条件。不予受理决定是行政复议机关作出的特殊决定,将其放在行政复议申请及受理部分介绍,而不放在行政复议决定部分讨论,原因是一般不将其视为完全的行政复议决定。需要注意的是,1999年行政复议法规定,"对符合本法规定,但是不属于本机关受理的行政复议申请,应当告知申请人向有关行政复议机关提出",也就是说在不属于收到行政复议申请的行政复议机关管辖的情况下,仅告知向有关行政复议机关提出,不必出具不予受理决定书。即不予受理决定书与告知书是分立的,不予受理决定书针对的是所有行政复议机关都不应该受理的情形;行政复议告知书则适用于本机关不予受理、其他机关有管辖权的情形。实践中,有些行政复议机关简单地告知申请人"向作出行政行为的行政机关的上一级行政机关申请行政复议",并没有准确全面履行释明指导职责。新修订的行政复议法明确规定,"对不属于本机关管辖的,还应当在不予受理决定中告知申请人有管辖权的行政复议机关"。一方面取消了单独的告知书形式,将其吸纳到不予受理决定中,另一方面进一步强化了行政复议机关的指导释明义务,必须指明有管辖权的行政复议机关,直接告知申请人行政复议机关的正式名称等申请行政复议必要信息。

据此,不予受理决定的实质内容应当说明或者承载以下几层内容:一是不符合受理条件;二是阐明不符合受理条件的原因;三是对不符合管辖要求的,还应当明确告知申请人应当向哪个行政复议机关申请行政复议。同时,不予受理决定应以行政复议机关名义作出,并加盖行政复议机关印章。

（四）驳回申请决定

行政复议受理审查期限只有五日,五日期限届满后推定为受理。行政复议机关在行政复议受理审查期限内未及时作出不予受理决定,或者通知被申请人提交相关证据材料后,通过进一步审查发现行政复议申请不符合受理条件的,依法不能再作出不予受理决定。对此,2007年《行政复议法实施条例》第四十八条规定:"有下列情形之一的,行政复议机关应当决定驳回行政复议申请:(一)申请人认为行政机关不履行法定职责申请行政复议,行政复议机关受理后发现该行政机关没有相应法定职责或者在受理前已经履行法定职责的;(二)受理行政复议申请后,发现该行政复议申请不符合行政复议法和本条例规定的受理条件的。上级行政机关认为行政复议机关驳回行政复议申请的理由不成立的,应当责令其恢复审理。"

上述规定将程序性驳回与实体性驳回均采用驳回行政复议申请的形式结案,实践中既造成申请人的误解,也给上级行政机关决定是否进行程序性监督造成困扰。2023年修订的行政复议法区分了驳回行政复议申请和驳回行政复议请求,并将驳回行政复议申请这一决定形式放在受理环节加以规定。《行政复议法》第三十三条规定:"行政复议机关受理行政复议申请后,发现该行政复议申请不符合本法第三十条第一款规定的,应当决定驳回申请并说明理由。"这样规定更加符合立法逻辑。

第三节　对不予受理的监督救济

一、层级监督

行政复议机关依法履行行政复议职责是《中华人民共和国行政复议法》《中华人民共和国行政复议法实施条例》赋予行政复议机关的重要法定职责,也是确保行政复议切实监督行政机关依法行政与维护公民、法人和其他组织合法权益的关键环节。行政复议机关不依法履行职责,将导致矛盾纠纷进一步激化,使本应化解在基层的行政争议出现蔓延和上移,或转为上访或诉讼,影响社会和谐稳定。

行政复议机关无正当理由不予受理、驳回申请或者受理后超过行政复议期限不作答复,属于典型的不履行行政复议职责的情形,对此要增强对行政复议自身履职的内部监督效能。行政复议法赋予申请人向行政复议机关的上级行政机关反映的权利,对此,上级行政机关认为行政复议机关无正当理由拒绝受理、驳回申请或者受理后超过行政复议期限不作答复的,应当责令其纠正,必要时可直接受理。这样才能督促各级行政复议机关严格依照法律、法规规定对下级行政复议机关履行行政复议职责进行监督,促进各级行政复议机关和行政复议机构依法履职,将更多的行政争议纳入行政复议渠道解决,力争把行政争议化解在基层,化解在初发阶段,化解在行政复议程序中,实现"定分止争,案结事了",切实增强人民群众寻求行政复议的获得感、幸福感和安全感。关于层级监督要注意以下几点:

第一,适用情形。即行政复议机关无正当理由不予受理、驳回申请或者受理后超过行政复议期限不作答复三种情形。

第二,监督主体。"上级行政机关",即作出不予受理决定的行政复议机关的上一级或者各个上级行政机关,法律未限制申请监督的层级和时限。更确切地说,就是与作出不予受理决定的行政复议机关存在行政上或者业务上的领导或者指导关系的行政机关。如作出不予受理决定的是县级人民政府,那么该县级人民政府的"上级行政机关"应该是该县所在的市人民政府、省人民政府以及国务院;如果作出不予受理决定的是市人民政府司法行政部门,那么该部门的"上级行政机关"应当是该部门所属的市人民政府、省级人民政府及其司法行政部门,国务院及其司法行政主管部门。

第三,处理方式。上级行政机关认定行政复议机关不予受理、驳回申请符合法律规定,或者尚未超过行政复议审理期限的,无须责令纠正,可以考虑向申请人作出监督告知书,告知申请人不予受理、驳回申请等并无不当。上级行政机关认定行政复议机关不予受理、驳回申请不符合法律规定,或者超过行政复议期限不作答复,应当分别责令受理、责令恢复审理、责令限期作出行政复议决定;必要时,还可以直接受理。需要注意的是,上级行政机关中,只有上级行政复议机关可以采取直接受理的监督处理方式。比如,作出不予受理决定的是市人民政府国家安全部门,那么该部门的"上级行政复议机关"应当包括省人民政府国家安全部门、国务院国家安全部门,不包括市人民政府和省人民政府。

📖 典型案例㉕

某食品公司位于某直辖市某工业园区。该工业园区所在的某镇人民政府作出的《关于工业园区内企业限期搬迁公告》要求所有企业 2020 年 10 月 31 日前搬迁完毕,某食品公司对此不服,向该直辖市的市辖区人民政府申请行政复议。市辖区人民政府以未对申请人设定权利义务为由,作出了《不予受理行政复议申请决定书》。某食品公司对此不服,向上级行政复议机关申请行政复议监督。上级行政复议机关审查发现,该限期搬迁公告下达后并未对某食品公司强制实施,直到 2020 年 12 月 28 日,某镇人民政府又下达了《工业区企业停产通知书》,明确 2021 年 1 月 20 日将对工业区内企业停水停电。2021 年 1 月 20 日,某食品公司向市辖区人民政府提交了《关于申请恢复我公司春节前生产的函》,请求生产至 2021 年 2 月 10 日,并保证春节后在工业区内不会有任何生产活动,市辖区人民政府予以同意。上级行政复议机关审查认为,《关于工业园区内企业限期搬迁公告》要求所有企业 2020 年 10 月 31 日前搬迁完毕,给包括申请人在内的园区企业设定了权利义务,市辖区人民政府不予受理的理由并不成立。但是,该限期搬迁公告下达后并未对某食品公司强制实施,某镇人民政府此后又下达了《工业区企业停产通知书》,实际上覆盖了原搬迁公告。结合某食品公司经营实际以及和市辖区人民政府的相关行为,涉案搬迁公告已经丧失了实施可能性,不会再对申请人的权利义务产生实际影响。因此,市辖区人民政府不予受理的理由虽然不成立,但责令其受理已经没有实际意义。考虑到上述情况,上级行政复议机关对某食品公司的监督请求未予支持。

二、诉讼救济

对行政复议的司法监督一般由《行政诉讼法》予以规定。《行政诉讼法》第二十六条第三款规定:"复议机关在法定期限内未作出复议决定,公民、法人或者其他组织起诉原行政行为的,作出原行政行为的行政机关是被告;起诉复议机关不作为的,复议机关是被告。"第四十五条规定:"公民、法人或者其他组织不服复议决定的,可以在收到复议决定书之日起十五日内向人民法院提起诉讼。复议机关逾期不作决定的,申请人可以在复议期满之日起十五日内向人民法院提起诉讼。法律另有规定的除外。"《最高人民法院关于适用〈中华人民共和国行政诉讼法〉的解释》(法释〔2018〕1号)第五十六条第二款规定:"依照《行政诉讼法》第四十五条的规定,复议机关不受理复议申请或者在法定期限内不作出复议决定,公民、法人或者其他组织不服,依法向人民法院提起诉讼的,人民法院应当依法立案。"因此,在一般情况下,行政复议机关决定不予受理、驳回申请或者受理后超过行政复议期限不作答复的,申请人既可以直接起诉原行政行为,也可以起诉行政复议不作为。

但是,在法律、法规规定应当先向行政复议机关申请行政复议、对行政复议决定不服再向人民法院提起行政诉讼的,即在复议前置的情况下,如果允许在行政复议机关不作为的情况下直接起诉原行政行为,会导致复议前置制度设计的立法目的落空。因此,行政复议法规定,公民、法人或者其他组织可以自收到决定书之日起或者行政复议期限届满之日起十五日内,依法就行政复议机关不予受理决定、驳回申请决定或者超期不作答复行为向人民法院提起行政诉讼,由人民法院监督行政复议机关依法履行实体审查职责,作出实体行政复议决定。

第五章 主渠道导向下的行政复议审理

行政复议审理,是行政复议机关在受理行政复议申请后,依照法定程序对被申请人的行政行为进行全面审查的活动。行政复议审理是作出行政复议决定的基础,是决定行政复议案件办理质量的关键环节,也是影响行政复议化解行政争议主渠道建设的关键一环。将行政复议打造成为化解行政争议的主渠道建设,需要进一步优化审理程序,健全更高效、更透明、更公正的审理机制。新修订的行政复议法以主渠道建设为导向,对行政复议审理机制进行了全流程改造,实行简案快办、繁案精办,增设"两听"程序"开门办案",建立专业的行政复议委员会机制等,既有效提高了审理程序的透明化、专业化程度,又充分保留了行政复议高效便捷的制度特点,目的就是确保复议案件办理质效,让人民群众在每一起行政复议案件中感受到公平正义,提升行政复议公信力,发挥对行政复议主渠道建设的推动和保障作用。

第一节 行政复议审理概述

一、审理依据

行政机关作出行政行为,必须适用正确的依据。行政复议机关在审查行政行为的合法性和适当性时,也必须正确适用依据。行政复议的审理依据,是行政复议审理的重要内容。

(一)行政复议审理依据的主要类别

《行政复议法》第三十七条规定:"行政复议机关依照法律、法规、规章审理行政复议案件。行政复议机关审理民族自治地方的行政复议案件,同时依照该民族自治地方的自治条例和单行条例。"根据该条规定,行政复议机关审理行政复议案件的依据主要包括以下几类:

1. 全国人民代表大会及其常务委员会制定的法律。全国人民代表大会及其常务委员会是我国最高权力机关,其制定的法律在全国范围内具有普遍约束力,一切国家机关、社会团体和个人都必须严格遵守。

2. 国务院制定的行政法规。根据宪法规定,国务院根据宪法和法律,可以制定行政法规。行政法规在法律框架内,对法律的适用问题作了进一步细化,在全国范围内具有普遍约束力。

3. 地方性法规。地方性法规,是指法定的地方国家权力机关依照法定的权限,在不同宪法、法律和行政法规相抵触的前提下,制定和颁布的在本行政区域范围内实施的规范性文件。地方性法规的立法主体包括两大类:一是省、自治区、直辖市人大及其常委会;二是设区的市人大及其常委会。根据《立法法》第八十一条的规定,设区的市的人民代表大会及其常务委员会根据本市的具体情况和实际需要,在不同宪法、法律、行政法规和本省、自治区的地方性法规相抵触的前提下,可以对城乡建设与管理、生态文明建设、历史文化保护、基层治理等方面的事项制定地方性法规,法律对设区的市制定地方性法规的事项另有规定的,从其规定。设区的市的地方性法规须报省、自治区的人民代表大会常务委员会批准后施行。

4. 自治条例和单行条例。制定自治条例和单行条例是自治机关行使自治权的重要方式。自治条例是民族自治地方的人民代表大会依照当地民族的政治、经济和文化的特点制定的全面调整本自治地方事务的综合性规范性文件。单行条例是民族自治地方的人民代表大会依照当地民族的政治、经济、文化的特点制定的调整本自治地方某方面事务的规范性文件。自治条例和单行条例在权限范围内可以对法律和行政法规予以变通,但不得违背法律或者行政法规的基本原则,不得对宪法和民族区域自治法的规定以及其他有关法律、行政法规专门就民族自治地方所作的规定作出变通规定。自治条例和单行条例在本民族地域内具有普遍约束力,是该地域内行政复议案件的审理依据。

5. 规章。包括部门规章和地方政府规章两类。其中,部门规章是指国务院各部门根据法律和国务院的行政法规、决定、命令在本部门的权限内按照规定的程序所制定的规定、办法、规则等规范性文件的总称。地方政府规章是指由省、自治区、直辖市和设区的市、自治州人民政府根据法律、行政法规、地方性法规并按照法定程序所制定的普遍适用于本地区行政管理工作的规定、办法、规则等规范性文件的总称。规章是法律、法规的具体化,对于法律、法规的贯彻落实具有十分重要的作用,是行政机关实施行政管理的大量的、常见的依据,也是行政复议机关判断行政行为的标准。

(二)确定行政复议审理依据的标准

确定行政复议审理依据,应当坚持以下标准:

1. 合法有效标准。必须是依照法定程序制定和发布、现行有效的法律、法规或规章。未经发布或者已经失效的,不得作为判断行政行为的依据。这里的现行有效,是指被申请人作出行政行为时有效,而不是行政复议机关审理案件时。

2. 不抵触标准。作为行政复议的审理依据,不得与上阶位的法律、法规或者规章抵触。

3. 优先标准。同一层级的依据,特别性规范优于一般性规范,后制定的规范优于之前制定的规范。

（三）行政行为适用依据错误的表现形式

行政复议机关适用上述依据审理行政行为时，一个重要方面就是审查行政行为适用的依据是否正确。实践中，常见的行政行为适用依据错误主要表现形式为：

1. 适用依据错误。例如应当适用甲法，而适用了乙法。

2. 适用无效依据。例如适用了尚未生效的法律法规，或者适用已经失效的法律法规。

3. 规避应适用依据。在适用法律中有规避法律的行为，只选择对自己有利的法律法规，而规避对自己不利的法律法规。

4. 适用条款错误。具体表现有：一是误用法条，即应适用某法的甲条，而适用了乙条；二是应同时适用几个法规的条款，却只适用了其中一个法规或部分法规的条款；三是误用条项目，即应用某法条中的甲项，而适用了乙项。

二、合并审理

新修订的行政复议法对合并审理没有明确具体的规定。但从实践角度看，面对快速增长的行政复议案件，为了提高案件审理效率，统一案件审理标准，增强行政复议权威性和公信力，对于两个或者两个以上的申请人对同一行政行为提起行政复议，共同申请人或者被申请人具有相同的权利义务，行政复议机关对此可以实行合并审理。

合并审理不能影响当事人的权利，因此需要严格把握。对于不同的申请人对同一行政行为，分别提起行政复议申请，行政复议机关合并审理后作出同一个行政复议决定，并无争议。对于同一申请人对于不同行政行为申请行政复议，这些不同行政行为具有紧密的内在联系，或者内容基本相同的，能否合并审理目前没有统一规定。实践中，行政复议机关可在征得当事人同意的情形下探索合并审理，进一步提高案件审理效率。

第二节 行政复议审理的内容

行政复议机关对行政复议案件进行审理遵循全面审查原则,审理的主要内容是行政行为的合法性和适当性。主要包括以下几个方面。

一、对主体的审理

对行政行为主体的审理是行政复议案件审理的重要内容。对主体的审理主要侧重以下几个方面。

一是被申请行政复议行为的作出主体是否是行政机关,或者法律、法规、规章授权的组织。如果不是,那么就不属于行政复议范围,无须进入行政复议实体审理。如申请人对某公证处的行为不服,向司法行政机关申请行政复议。由于公证处并非行政机关,其作出的公证书并非行政行为,最终行政复议机关作出不予受理行政复议申请的行政复议决定。

二是被申请行政复议的行政行为是否由该行政机关作出。行政复议的被申请人必须是作出行政行为的主体,或者具有法定职责但不依法履职的主体。如果当事人对甲机关作出的行政行为不服,以乙机关为被申请人提出行政复议申请,明显不符合行政复议受理条件。经通知补正后申请人拒不修改的,行政复议机关可作出不予受理决定。

三是被申请行政复议的行政机关是否具有相应法定职责。职权法定是依法行政的基本要求,行政行为合法也以职权合法为必要条件。特别是在履责类行政复议案件中,当事人经常要求行政机关履行某一项法定职责。应当明确,要求行政机关履行法定职责,需以行政机关具有法定职责为前提。如果要求行政机关履行其不具有的职责,如要求行政机关对法律规定进行立法解释等,行政复议机关可认定该申请不属于行政复议范围。

二、对权限的审理

(一)越权无效原则

根据《行政复议法》第六十七条规定,行政行为没有作出依据的,属于重大且明显的违法情形,该行政行为无效。这就是越权无效原则在行政复议领域的体现。行政机关作出行政行为,必须具有法律、法规、规章的明确授权,也即"法无授权不可为"。如果行政机关超越了授权,行使了法律、法规、规章没有赋予的权力,对不属于其职权范围内的人和事进行了处理,或者逾越了法律、法规、规章所设定的必要的限度等,那么其作出的行政行为将不会产生法律上的效力。因此,行政机关是否具有相应职权,是行政复议审查的重要内容。

(二)越权的情形

越权分为两种:一种是完全无权的越权,也就是在没有法律依据的前提下作出了行政行为,如某行政机关对其他国家机关职权范围的事项作出了决定。另一种是有行政职权,但在作出行政行为时超越了行政职权的范围,如某公安派出所作出对某企业罚款 1 万元的行政处罚决定,明显超出了法律的授权。

(三)滥用职权

越权与滥用职权都属于权限审理的范围。滥用职权,是指行政机关在其法定权限范围以内,不正当地行使职权,故意作出不符合法律授予这种职权的目的、精神与原则的行政行为的情况。与超越职权不同,滥用职权是作出行政行为的组织具有行政职权,但没有根据法律原则和目的来行使,从而达到某些不正当的目的。滥用职权通常与行政自由裁量权相联系。行政复议相比于行政诉讼的一个优势,就是既审查行政行为的合法性,又审查行政行为的合理性。在行政复议程序中,根据行政合理、公正等原则,对行政行为的适当性进行审理,并就其是否合理作出判断,可以有力规制滥用职权的情形。

三、对事实的审理

查明案件事实是行政复议审理的结果，是行政复议决定作出的前提。一定程度上讲，对事实的审理也就是查明证据的过程。新修订的行政复议法对证据作了专节规定，建立了全新的证据规则，下面就证据所关联的案件事实问题作一简述。

对事实的审理包括两个方面：一是对证据形式的审理，即对每个孤立的证据本身是否具有真实性、合法性、关联性的审理；二是对这些证据所组成的证据链是否完整，能否证明被申请行政复议的行政行为合法性、合理性的审理。

根据《行政复议法》第六十八条的规定，事实根据审理的标准是：认定事实清楚，证据确凿。事实是否清楚需要有一系列证据加以证明，如果主要证据不足，就意味着该事实不存在或者事实不清。因此，上述标准可以转化为证据确凿、充分。证据确凿，需要有一定量的证据作为必要条件；证据充分，又必须以其质的规定性——确凿作为基础。确凿离开充分，没有一定量的证据材料，也就不成其为证据确凿，难以达到证明案件真实情况的目的。因此，证据确凿与证据充分紧密相连，是证明手段不可分割的两个方面。

（一）证据确凿

证据确凿是指实施行政行为的事实依据确实、牢靠，这是对证据所提出的质的要求。包含 4 个方面：第一，据以定案的各项证据均是真实可靠的。第二，据以定案的各项证据均与案件事实具有关联性。第三，据以定案的各项证据均是以合法方式取得的，以非法手段取得的证据不能成为案件审理的依据。第四，据以定案的各项证据相互协调一致。这就要求对证据进行全面审理，注意对证据的联系对比，排除矛盾，进而作出综合判断。

（二）证据充分

证据充分是指所有证据结合起来足以证明案件发生、发展、结果等方面的事实，这是对证据的量的要求。只有事实而没有证据，仅有部分证据而无全案证据,都不能叫"证据充分"。在行政复议审理中,基于客观限制,证据充分可以把握为主要证据充分。所谓主要证据,是指作出行政行为时必不可少的证据,缺少了就不能认定相应事实。行政机关认定相应事实除了这种必不可少的主要证据外,通常还会有一些其他次要证据。次要证据能够进一步证明行政机关对相应事实的认定,但缺少这种次要证据也并不影响行政机关对相应事实的认定。在行政复议审理中,只能以主要证据不足而否定行政机关的行政行为,而不能以次要证据不足来否定行政机关的行政行为。因而,证据充分不等于证据越多越好,也不意味着凡能证明案件事实的证据都必须收集齐全。在复议案件审理中,只要收集到了行政行为作出时的主要证据,即可认为行政行为证据充分。

四、对依据的审理

依照《行政复议法》第六十八条的规定,适用依据是否正确,是判断行政行为是否合法的重要标准,是行政复议审理的内容之一。适用依据正确是指行政机关作出行政行为时正确适用了有效的法律、法规、规章和具有普遍约束力的其他规范性文件。这里同时强调了适用依据的行为的合法性和依据本身的合法性。在对依据的审理中,应当注意适用依据正确具体包含三层含义:一是行政行为作出时有法律、法规、规章或规范性文件为依据;二是这些依据本身是合法有效的,否则行政复议机关应当按照《行政复议法》第六十四条规定,撤销这些行政行为;三是行政行为适用法律、法规、规章或行政规范性文件是正确的,没有适用不应当适用的规范,也没有将应当适用的规范未予适用,既适用正确的规范性文件,又适用了正确的条款,否则行政复议机关应当按照《行政复议法》第六十三条规定,直接予以变更。

五、对程序的审理

程序正确是实体正确的保证。现代国家要求行政机关依法行政,不仅要求行政管理活动在实体上符合法律规定,而且在程序上也应当符合法定程序。所谓法定程序,是指行政机关实施行政行为的过程以及构成这一过程的步骤、顺序、时间与方式。行政复议法把程序合法作为行政复议审理的重要内容,就是要求被申请人作出的原行政行为,不仅要实体合法,还要程序合法。行政机关作出行政行为的程序合法至少应当包括:

1. 符合法定方式。如会议讨论决定、表明执法身份、亮证处罚等。即行政行为的作出符合法律规范规定的表现形式。

2. 符合法定形式。如书面形式、证照形式、制作笔录、负责人签署等。形式是行政行为作出的载体,一般有口头和书面两种形式。法律规定用书面形式的,必须使用书面形式。

3. 符合法定手续。如通知、批准、核发、送达等。

4. 符合法定步骤和顺序。步骤是行政机关行使行政权力或者完成某种行为的必经阶段;顺序是步骤的先后次序。行政行为的作出,通常要有一系列的步骤。行政行为不得逾越法定步骤,也不能任意颠倒顺序,必须严格依照法定程序进行。

5. 符合法定时限。时限是指完成行政行为的期限。行政机关必须在法定时间内完成行政行为,而不能置行政相对人的合法权益于不顾,推诿拖拉、不负责任。有些法律对行政行为作出时限的规定不是很明确。如《行政处罚法》第五十四条第二款规定,符合立案标准的,行政机关应当及时立案。实践中,行政机关经调查后作出立案或者不立案决定,需要根据行政效率原则,结合案件实际情况,从严把握"及时"的标准,不能以法律没有明确规定为由,经过很长时间才作出立案或者不立案决定。

六、对适当性的审理

《行政复议法》第一条关于纠正违法和不当行政行为的立法目的表明,行政复议的制度价值不仅在于对行政行为合法性的审理,还在于对其适当性的审理,这是行政复议的重要制度价值,也是行政复议相对于行政诉讼的优势之一。出于行政管理的需要,法律、法规允许行政机关在法定范围内,根据行政目的,运用自由裁量权有选择地作出行政行为,但运用自由裁量权必须合理。不合理、不公正的行政行为,属于不当的行政行为。行政机关的行政行为是否适当,原则上由行政复议机关审理,人民法院和其他国家机关一般不审理。这是因为:

一方面,在我国,行政权与司法权都属于全国人民代表大会赋予的国家权力,行政机关和司法机关依照国家职能分工和法律规定,分别享有行政权和司法权,它们都有各自活动的领域,因此,行政机关在法定职权范围内依照法定程序进行的正常行政活动,应得到包括人民法院在内的所有机关、团体和个人的尊重。根据法律规定,在法定幅度内选择作出行政处理决定,属于法律授权给行政机关的职权。对于该行政行为适当性的监督、审理、变更,也属于行政机关的内部工作,因此由行政复议机关审理更稳妥。

另一方面,有的行政行为具有很强的专业性,其是否适当、合理,由同样作为行政机关的行政复议机关作出判断最为合适。

(一)适当性审理要点

对行政行为的适当性审理,应当重点关注以下几个方面:

1. 是否符合法定目的。任何法律的制定都是基于一定的社会需要,为了达到某种社会目的。从根本意义上讲,法律授权行政机关作出自由裁量权的目的在于更好地保护公民的权利和自由。因此,行政机关在行使行政自由裁量权时,应最大限度地尊重相对人的权利和自由,以最小的剥夺权利或科以义务的方式达到立法目的。实践中,部分行政机关以部门法规定了最低罚款为由,对主观过错程度低、获利数额少的违法行为作出大额罚款,引发了社会对"小过重罚"的热议。实际上,面对这些案件时,行政机关应克服"逐利执法""机械执法"的冲动,不但适用部门法的具体规定,还要适用行政处罚法关于从轻、减轻处罚的一般规定,真正做到"过罚相当"。

2. 是否有正当动机。动机正当要求行政机关及其工作人员不能以执行法律的名义,将自己的偏见、歧视、恶意及私欲强加于行政相对人。如果行政机关为了创收、内部工作人员为了泄愤等实施行政行为,就是动机不当。

3. 是否考虑了相关因素、是否受不相关因素的影响。所谓相关因素,是指与所处理事件有内在联系并可作为作出决定根据的因素;所谓不相关因素,是指与事件本身没有内在联系,不能作为作出决定根据的因素。行政机关及其工作人员在行使自由裁量权时必须考虑相关因素,尤其要考虑法律、法规所明示或默示要求考虑的因素,不应该考虑与作出决定无关的因素。否则,便属于滥用自由裁量权。

4. 是否符合公正原则。法律授予行政机关自由裁量权的目的,在于使行政机关根据具体情况、具体对象作出公正合理的法律选择和判断,从而更加正确地贯彻立法宗旨,而不是让行政机关在法律留给的空间内随心所欲,任意作为。公正原则的内容可以概括为:(1)平等对待。行政机关在实施行政行为时,对同等情况应同等对待,即在相同的情况下应一视同仁。这样,行政相对人就可以根据行政机关已作出的自由裁量决定预见自己行为的后果,并在此基础上建立他们对行政机关的期待。(2)遵循比例法则。即行政机关所作的决定和行政相对人所受的对待应注意合理的比例和协调,而不能不成比例。(3)前后一致。即行政机关在相同情况下,除非情势发生了重大变化,或者法律作出了修改等,先前所作的行为和后作出的行为应保持一致,而不能反复无常,使行政相对人手足无措。

(二)适当性审理的方法

1. 横向比较方法。即对于性质、情节类似情形的处理,与所在地区同系其他行政机关的处理结果应当大体类似。

2. 纵向比较方法。即对于属于同一性质、情节情形的处理,应当与本机关此前的其他类似处理大体类似。

3. 内部比较方法。即对于同一个行政案件中涉及多个违法行为人的,行政机关对行为性质、情节大体类似的违法行为人,处理的结果应当大体类似,而不能相差悬殊。

第三节 行政复议审理的一般要求

新修订的行政复议法第四章第一节对行政复议审理的一般性要求作了具体规定,在适用过程中,需要注意以下几个方面。

一、回避制度

程序正当原则是行政复议审理应当遵循的重要原则。程序正当原则的内涵非常丰富,其中一个重要方面就是遵循回避制度。如果应当回避却未予回避,无论行政复议结论实体上是否合法,当事人都会对行政复议的合法性、公正性存有疑虑,从而影响行政复议机关的权威性、公信力,更直接影响行政复议决定的执行效果。

(一)明确回避情形

行政复议机关及其工作人员必须保持中立,遇有以下情形的,应当进行回避。

一是行政复议人员与案件有利害关系,包括直接利害关系或者间接利害关系。

二是行政复议人员与案件当事人有亲属关系,或者关系密切的其他关系。

三是其他可能影响公正审理的情形,如行政复议人员与案件当事人存在私人恩怨等。

(二)确定回避的人员

一般情形下,适用于行政复议案件的具体承办人员。案件审理过程中的记录员、翻译人员、鉴定人、勘验人等辅助人员，在满足回避的情形时，也应当回避。

（三）回避的程序

一是申请回避。案件当事人认为行政复议人员或者其他人员存在回避情形，可能影响案件公正审理的，可提出回避申请，并说明理由。

二是自行回避。行政复议人员或者其他人员发现自己有回避情形，应主动申请回避。

三是决定回避。复议机关发现复议人员或者其他人员存在应当回避的情形，或者收到当事人、复议人员、其他人员的回避申请后，应及时审查并作出是否回避的决定，必要时可暂停审理。

回避申请一般应在案件受理后、复议决定作出前提出。若当事人在开始审理后才知道回避事由的，可在知道后立即提出。考虑到行政复议案件审理期限较短，在行政复议机关作出回避决定前，有关人员继续开展案件审理工作更为妥当。

二、提级审理

新修订的行政复议法按照《行政复议体制改革方案》要求，构建了"条块结合、以块为主"行政复议管辖制度，一般情况下，行政复议案件的管辖应当按照上述规定执行。考虑到实践情况比较复杂，为了保障行政复议审理的公正性，《行政复议法》第三十八条规定了行政复议提级审理制度。提级审理主要适用于行政复议办案中的特殊情形，与一般性的行政复议"下管一级"层级管辖制度不冲突，可以视作行政复议管辖的补充性规定。

提级审理主要包括两种情形：

一是上级行政复议机关根据需要，可以审理下级行政复议机关管辖的行政复议案件。例如，根据新修订的《行政复议法》第四十条的规定，行政复议机关在行政复议期间无正当理由中止行政复议的，上级行政机关先依法责令其恢复审理。正常情况下,下级行政复议机关就应当恢复审理,但如果实践中出现了下级行政复议机关拒不恢复审理的情形,或者由下级行政复议机关存在不适合继续审理、若继续审理不利于实现公平正义的特殊情形等,上级行政复议机关可以审理下级行政复议机关管辖的行政复议案件。

二是下级行政复议机关对其管辖的行政复议案件,认为需要由上级行政复议机关审理的,可以报请上级行政复议机关决定。具体来说,下级行政复议机关认为审理中出现了不适宜自己继续审理的特殊情形,如存在特殊利害关系有可能影响公正审理,客观上遇到难以正常行使管辖权的不可抗力等因素、需要将案件交由上级行政复议机关审理更为适当的,可以报请上级行政复议机关决定。

上述两种情形下,上级行政复议机关对是否需要提级审理具有决定权。如果决定提级审理,应当以上级行政复议机关的名义作出行政复议决定。

应当注意的是,《行政复议法》第三十八条规定的是上级行政复议机关根据需要,可以审理下级行政复议机关管辖的行政复议案件,这意味着提级审理并不以下级行政复议机关已经受理案件为前提。只要是下级行政复议机关有权管辖的案件,当事人未向下级行政复议机关申请行政复议,直接向上级行政复议机关申请行政复议的,必要时上级行政复议机关也可以直接受理。但这种情况应属于特例,正常情况下申请人应当向有管辖权的行政复议机关申请行政复议;对于越级提交申请的,上级行政复议机关原则上应当依法作出不予受理决定。

三、行政复议中止

行政复议中止,是指行政复议过程中出现法定情形后,行政复议机关暂停有关行政复议案件的审理,待有关影响行政复议案件正常审理的情形消除后,再继续审理行政复议案件。

新修订的《行政复议法》第三十九条规定了中止行政复议的十种情形:

（一）作为申请人的公民死亡,其近亲属尚未确定是否参加行政复议;（二）作为申请人的公民丧失参加行政复议的行为能力,尚未确定法定代理人参加行政复议;（三）作为申请人的公民下落不明;（四）作为申请人的法人或者其他组织终止,尚未确定权利义务承受人;（五）申请人、被申请人因不可抗力或者其他正当理由,不能参加行政复议;（六）依照本法规定进行调解、和解,申请人和被申请人同意中止;（七）行政复议案件涉及的法律适用问题需要有权机关作出解释或者确认;（八）行政复议案件审理需要以其他案件的审理结果为依据,而其他案件尚未审结;（九）有本法第五十六条或者第五十七条规定的情形;（十）需要中止行政复议的其他情形。上述第（一）项至第（四）项,是行政复议申请人主体资格消失或者丧失参加行政复议的能力,其他有权申请行政复议的主体尚未决定是否参加行政复议的情形,行政复议活动需要中止;第（五）项中只有不可抗力或者其他正当理由导致申请人、被申请人不能参加行政复议的原因,行政复议才能中止,包括疫情、自然灾害或者其他意外事件等;第（六）项是调解、和解期间,由当事人双方同意的中止情形,这为行政复议调解、和解留足了制度空间,有利于促进行政复议调解、和解制度的落地落实;第（七）项是案件涉及法律适用问题,需要有权机关作出解释或者确认,既包括对有关法律规定具体含义的理解,也包括对所适用的法律规范效力的确认,比如是否有效、是否与上位法相抵触等;第（八）项中判断是否需要以其他案件的审理结果为依据,并不是刑事案件、民事案件相对于行政案件就有绝对优先的问题,而是以相互之间是否为依据、为前提,决定哪个案件优先;第（九）项是行政复议附带审查期间的中止;第（十）项是法律没有明确规定的其他需要中止行政复议的情形,属于兜底条款。

本条仅规定"行政复议中止",实践中是"应当"中止,还是"可以"中止?应当认为,这十种情形有些发生后不得不中止,如第（一）项至第（五）项;有些是发生后可以中止,是否中止由行政复议机关自行判断的情形,如第(九)项规范性文件附带审查的规定,如果行政复议机关认为在行政复议审理期限内可以完成附带审查工作,那就没必要中止审理;但是一旦行政复议机关决定中止案件审理,就应当按照行政复议法第五十六条至第六十条的规定,履行书面通知规范性文件或依据的制定机关就相关条款的合法性提出书面答复等程序,否则将构成程序违法。

行政复议中止发生在行政复议案件受理之后至行政复议决定作出之前,只是行政复议审理活动的暂时停止,而不是行政复议活动的彻底终结。因此,一旦行政复议中止的原因消除后,行政复议机构应当及时恢复行政复议案件的审理,并及时作出行政复议决定。为了充分保障行政复议申请人、被申请人和第三人参与行政复议的权利,规范行政复议中止活动,行政复议机关无论是中止或者恢复行政复议案件的审理,都应当书面告知当事人。

行政复议中止的原因消除后,行政复议机关未及时恢复案件审理的,案件当事人可以向上级行政复议机关反映。同时,行政复议中止审理和恢复审理是行政复议程序中的行为,当事人不宜就此单独提起行政诉讼,可以在行政复议决定作出后,在起诉行政复议决定的同时一并就行政复议程序提出自己的主张。

📖 典型案例㉖

【基本案情】

申请人文某、宋某等人系某老旧小区业主,因出行不便,向被申请人四川省某市自然资源和规划局提出增设电梯申请。被申请人受理后,认为申请人增设的电梯位于临街面,且突出于建筑主体立面,按照某市住房和城乡建设局等七部门《关于进一步推进既有住宅电梯增设工作的实施意见》(以下简称《意见》)要求,作出暂不能批复同意的回复。申请人对回复不服,认为增设电梯位置虽属于临街面,但并不破坏建筑立面整体风格,且应充分考虑老旧小区的实际情况,遂向市人民政府申请行政复议,请求撤销被申请人作出的回复,并对增设电梯申请重新审查。

【复议办理】

行政复议机构认为,老旧小区增设电梯是群众急难愁盼的民生事项。为有效解决行政争议,行政复议机构进行了现场调查及听取意见,了解到拟增设电梯单元老年人居民占比达 60%,增设电梯意愿非常强烈,且已征得相邻权人同意。通过现场勘查发现,拟增设电梯单元所临街道并非城市主要道路,单元楼与街道之间有围墙遮挡,且与街道不平行,对城市风貌影响不大。行政复议机构进一步听取被申请人意见,了解到导致被申请人不能批复同意的原因是《意见》第五条关于"原则上不得在建筑临街面设置电梯"的规定。调查中,行政复议机构还了解到,《意见》正在修订之中。

为实质性化解行政争议,行政复议机构决定组织双方进行调解。行政复议机构适用新修订的行政复议法相关规定,在取得当事人同意后中止该起案件审理,为调解工作提供时间保证。案件中止审理期间,行政复议机构向申请人释明,被申请人不予审批同意并未违反现有文件规定;同时向被申请人指出,行政主体实施行政行为应当兼顾实现行政目标和保护相对人权益,将不利影响限制在尽可能小的范围和限度之内。针对《意见》正在修订的情况,敦促行政机关对第五条作出相应修改完善。行政复议机构提出问题解决方案,由申请人进一步优化设计方案,保持外墙风格与街道风格总体一致,重新向被申请人提交增设电梯申请;被申请人尽快完成对《意见》的修订,并及时审查申请人重新提交的设计方案,双方当事人均予认可。后行政复议机构指导被申请人将《意见》第五条修改为"原则上不得在建筑临街面设置,内部设置确有困难或无法平层入户的,可临街设置,但不得破坏建筑立面整体风格,电梯外观材质应采用高品质材质"。被申请人按照新的《意见》审查通过了申请人重新报送的设计方案。因当事人和解,行政复议中止原因消除,行政复议机构依法恢复案件审理,申请人撤回行政复议申请,行政复议终止。

【典型意义】

以调解协商方式及时解决矛盾纠纷,是坚持和发展新时代"枫桥经验"的客观要求。新修订的行政复议法扩大了调解的适用范围,同时设立了一系列相关工作机制和工作程序,确保行政复议调解制度的有效落实。该法第三十九条第(六)项规定,依照本法规定进行调解、和解,申请人和被申请人同意中止的,行政复议中止,以解决调解所需时间与复议审理时限规定的冲突问题。本案中,行政复议机构正确适用行政争议中止工作机制,为后续开展调解工作赢得了时间,创造了条件。行政复议机构深入现场进行调查询问,查清了事实和纠纷的关键点,为调解化解纠纷打下了必要基础。同时,行政复议机构积极推动行政机关对有关规范性文件进行修订,从个案监督到类案规范,从源头上预防类似纠纷的发生,达到了办理一案、规范一类行为的良好效果。

四、行政复议终止

行政复议终止,是行政复议过程中出现法定情形后,行政复议机关不再继续审理有关行政复议案件,从而终结行政复议程序的活动。对于行政复议终止,1999年《行政复议法》仅在第二十五条规定了"申请人撤回行政复议申请的,行政复议终止"这一种情形。2007年行政复议法实施条例在不违背行政复议法精神的前提下,采取明确列举的方法规定了行政复议终止的八类情形。新修订的行政复议法在进一步总结实践经验的基础上,吸收并完善了行政复议法实施条例的上述规定,规定了较为完备的行政复议终止制度。根据新修订的《行政复议法》第四十一条规定,行政复议终止主要有以下几种情形:

一是申请人要求撤回行政复议申请,行政复议机构准予撤回的,这是行政复议终止较为典型的情形。行政复议是依申请人的申请而启动的,申请人具有请求行政复议机关依法处理涉及自身行政争议的权利,也可以在审理过程中放弃这项权利。申请人出于真实意思表示而声明放弃申请行政复议权利的,行政复议审理活动随之终止。实践中,申请人撤回行政复议申请的主要原因就是与被申请人达成了和解,行政复议机构在审查是否准予撤回申请时,应当重点审查和解内容是否损害国家利益、社会公共利益和他人合法权益,是否违反法律、法规的强制性规定。如果不存在相关情形,应当准予撤回申请,并报请行政复议机关终止行政复议。

二是申请人的行政复议主体资格消灭,没有权利承受人或者权利承受人放弃该权利的,即本条第二项、第三项规定的情形。新修订的《行政复议法》第十四条规定,有权申请行政复议的公民死亡的,其近亲属可以申请行政复议;有权申请行政复议的法人或者其他组织终止的,其权利义务承受人可以申请行政复议。因此,如果没有行政复议权利的承受人,或者承受人放弃行使该权利的,行政复议应当终止。

三是申请人对行政拘留或者限制人身自由的行政强制措施不服申请行政复议后,因同一违法行为涉嫌犯罪,被采取刑事强制措施的。出现该情形时,行政拘留或者限制人身自由的行政强制措施已经被吸收到刑事强制措施中,且行政拘留或者限制人身自由的行政强制措施,与刑事强制措施都是因同一违法行为而产生,为保证刑事侦查活动的顺利进行,没有必要对变更之前的行政拘留或者限制人身自由的行政强制措施再进行行政复议救济。如果刑事强制措施出现错误,可以通过刑事赔偿程序得到救济,行政复议终止并不会导致申请人丧失救济权利。

四是由中止转化为终止。新修订的行政复议法第三十九条第一项、第二项、第四项分别规定了三类中止情形,即作为申请人的公民死亡,其近亲属尚未确定是否参加行政复议;作为申请人的公民丧失参加行政复议的行为能力,尚未确定法定代理人参加行政复议;作为申请人的法人或者其他组织终止,尚未确定权利义务承受人。如果原申请人的近亲属、法定代理人、法人或者其他组织权利义务承受人长期不明确表示是否参加行政复议,就会影响行政复议审理效率和行政管理秩序的稳定性。因此,如果行政复议中止满六十日时,原申请人的近亲属、法定代理人、法人或者其他组织权利义务承受人仍未表示是否行使行政复议权利的,行政复议中止就依法转为终止。

行政复议终止时,行政复议机关需要制发行政复议终止决定书,书面告知有关当事人其行政复议活动已经终结。

五、停止执行

首先应当明确的是,行政复议期间行政行为不停止执行。这主要是因为,行政行为一旦生效,就具有公定力,具体包括约束力、确定力和执行力。行政行为的公定力对于贯彻国家强制意志、维护社会公共利益和社会秩序稳定具有重要意义,应当在行政复议程序中予以保障和维护。

原则上不停止执行不意味着任何情况下都不停止执行,新修订的行政复议法完善了停止执行的具体规定,具体包括:

一是被申请人认为需要停止执行的。被申请人是作出行政行为的行政机关,对行政行为的内容和执行要求比较熟悉,如果行政机关发现行政行为存在明显违法情形或者出现了不宜继续执行的情势变更,行政机关应当停止执行该行政行为。

二是行政复议机关认为需要停止执行的。行政复议机关作为案涉行政行为的审查机关,负有监督行政行为、保障相对人合法权益的法定职责。如果在案件审理中发现行政行为可能存在违法或者不当的情形,如果不及时停止执行,就会对相对人的权利造成更大的不利影响,那么在这种情形下,行政复议机关就可以要求对行政行为停止执行,以便更及时全面地保护相对人的合法权益,避免对其造成不可弥补的损失。

三是申请人、第三人申请停止执行,行政复议机关认为其要求合理,决定停止执行。对于这类请求,应当由行政复议机关根据实际情况进行判断,如果申请人、第三人的要求合理,就可以由行政复议机关决定停止执行。判断是否合理的要素包括,停止执行是否会损害国家利益和社会公共利益,如果不停止执行是否会对申请人造成不可弥补的重大损失,停止执行是否有必要性和可行性,等等。

四是法律、法规、规章规定停止执行的。行政复议机关依照法律、法规、规章审理行政复议案件,对法律、法规、规章已经明确规定停止执行的,行政复议机关应当遵照落实。如《治安管理处罚法》第一百零七条规定,被处罚人不服行政拘留处罚决定,申请行政复议、提起行政诉讼的,可以向公安机关提出暂缓执行行政拘留的申请。公安机关认为暂缓执行行政拘留不致发生社会危险的,由被处罚人或者其近亲属提出符合本法第一百零八条规定条件的担保人,或者按行政拘留每日二百元的标准交纳保证金,行政拘留的处罚决定暂缓执行。

📖 典型案例㉗

【基本案情】

2022 年 8 月 17 日,被申请人天津市某区住房和建设委员会接到举报称,申请人某工程公司开发的污泥无害化治理及资源化利用示范基地项目未组织竣工验收即擅自交付使用,违反《建设工程质量管理条例》第十六条第三款"建设工程经验收合格的,方可交付使用"的规定。被申请人调查发现,申请人存在未组织竣工验收先使用部分厂房进行设备调试的情况,经依法立案、行政处罚前告知、组织听证等程序,对申请人作出罚款 133.75 万元的行政处罚决定。申请人认为设备调试不等同于交付使用,遂向区人民政府申请行政复议。

【复议办理】

行政复议机构认为双方当事人主要争议焦点在于涉案行为是否属于《建设工程质量管理条例》第五十八条第(一)项规定"未组织竣工验收,擅自交付使用"的情形。行政复议机构查明,《房屋建筑和市政基础设施工程竣工验收规定》第六条规定:"工程竣工验收应当按以下程序进行:(一)工程完工后,施工单位向建设单位提交工程竣工报告,申请工程竣工验收……"申请人主动提交《监测鉴定报告书》,鉴定结论为:满足原设计及验收规范要求。涉案工程施工单位因与申请人存在经济纠纷,在满足验收规范的前提下,拒绝配合申请人组织竣工验收,导致申请人无法组织竣工验收。该项目系污泥无害化处理项目,旨在解决辖区各水厂污泥处置困难问题,关系民生保障,相关部门均要求申请人尽快投产使用。申请人遂先对设备进行调试,被申请人认为该调试行为系交付使用而作出行政处罚决定。行政复议期间,申请人提交了暂停行政处罚申请,行政复议机构认为如果继续执行行政处罚将直接导致申请人保障区域内的污泥无害化治理工作中断停滞,依据新修订的《行政复议法》第四十二条规定,申请人申请停止执行的要求合理,遂报请行政复议机关决定停止执行。为全面查清案件,行政复议机构组织住建、水务、财政等相关部门与申请人进行沟通,充分听取各方意见,咨询专家、学者、律师意见,认为申请人在工程未竣工验收情况下予以使用,构成违法行为,但案涉工程项目已达到验收标准,申请人行为系先行调试相关设备,且接到行政处罚决定后,申请人立即停止了安装调试行为,积极配合整改,符合《中华人民共和国行政处罚法》关于"违法行为轻微并及时改正,没有造成危害后果的,不予行政处罚"的规定。行政复议机构遂向被申请人发函进行案件风险提示,建议被申请人进一步查清案件事实并主动化解行政争议。在行政复议机构协调推动下,被申请人自行撤销行政处罚决定,避免了申请人因受处罚影响征信无法开展特许项目经营而遭受年经济损失3700余万元。申请人对此处理结果表示满意,主动撤回行政复议申请,行政复议终止。

【典型意义】

新修订的行政复议法规定,行政复议期间行政行为不停止执行。但为避免继续执行行政行为可能造成的损害,最大程度保护申请人的合法权益,新修订的行政复议法规定了应当停止执行行政行为的四种情形。本案中,行政复议机构充分调查了申请人的主观过错、社会危害程度,综合研判民生保障可持续性,以及继续执行可能造成的后果等因素,充分考虑申请人提出的停止执行申请中关于监测鉴定结论、立项沿革情况等主张,正确适用停止执行机制,行政机关在行政复议期间停止执行行政处罚;并在准确定性案件事实和适用法律基础上,成功促使双方当事人达成和解,实现了争议的实质性化解。本案的妥善解决,避免企业经济损失数千万元,维护了企业合法权益,为企业健康平稳发展和民生工程顺利推进提供了有力法治保障,充分彰显了行政复议促进规范公正文明执法、优化营商环境的积极作用。

第四节　普通审理程序

一、全面听取意见

为提高行政复议公信力,新修订的行政复议法在制度上强化申请人、第三人对行政复议过程的参与程度,进一步促进行政复议过程的公开、透明。在普通程序设计的总体思路上,既要改变原有的以书面审查为主的模式,又要注重不能完全模仿司法程序,而是要体现行政复议便民高效的特点和优势。按照这一思路,新修订的行政复议法规定了普通程序中行政复议机构听取当事人意见的相关要求。

听取意见是行政复议普通程序的原则性要求。行政复议机构适用普通程序审理行政复议案件,都应当当面或者通过互联网、电话等方式听取当事人的意见,这里的"应当"意味着"听取意见"成为行政复议办案的"规定动作",确保群众在行政复议案件审理中的参与度,也使办案更加公开、透明。

听取意见的对象是当事人,既包括行政复议的申请人、第三人,也包括行政复议被申请人。将听取意见的对象规定为当事人,可以更加平等、充分地保护行政复议当事人双方的合法权益。在行政管理实践中,由于申请人、第三人处于被管理者的地位,因此行政复议机关尤其要注重听取申请人、第三人的意见。

听取意见和听证一样,都是为了查明案件事实,同时也能更多地听取申请人提出行政复议申请背后真实的利益诉求,推动行政争议的实质性化解。行政复议案件承办人收到被申请人提交的答复书和证据材料,应当及时梳理、审查,并就案件事实和证据听取申请人意见。行政复议案件承办人可以根据案件情况,在就案件事实和证据听取申请人意见的同时,全面了解争议由来、矛盾症结、实质诉求和是否愿意进行调解。申请人有调解意愿的,进一步听取申请人关于调解方案的意见。

为确保办案效率并方便群众参与,行政复议机构可以采取各种灵活方式听取当事人意见,包括当面听取意见,通过互联网、电话等方式听取意见等。在实践中,当面听取申请人意见的,应当形成听取意见笔录,供申请人核对无误后签字确认,必要时同步录音、录像。通过电话、即时通信的音视频工具听取申请人意见的,进行同步录音、录像,并形成书面工作记录。通过电子邮箱、即时通信等文字工具听取申请人意见的,可以截屏存档,并形成书面工作记录。如果单方面听取当事人意见仍不能查明案件事实,必要时还应当组织听证,通过规范、完备的听证程序更深入、全面地听取当事人意见。

考虑到实践中情况较为复杂,行政复议机构听取当事人意见时,可能出现因当事人原因不能听取意见的情形,例如听取当事人意见时被明确拒绝;当事人提供的电话、即时通信的音视频联系方式经多次联系无法接通;当事人提供的电子邮箱、即时通信的文字联系方式在五个工作日内均未应答;等等。对因当事人原因不能听取意见的情形应当留存相关证据并记录在案。总而言之,不能听取意见的原因应当限于当事人自身的原因,行政复议机构不能随意以其他原因为由决定不听取当事人意见。

二、加强听证审理

1999 年行政复议法规定了书面审查原则。但是随着实践的发展,行政复议案件越来越复杂,有时仅凭书面审理,无法查清案件事实,而且审理程序不透明,容易给申请人以"暗箱操作""官官相护"的错觉,不利于行政争议的解决。立足于增强行政复议审理程序公开度和公正性的目的,2007 年《行政复议法实施条例》设立了行政复议听证制度,规定在申请人提出要求或者行政复议机构认为必要时,可以采取听证方式审理。近年来,各级行政复议机构积极运用听证方式审理案件,大幅提升了办案质量和复议公信力。在此基础上,2023 年修订的行政复议法进一步落实《行政复议体制改革方案》关于建立"公开透明"工作流程的要求,吸收 2007 年行政复议法实施条例的上述规定,在法律层面建立了行政复议听证制度,进一步细化了相关规定,增强了听证的可操作性,以充分发挥行政复议公正高效的制度特点,取信于民。

行政复议听证,是指行政复议机构在办理行政复议案件过程中,组织案涉人员通过陈述、举证、质证、辩论等形式,查明案件事实的审理方式。听证是公开办案机制的重要组成部分,是听取当事人意见的"高级"形式,类似于法院的开庭审理。听证主要解决案件事实审查方面存在的问题,对于提高行政复议审理质量具有重要意义,因此对于符合法定条件的案件,行政复议机构应当积极运用听证方式进行审理。

听证并不是所有行政复议案件审理的必经程序,而主要适用于审理难度较大的案件。根据《行政复议法》第五十条规定,审理重大、疑难、复杂的行政复议案件,行政复议机构应当组织听证。在实践中,"重大、疑难、复杂"的案件标准,可以由国务院行政复议机构通过规章或者规范性文件等方式予以细化明确,并由行政复议机关结合实际情况判断。一般来讲,涉及食品药品安全、生态环境和资源保护、公共卫生安全、不动产征收或确权等重点执法领域涉及重大利益关系的案件;案件所涉标的数额较大的案件;案件所涉人数众多或者关系到群体利益的案件;当事人对涉案关键证据分歧较大的案件;涉案法律关系复杂,需要各方充分陈述、举证、质证、辩论,以确保审理质量的案件等,可以认为属于重大、疑难、复杂案件。除此之外,还有两类情形可以适用听证:一种是案件虽然不具备重大、疑难、复杂的特点,但行政复议机构认为有必要听证,通过听证方式审理能够取得更好的审理效果,也可以组织听证。另一种是申请人请求听证的,行政复议机构可以组织听证。考虑到实践中申请人请求听证的情形五花八门,因此法律规定对其听证请求,由行政复议机构结合案情及办案需要进行具体判断,必要时可以举行听证,如确无听证必要的,可以不通过听证方式审理。

听证由行政复议机构主持。行政复议机构应当指定一名行政复议人员任主持人,两名以上行政复议人员任听证员,并指定一名记录员制作听证笔录。作为听证主持人、听证员的行政复议人员,要具备总结争议焦点、归纳双方观点和把握听证进程的能力。因此,行政复议机关应当加强行政复议机构的队伍建设,根据工作需要配备行政复议人员,并不断提高行政复议人员的专业能力。担任主持人、听证员的行政复议人员应当是行政复议机构中从事行政复议工作的公务员。至于记录员,原则上也应当是行政复议机构中从事行政复议工作的公务员,确有困难的,可以由通过国家规定方式购买服务的人员承担。除当事人双方外,行政复议机构还可以根据听证需要及双方当事人的请求,安排证人、翻译、勘验人员、鉴定人员等参加听证。

听证由行政复议机构主持,各方当事人参加。申请人、第三人应当尽可能参加行政复议听证,如果根据《行政复议法》第十七条规定委托了一至二名代理人参加行政复议,同时授权委托内容包括代为参加听证的,也可以委托代理人参加听证。申请人、第三人人数众多的,行政复议机构可以根据《行政复议法》第十五条的规定,视情况要求其推选代表人参加听证会。代表人参加听证会的,应当在听证会开始前提交代表推选书。

📖 典型案例㉘

【基本案情】

申请人唐某之子(以下简称患儿)在某医疗机构出生,后因患有"新生儿高胆红素血症"多次在该医疗机构就医,双方产生医疗纠纷。2022年12月16日,申请人向被申请人广东省某市卫生健康委员会投诉举报,反映医疗机构涉嫌篡改病历,且对患儿的诊疗行为存在严重过错等。被申请人受理后,经调查作出对申请人投诉举报事项的答复函,认定暂无证据证明该医疗机构存在篡改患儿病历的行为。申请人对被申请人作出的答复函不服,认为被申请人认定事实不清,未充分履行投诉举报处理职责,向市人民政府申请行政复议,请求撤销该答复函、重新进行调查,并申请行政复议机构委托鉴定机构对患儿病历的真实性进行鉴定。

【复议办理】

行政复议机构初步审查发现,本案申请人提交的投诉举报事项多,反映的医疗问题专业性强,且当事人之间对立情绪严重。行政复议机构及时保障申请人阅卷权,多次当面、电话听取申请人意见,查明申请人曾就医疗纠纷提起过民事诉讼,后因对病历真实性存疑未能完成医疗损害鉴定,导致民事争议解决停滞,其核心诉求是希望对患儿电子病历真实性进行鉴定,以推动相关民事争议尽快解决。行政复议机构通过听取意见找准了争议症结所在，为有效解决纠纷打下了基础。行政复议机构进一步研究认为，本案行政争议源自申请人与医疗机构之间的民事纠纷，医疗机构与案件处理结果有利害关系，遂依法追加医疗机构为第三人，通知其参加复议审理。考虑到当事人对案涉调查是否充分、处理结论是否正确存在较大分歧，为全面查清事实，行政复议机构组织听证，三方当事人围绕"是否应当对患儿电子病历真实性进行鉴定"这一焦点问题进行质证和辩论，申请人坚持要求由行政复议机构委托鉴定，被申请人和第三人虽同意鉴定，但就鉴定事项范围及鉴定机构选定等问题未能协商一致。在行政复议机构的协调下，最终三方当事人就鉴定事项达成一致意见，并积极配合鉴定取证工作。经鉴定，患儿电子病历数据确实存在增加、删除、修改等问题，该鉴定意见为后续开展医疗过错损害鉴定和民事争议查明事实等工作提供了主要依据。申请人的核心诉求得到满足，经调解自愿撤回行政复议申请，行政复议终止，案涉行政争议在行政复议阶段实现案结事了。

【典型意义】

新修订的行政复议法对行政复议审理程序进行了创新设置，明确普通程序案件均要听取当事人意见，重大疑难复杂案件应当组织听证。行政复议机构通过听取意见和听证进一步查清案件事实，全面把握案情，有利于提升行政复议办案质量；同时提高案件审理的透明度，为双方当事人提供面对面陈述理由、沟通意见的机会，有利于双方消除隔阂，达成谅解。第三人参加行政复议对促进行政复议有序进行、有效查清案件全部事实、促进双方和解等都具有重要作用。本案中，行政复议机构通过听取当事人意见、追加第三人、组织听证等机制和程序对案件争议焦点进行抽丝剥茧，找准关键症结，并通过委托鉴定解决了申请人的实质诉求，为相关民事争议的解决提供了重要依据，实现了定分止争的办案效果，对高质量办理普通程序案件、落实繁案精审工作具有积极示范作用。

三、建立健全行政复议委员会

行政复议委员会是提高行政复议审理公正性、中立性的重要制度设计，也是 2023 年行政复议法修订的一大亮点。根据中央全面依法治国委员会《行政复议体制改革方案》的要求，行政复议法规定除少数保留行政复议职责的部门外，地方的行政复议职责统一整合到县级以上地方各级人民政府统一行使。这就意味着，作为政府行政复议机构的司法行政部门需要办理涉及各行政管理领域的行政复议案件，对办案专业性、公正性要求进一步提高，为此 2023 年修订的行政复议法确立了行政复议委员会制度。

行政复议委员会制度在实践中具有较好的工作基础。自 1999 年行政复议法实施以来，随着我国改革发展进入关键时期，社会矛盾特别是行政争议呈现出多发、高发的态势。为了依法有效应对社会转型期行政争议复杂多样的新形势，加强社会治理，打造更加公正、有效、便捷、低成本的法定纠纷化解机制，党中央、国务院多次就加强和改进行政复议工作、创新行政复议体制机制提出明确要求。2006 年 12 月，国务院召开全国行政复议工作座谈会，明确提出"有条件的地方和部门可以开展行政复议委员会的试点"。2008 年，原国务院法制办下发《国务院法制办公室关于在部分省、直辖市开展行政复议委员会试点工作的通知》(国法〔2008〕71 号)，推动在各地方试点开展行政复议体制改革工作，先行探索设立行政复议委员会，提高行政复议办案质量。

从实际运行效果看，行政复议委员会的运行对于充分发挥行政复议便民、高效的特点和优势，增强行政复议制度的公正性、权威性、专业性和公信力具有明显作用，通过引入专家学者等外部力量参与案件审理，打破了以往行政复议办案的"内部循环"，有效消除了部分群众对行政复议不公开、不透明、"官官相护"的疑虑，当事人对行政复议结果更容易接受。在总结上述试点经验基础上，中央全面依法治国委员会印发《行政复议体制改革方案》，要求县级以上地方人民政府"结合工作实际，探索建立政府主导，相关政府部门、专家学者参与的行政复议咨询委员会，为重大、疑难、复杂的案件提供咨询意见"。中共中央、国务院《法治政府建设实施纲要（2021—2025年）》进一步要求："县级以上各级政府建立行政复议委员会，为重大、疑难、复杂的案件提供咨询意见。"2023年修订的行政复议法吸收了实践中的积极做法，全面贯彻落实了《行政复议体制改革方案》《法治政府建设实施纲要（2021—2025年）》的上述要求，对建立行政复议委员会作出规定。

按照行政复议法的规定，建立行政复议委员会的主体为承担行政复议法定职责的县级以上各级人民政府。对于依照行政复议法仍履行行政复议职责的政府部门，不强制性要求建立行政复议委员会，如果有需要，可以参照行政复议法的规定建立行政复议委员会。

行政复议委员会兼具咨询案件和议决重大事项两大功能。一方面，根据行政复议法关于"为办理行政复议案件提供咨询意见"的规定，在办理重大、疑难、复杂案件时，要提交相关部门工作人员及专家学者组成的行政复议委员会进行咨询，充分利用"外脑"提高办案质量。另一方面，根据《行政复议法》第五十二条关于"并就行政复议工作中的重大事项和共性问题进行研究，提出意见"的规定，行政复议委员会可以对行政复议重大事项进行研究并作出决策。这类事项不同于具体个案，在性质上更为重大，一般由政府负责同志主持会议进行研究决策。这两大功能定位既能充分与《行政复议体制改革方案》《法治政府建设实施纲要（2021—2025年）》关于行政复议委员会应当为重大、疑难、复杂的案件提供咨询意见、提高办案质量的要求相衔接，同时也有利于加强行政复议机关对行政复议工作的领导，推动行政复议工作高质量发展。需要注意的是，行政复议委员会承担咨询案件、议决重大事项两大功能，并不是单纯的咨询性质。对于行政复议委员会组成和开展工作的具体办法，由国务院行政复议机构依据行政复议法的授权制定。

行政复议委员会在发挥咨询功能时，主要解决案件中的法律争议，对四类案件提供咨询意见:(1)案情重大、疑难、复杂的案件。主要是指案件涉及的法律关系复杂,对所涉及的法律规定在理解和适用上存在较大分歧,或者涉及新型法律关系,准确认定当事人的权利义务关系难度较大。(2)专业性、技术性较强的案件。按照行政复议法确定的管辖体制,除保留行政复议管辖权的部门外,政府统一管辖涉及各职能部门的行政复议案件,包括涉及自然资源管理、城乡建设、生态环境保护、食品药品监管等许多专业领域的行政争议,对此可以吸收相关部门熟悉业务工作的人员参加行政复议委员会,对案件涉及的专业性、技术性问题提供咨询意见。(3)申请人对省、自治区、直辖市人民政府作出的行政行为不服。这类案件主要是指省(区、市)人民政府对自己作出的行政行为进行原级行政复议的案件。为了提高原级行政复议案件审理的公正性,减少原级行政复议机关"自己审自己"的社会质疑,行政复议法将原级行政复议案件纳入应当提交行政复议委员会进行咨询的法定范围。需要说明的是,省(区、市)人民政府也可能对某些原级行政复议案件适用简易程序进行审理,如一些案情简单的政府信息公开类案件。由于行政复议委员会对案件进行咨询的工作机制规定在普通程序一节中,只适用于按照普通程序审理的案件,因此对于适用简易程序审理的原级行政复议案件,可以不提交行政复议委员会进行咨询,以便节省行政成本,提高办案效率。(4)行政复议机构认为有必要的案件。除上述三类明确列举的行政复议案件外,行政复议机构根据办案实际情况,将有关案件提请行政复议委员会提出咨询意见。一般而言,案情简单、争议不大以及可以通过和解、调解方式结案的案件,不需要提交行政复议委员会进行咨询。

第五节　简易审理程序

1999 年行政复议法只规定了单一的审理程序,并未区分普通程序和简易程序,案件无论简单或者复杂都适用同样程序审理,无法有效节省群众的时间成本。为进一步发挥行政复议公正高效、便民为民的制度特点,2023年修订的行政复议法规定了繁简分流的审理模式,即在案件审理的普通程序之外,新设了行政复议简易程序。设置简易程序,一方面有利于行政复议机构根据案件难易程度,简案快办,繁案精办,为群众更快捷地定分止争。另一方面也是新形势下行政复议办案的客观需要,行政复议法对普通程序规定了一系列新的办案程序,但实践中,对于一些事实清楚、争议不大的行政复议案件,也没有必要都适用普通程序进行审理,赋予行政复议机构以相对简单方式审理案件的空间,能够在保证案件审理质量的基础上提高办案效率。

一、简易程序的适用标准

适用简易程序进行审理的行政复议案件应当符合三个标准:事实清楚、权利义务关系明确、争议不大。事实清楚是指行政复议机关在受理行政复议案件之后,根据当事人陈述的事实和提供的证据,就能比较明确地证明案件事实,而不需要再进行较为深入的调查取证或者举行听证会才能查明案情。权利义务关系明确,是指当事人双方之间的权利、义务关系比较清楚,行政复议机关不用进行大量的审理工作就能准确判定双方享有什么权利,应当履行什么义务。争议不大,是指当事人对行政争议的主要事实、权利义务的基本归属等不存在较大分歧。行政复议法具体列举了能够适用简易程序的四类案件类型,这四类案件并非都完全适用简易程序,只有既属于这四类案件,又同时满足了"事实清楚、权利义务关系明确、争议不大"三个条件,才能适用简易程序。

行政复议法规定的四类适用简易程序的案件类型,具体包括:(一)被申请行政复议的行政行为是依法当场作出的。依法当场作出的行政行为主要包括当场作出的轻微行政处罚、当场作出的简单行政许可。(二)被申请行政复议的行政行为是警告或者通报批评。警告和通报批评是程度较轻的行政处罚。(三)涉及款额三千元以下的。本项规定是从案件涉及的金钱数额来划分普通程序和简易程序的适用标准。案件涉及款额三千元以下的,适用简易程序,如行政处罚中涉及的罚款数额,行政给付中涉及的救助金、保险金数额,行政强制中查封、扣押、冻结的财物价值等在三千元以下等。(四)政府信息公开案件。政府信息公开案件大部分案情较为简单,只要法律适用标准明确,往往可以通过当事人双方的书面材料审查清楚,而不一定需要深入实地核实取证。此外,当事人各方同意适用简易程序的,也可以适用简易程序。

二、简易程序的答复

简易程序的答复期限较短。普通程序的审理期限一般为六十日,经批准可以延长为九十日,简易程序的审理期限只有三十日,因此有必要规定较短的答复期限,以便行政复议机构有相对充足的时间进行案件审理。同时,简易程序涉及的案情较为简单,争议不大,被申请人提交书面答复及证据材料难度不大,较短的答复时间也较为适宜。因此,适用简易程序审理的案件,行政复议机构应当自受理行政复议申请之日起三日内,将行政复议申请书副本或者行政复议申请笔录复印件发送被申请人。被申请人应当自收到申请书副本或者申请笔录复印件之日起五日内,提出书面答复,并提交作出行政行为的证据、依据和其他有关材料。与普通程序相比,简易程序通知答复的期限由七日缩短为三日,被申请人提出书面答复的时限由十日缩短为五日。这里的三日、五日都是工作日。

三、简易程序可以适用书面审理方式

对适用简易程序审理的案件,行政复议机关可以书面审理。书面审理是指行政复议机关针对行政复议申请书的要求,根据被申请人在作出行政行为时已经取得的证据材料和适用的依据等书面材料,进行书面审查并作出行政复议决定。对于简单案件的审理而言,适用简易程序可以节约行政成本,提高办案效率,同时减少申请人、第三人在行政复议活动上所花费的时间和精力,也能够在更短时间内及时化解行政争议。

书面审理方式要求案情清楚,申请人的行政复议申请明确,被申请人提交的材料齐全、准确,不需要再作调查,仅书面审理就能作出行政复议决定。例如,争议焦点是法律适用问题,但在事实认定方面不存在争议,被申请人在作出行政行为时,已经就有关案件事实查证清楚,并且申请人申请行政复议时就事实问题没有原则分歧,争议的焦点集中于适用法律依据是否正确以及行政决定是否适当等问题。对于这种易于从书面材料中发现问题、查明案情的情况,书面审理亦可公正断案,所以可以适用书面审理方式。

四、简易程序的转化

行政复议案件受理后,行政复议机关只是在对案件进行初步审查的基础上决定适用简易程序,但实践情况是复杂多样的,随着案件审理的不断深入,行政复议机构对案情了解更为全面透彻,如果发现案件有不宜适用简易程序的情形,可以依照行政复议法的规定将适用简易程序审理的案件转为普通程序进行审理。在程序方面,须经行政复议机构的负责人批准。转化后案件审理期限应当适用普通程序六十日的审理期限,也可以依法延长至九十日,但在简易程序中已经过的审理期限应当从中扣除,而不能在转为普通审理程序之日起重新计算。对于简易程序转为普通程序审理的案件,申请人可能并不知道其案件是适用简易程序还是适用普通程序审理,从而影响了申请人对行政复议期限何时届满的判断。对于此问题,法律没有明确规定。从规范工作的角度,行政复议机关如在受理案件时已告知申请人案件将采取简易程序审理,后续转为普通程序审理应当另行告知申请人,提高申请人在行政复议程序中的参与度,增强其对行政复议结果的认同感。

第六节 行政复议证据规则

行政复议审理需要以事实为根据,以法律为准绳。证据是行政复议查明事实、准确适用法律的前提和基础。行政复议法修订过程中,不少地方和部门反映原行政复议法有关证据的规定过于简单,建议在立法中加以补充和完善。为此,2023 年修订的行政复议法在"审理"一章中单设一节,立足行政复议制度特点,对行政复议证据作出系统规定,发展和完善了行政复议证据规则。

一、证据种类

行政复议证据主要包括以下几种:1. 书证,是以记载的内容或者表达某种思想、含义来证明案件真实情况的书面材料或者其他物质材料,包括各种单据、证照、公告、档案、报表、图册等。2. 物证,是以自身物质属性、外形特征、存在状态等来证明案件真实情况的物品。3. 视听资料,是用录音、录像、拍照等技术手段记录下来,存储于录音带、录像带、电影胶片、光盘等特殊介质中,需要借助录音机、录像机等特定设备播放的案件事实和材料。4. 电子数据,主要是指以数字化形式存储、处理、传输的能够证明案件事实的信息。5. 证人证言,是指了解案件情况的个人或者单位以口头或者书面方式向行政复议机关所作的对案件事实的陈述,对于口头证言,需要以笔录等形式加以固定。6. 当事人的陈述,是指行政复议申请人和行政复议被申请人就案件事实向行政复议机关所作的陈述。7. 鉴定意见,是法律法规认定的鉴定机构运用专业手段,对有关专业性问题进行分析、检验和鉴别后作出的书面意见。如医疗事故责任鉴定、笔迹鉴定等。8. 勘验笔录、现场笔录。勘验笔录是对能够证明案件事实的现场或者不便于移动的物品就地进行勘察、检验后形成的记录。现场笔录是行政机关对行政违法行为进行当场处理时,在处理现场所形成的笔录。

二、举证责任

举证责任是指当事人根据法律的规定所负有的对特定案件事实提供证据予以证明的责任。举证责任是依法对当事人双方分配的,如果当事人不能提供相应的证据,将会承担不利的法律后果。

1. 行政复议举证责任原则上由被申请人承担。在行政复议审理中,被申请人对其作出的行政行为负有举证责任是行政复议举证责任分配的一条基本原则。这主要是考虑到,行政机关在行政管理过程中处于管理者的优势地位,在作出执法行为时应当依法履行法定程序,全面、客观地收集并固定证据,因此在行政复议中应当承担主要的举证责任。被申请人既要对行政行为的合法性举证,也要对行政行为的适当性举证。

2. 行政复议申请人依法承担特定的举证责任。虽然被申请人举证是行政复议举证责任的一般原则,但在特定情况下,申请人也要提供相应的证据。具体包括以下几种情形:一是认为被申请人不履行法定职责的,需要申请人提供曾经要求被申请人履行法定职责的证据。二是申请人提出行政赔偿请求的,应当提供受行政行为侵害而造成损害的证据。三是法律、法规规定需要申请人提供证据的其他情形。行政复议机关不应对申请人课以法律、法规之外的举证责任。

三、阅卷规定

在行政管理过程中,申请人和第三人处于被管理的被动地位,即使依法行使了陈述、申辩权,但是对行政机关作出行政行为的证据、依据、理由等可能还是了解得不够完整、清楚。因此,规定行政复议期间申请人和第三人享有阅卷权,一方面可以使申请人和第三人能够全面了解行政机关作出行政行为的理由和依据,更有针对性地维护自身合法权益;另一方面通过阅卷,申请人和第三人也能协助行政复议机关更精准地查找行政执法行为的违法或者不当之处,便于行政复议机关加强对行政行为的审查监督力度,切实推进依法行政。这是体现行政复议公开、公正、便民原则的重要方面,也是行政复议法赋予申请人、第三人知情权的重要制度,因此必须保障其实现而不能限制其行使。

行政复议阅卷在行政复议审理阶段进行,申请人和第三人应当在行政复议期间主动提出申请。如果申请人、第三人没有提出阅卷请求,行政复议机关没有主动安排其阅卷的义务。由于行政复议阅卷的内容是被申请人提出的书面答复、作出行政行为的证据、依据和其他有关材料,行政复议机关可以根据申请人和第三人的申请,安排其在被申请人提交答复材料之后查阅案卷。考虑到行政复议审理期限较短,如果行政复议申请人、第三人在审理期限临近届满之前才提出阅卷请求,可能会影响行政复议机关按时结案,因此对于有阅卷需要的申请人、第三人,行政复议机关可以在听取意见等办案程序中与其沟通,引导其及时提出阅卷请求。

阅卷时有两类例外情况,一种是涉及国家秘密、商业秘密、个人隐私的答复材料,不予查阅;另一种是可能危及国家安全、公共安全、社会稳定的答复材料,不予查阅。根据1999年行政复议法的规定,申请人和第三人只能现场查阅案卷材料,但法律并未赋予其复制案卷材料的权利。为了进一步保护申请人和第三人的合法权益,体现行政复议便民为民,2023年修订的行政复议法赋予了申请人和第三人在阅卷时复制案卷材料的权利。行政复议机关应当按照便民原则要求,通过设立专门场所、提供必要的设备设施等方式,积极为申请人和第三人查阅、复制案卷材料提供便利条件。

典型案例㉙

【基本案情】

申请人系某外卖平台骑手，2023 年 11 月 13 日，其在平台完成订单任务下线后遭遇交通事故伤害，经交警部门认定为非本人主要责任。申请人向被申请人上海市某区人力资源和社会保障局申请职业伤害保障待遇，被申请人委托商业保险机构进行调查。商业保险机构经查询平台系统，认定申请人遭遇交通事故时处于下线状态。被申请人据此认为不属于"执行平台订单任务期间"，依照《新就业形态就业人员职业伤害保障办法（试行）》（以下简称《保障办法》）的规定，作出不予确认职业伤害结论书。申请人不服，认为其行为符合《保障办法》关于在执行平台订单任务返回日常居所的合理路线途中受到非本人主要责任的交通事故，应当确认为职业伤害的规定，遂向区人民政府申请行政复议。

【复议办理】

行政复议机构审查认为，本案争议焦点为申请人所发生的事故是否在完成订单后返回居所的合理路线途中。行政复议机构举行听证会，前往交警部门核对确认事故发生时间，召开行政复议委员会案审会，针对争议焦点进行研讨论证，认为根据事发时间和事发地点判断，申请人完成订单下线后的去向具有返回居所途中之可能，被申请人未对具体去向调查核实清楚，简单以申请人处于下线状态认定其没有在执行平台订单任务，属于事实认定不清。经行政复议机构指出问题，被申请人重新启动调查程序，结合复议阶段查明的事实，认定申请人系在执行平台订单任务返回日常居所的合理路线途中发生交通事故，符合《保障办法》相关规定，遂作出确认职业伤害结论书。由于被申请人自行纠错，申请人自愿撤回行政复议申请。行政复议机构在办案过程中发现，被申请人将职业伤害调查工作全权委托给商业保险机构的做法存在一定风险,直接影响对劳动者合法权益的及时有效保障。针对这一问题,行政复议机构要求被申请人进一步健全完善新业态从业人员职业伤害调查审核流程,切实履行职业伤害调查主体责任。被申请人落实以案促改要求,一是在审核程序中增加再次听取当事人意见的环节,结合商业保险机构核查情况,对案件事实进行核查确认;二是对不予确认职业伤害的案件审查增设一道审核流程,重点审查常见争议问题;三是加强对商业机构调查工作的指导,督促其更全面、精准进行调查。为增强指导针对性,行政复议机构还向商业保险机构制发建议函,建议其严格规范职业伤害调查流程,把握新业态从业人员工作时间和工作地点非固定性的特点,全面调查核实事故情况,综合认定当事人工作状态,商业保险机构也对此进行了相应完善。

【典型意义】

新业态具有劳动关系灵活、工作内容多样、工作方式弹性、创业机会互联等特点。第九次全国职工队伍状况调查数据显示,我国以快递员、外卖配送员、网约车司机等为主要群体的新业态劳动者已达 8400 万人,占职工总数近 21%,依法保护其权益是行政机关的重要职责。行政复议要通过个案纠错和类案的治理预防,对行政机关在履行保障责任上的缺位、错位进行监督,为新业态发展提供法治支撑。本案中,行政复议机构举行听证会,开展实地调查,组织行政复议委员会案审会,促成了被申请人自行纠错。在此基础上,行政复议机构从完善职业伤害调查审核流程的维度,向行业主管部门提出执法整改建议,推动被申请人进一步明确其职业伤害调查的主体责任,建立了更严谨的审核标准和流程,提升了新业态从业人员职业伤害认定的规范化水平,实现了"办理一案、治理一行"的良好效果。

第六章　主渠道导向下的行政复议决定

公正的行政复议决定能够有效纠正违法或不当行政行为,切实回应并解决人民群众的真实诉求,高效修复处于紧张状态的行政法律关系,实质性解决行政争议,提高行政复议的权威性和社会认可度,推动主渠道建设行稳致远。新修订的行政复议法以强化监督依法行政效能、推进行政争议实质性化解为导向,规定了一系列加强行政复议监督的新机制新举措。例如,调整了各类决定的排列顺序,突出变更、撤销和确认违法等纠错决定的重要性,同时明确纠错决定各自的适用情形,特别是将变更决定置于各种决定类型的最前列,同时扩大其适用范围,引导行政复议机关优先适用变更决定,直接改变下级行政机关违法或者不当的行政行为,在行政复议程序中实现监督和救济效能的最大化,为主渠道建设提供强有力的制度保障。

第一节　行政复议决定概述

行政复议决定是指行政复议机关通过复议审理,在查明案涉事实的基础上,依照法律、法规和规章规定的条件、程序和形式等对当事人所争议的行政行为是否合法、适当作出判断和处理,形成结论性意见。行政复议决定就是这个结论性意见的法定载体。

依照 2023 年修订的《行政复议法》第六十一条的规定,行政复议机构具体负责对行政行为进行审查,提出其是否合法、适当的意见,经行政复议机关的负责人同意或者集体讨论通过后,以行政复议机关的名义作出行政复议决定。行政复议决定也是集中体现行政复议制度合法、公正、公开、高效、便民、为民原则及其核心价值的核心环节。

行政法学界对行政复议决定有广义说和狭义说两种不同的解读。从广义上讲,行政复议决定不限于正式的行政复议决定书,还包括行政复议机关或者行政复议机构依法作出的,且与行政复议案件的处理过程和结果有着紧密联系的决定、告知、函等各种形式的决定。此类决定大致可分为三类:一是结论性决定。即由行政复议机关作出决定,其中包括对行政行为的合法性和适当性作出判定的最具代表性和典型性的严格形式上的行政复议决定,包括变更、撤销、确认违法、驳回、责令重作、责令履行、维持,以及行政复议调解书等,也包括较正式的不予受理决定等。二是过程性的通知或者告知,如依照新修订的《行政复议法》第三十一条规定向申请人发出的补正通知,依照新修订的《行政复议法》第三十九条规定行政复议机关向申请人发出的中止、恢复行政复议案件审理的告知书等。三是因其他原因需要发出的函件。如依照新修订的《行政复议法》第五十六条、第五十七条规定制作的行政复议申请转送函等。从狭义上讲,行政复议决定即行政复议机关就案件的实体性问题和程序性问题所作的结论性决定,也即新修订的行政复议法第五章中规定的严格意义上的行政复议决定。通常我们所说的行政复议决定指狭义的行政复议决定。

一、行政复议决定类型及立法考量

原《行政复议法》集中在第二十八条规定了维持、责令履行、撤销或者部分撤销、变更、确认违法等行政复议决定类型。根据实践需要,2023 年修订的行政复议法第五章设"行政复议决定"专章,集中对行政复议机关作出行政复议决定的期限、类型、适用条件和行政复议决定的执行等内容作了规定。

按照该章规定,目前行政复议决定共有变更、撤销、确认违法、责令重作、责令履行、维持、确认无效、驳回、责令赔偿等类型。与原行政复议法的规定相比,新修订的行政复议法中关于行政复议决定类型的规定呈现出以下两个特点。

（一）行政复议决定的类型更加丰富

2023 年修订的行政复议法吸收了现行行政复议法实施条例第四十三条至第五十一条的规定,并根据行政复议法实施二十余年实践和当前行政复议工作需要,同时借鉴行政诉讼的有益经验,新增了驳回请求、确认无效、责令履行行政协议等,对行政复议决定的类型作出了更加全面的规定。

（二）将实质性化解行政争议作为行政复议制度功能的首选

从原行政复议法决定类型的顺序看,将维护行政行为的稳定性作为首要考虑,因此将维持决定置于首位。该做法虽然有利于保障行政行为的权威性,但对纠正违法、不当的行政行为不够有力,未能充分体现行政复议制度的功能属性,也使行政复议一度在化解行政争议格局中处于低选择率、低解决率的窘境,甚至引发了对行政复议制度的一些质疑。2023 年修订的行政复议法针对实践中存在的上述问题,以实质性化解行政争议为着力点,进一步优化了行政复议决定体系:一是调整行政复议决定的顺序,将变更决定、撤销决定和确认违法决定规定予以细化,并放在突出位置。二是强化变更决定的运用,增加变更决定的适用情形。三是对行政协议的决定类型作特殊规定。四是对调解书的制作和生效、行政复议和解等作出规定。五是规定行政复议机关在办理行政复议案件中,发现被申请人或者其他下级行政机关的有关行政行为违法或者不当的,可以制发行政复议意见书。

行政复议决定体系的修改和完善,充分体现了 2023 年行政复议法修订的指导思想和立法考量,即坚决贯彻落实习近平法治思想和党中央决策部署,着力践行以人民为中心的发展思想,将人民权益是否得到保障作为检验立法工作的标尺,有力促进社会公平正义,使人民群众的获得感、幸福感、安全感更加充实、更有保障、更可持续。强化行政复议吸纳和化解行政争议的能力,发挥行政复议化解行政争议的主渠道作用,创新有效预防和化解社会矛盾体制,完善多元化纠纷解决机制,提升社会治理效能。充分发挥行政复议有力监督依法行政的制度功能,推进国家治理体系和治理能力现代化,打造法治国家、法治政府、法治社会一体建设的强有力法治保障。

二、行政复议决定书的规范要求

在我国行政复议制度创建之初,就高度重视行政复议决定书的规范化。1990 年《行政复议条例》第四十五条明确规定"复议机关作出复议决定,应当制作复议决定书",并要求"复议决定书应当载明下列事项:(一)申请人的姓名、性别、年龄、职业、住址(法人或者其他组织的名称、地址、法定代表人的姓名);(二)被申请人的名称、地址、法定代表人的姓名、职务;(三)申请复议的主要请求和理由;(四)复议机关认定的事实、理由,适用的法律、法规、规章和具有普遍约束力的决定、命令;(五)复议结论;(六)不服复议决定的向人民法院起诉的期限,或者终局的复议决定,当事人履行的期限;(七)作出复议决定的年、月、日"。还要求"复议决定书由复议机关的法定代表人署名,加盖复议机关的印章"。从该条规定可以看出,条例对行政复议决定书的内容、格式、有关权利义务告知以及制作要求等方面都作了规定,方便行政复议机关形成格式统一、严肃、权威的行政复议决定书。随着管理实践的发展和立法理念的转变,行政复议法及其实施条例中不再对复议决定书的内容、格式等进行规定,但实践中行政复议文书的规范化工作一直被高度重视并不断推进。

除行政复议决定书外,实践中还有大量为了更好地促进行政复议工作处理、衔接、运转的文书。为了进一步规范行政复议相关文书,原国务院法制办于 2008 年 6 月印发了《行政复议法律文书示范文本》,对规范行政复议法律文书制作、提高行政复议工作质量发挥了重要作用。但由于示范文本非强制要求,实践中行政复议法律文书格式不统一、内容不规范等问题还一定程度存在。新修订的行政复议法对行政复议的申请、受理、审理、决定等各个环节作了全面修改,制度的丰富完善也对行政复议法律文书提出了新的更高要求。因此有必要在原有示范文本的基础上,结合新规定新要求进一步调整充实完善行政复议法律文书种类,明确文书内容、格式和制作要求,切实提高行政复议文书的规范化水平。

一是进一步丰富行政复议文书种类。如从使用者的角度,可分为行政复议机关使用的文书、被申请人及有关行政机关使用的文书、申请人(第三人)可参考使用的文书等几大类,提高示范文本的类型化、指导性与实用性。

二是区分内部工作指引和社会公开使用情形。行政复议机关使用的文书主要是工作指引,便于全国行政复议文书统一规范,如复议决定书、补正通知、中止或者恢复行政复议案件审理的告知书、转送函等,供行政复议机构内部使用。申请人(第三人)使用的文书,包括行政复议申请书、授权委托书、撤回行政复议申请书、阅卷以及听证申请等,便于申请人(第三人)进行相关活动时参照使用,具有外部性,可以向社会公开,旨在为人民群众申请行政复议提供便利。

三是进一步规范行政复议文书的表述逻辑。特别是要求行政复议机关把事实和法律争议的说理过程作为行政复议决定书的重点论证内容,增强法律文书的说理性和可接受度。

四是进一步统一文本文号、编制规则和格式标准。对各种文书的内容要求、格式要求(如字体、版式)、文号要求(如一案一号、统一案号编制规则,案号由行政复议机关简称、行政复议标识字、收到行政复议申请的年份、顺序号组成)、用印要求(如明确行政复议法律文书加盖印章的具体要求,依照行政复议法及其实施条例规定,区分不同文书,分别加盖行政复议机关印章、行政复议机关行政复议专用章或行政复议机构印章)等作出统一规定。

第二节　行政复议决定类型

随着行政复议制度的完善及其化解行政争议主渠道作用的发挥,以及我国法治建设的深入推进和法治建设的广度、深度不断延展,人民群众对行政复议的首选率不断提高。全国行政复议案件量由 20 年前远低于行政诉讼案件量,到 2020 年前后基本持平,再到近两年来明显超出,体现了人民群众对行政复议制度由不熟悉到比较熟悉,由不习惯使用到乐于使用的重要变化。党中央对行政复议工作高度重视,特别是党的十八大以来,习近平总书记对行政复议工作多次作出重要指示批示,明确要求将行政复议建设成为化解行政争议的主渠道。为扎实推进主渠道建设,强化行政复议化解行政争议的制度优势,新修订的行政复议法从制度建设层面为行政复议实质性化解行政争议提供了保障。目前,行政复议法中有关行政复议决定类型的排序,很好地体现了行政复议工作更加注重实质性化解行政争议,防止和纠正违法或者不当行政行为的立法原意和实践要求。本节我们主要介绍变更、撤销、确认违法、责令行政机关依法履责的纠错决定类型。

一、变更决定

变更决定,是指行政复议机关经过行政复议审理,认定被申请人作出的行政行为违法或者不当,依法作出的改变该行政行为的决定。变更决定实质是行政复议机关直接作出了一个新的行政行为,变更后原行政行为即刻废止,因此变更决定是将行政复议机关撤销原行政行为和行政复议机关重新作出新的行政行为两个环节合二为一。除被申请人不履行答复义务的情况外,在原行政复议法第二十八条中,撤销、变更、确认违法三类决定的适用情形相同,具体适用哪一个是行政复议机关的自由裁量权。新修订的行政复议法按照依法行政的更高要求,对撤销、变更、确认违法各类决定的适用条件作了进一步的细化和区分。从《行政复议法》第六十三条的规定看,变更的前提是经行政复议审查后事实清楚,证据确凿,并且具有可变更情形的案件,行政复议机关决定变更该行政行为;如果经行政复议审查后仍难以查清相关事实,证据不充分的案件,行政复议机关就不能变更该行政行为。

变更决定是行政复议机关与人民法院在审理行政案件方面最大的权限差异,即行政复议机关拥有直接、全面改变被申请人作出的行政行为的权力,而行政诉讼只能对有限的行为进行变更。如《行政诉讼法》第七十七条规定:"行政处罚明显不当,或者其他行政行为涉及对款额的确定、认定确有错误的,人民法院可以判决变更。人民法院判决变更,不得加重原告的义务或者减损原告的权益。但利害关系人同为原告,且诉讼请求相反的除外。"依照该规定,行政诉讼变更行政行为仅限定在两种情况下适用:一是限定为行政处罚案件中所作出的行政处罚明显不当。从形式上看,行政机关作出的行政处罚并没有直接违反法律法规的明文规定,但违反了普遍存在于人们内心的合理观念和价值标准。行政机关在行政处罚裁量权范围内作出的处罚明显过罚不匹配,即不合理、不适当,如轻违法重处罚。二是限定为行政机关作出的除行政处罚外的其他行政行为涉及对款额的确定、认定确有错误,具有正常理性的人都会认为行政机关没有公平行使权力的,人民法院才可以依法直接变更。如行政诉讼中对涉及法定的抚恤金、最低生活保障金、社会保险金等的认定,人民法院也可以在审理时依法直接变更。

(一)适用情形

依照新修订的《行政复议法》第六十三条第一款的规定,行政复议变更可以适用于所有的行政复议案件,但前提是应属于以下三种情形之一。

一是事实清楚,证据确凿,适用依据正确,程序合法,但是内容不适当。从该规定可以看出行政机关作出的行政行为是合法的,只是具体内容不适当。通常来讲,不适当是指按照绝大多数正常理性人的思维逻辑、评价标准,以及所在区域普遍情况、前后处理同类事项幅度等指标,处理结果存在不合理、不公平问题。如同类行为不同机关间处罚数额有高有低、前后同一行为同一行政执法机关的处罚忽轻忽重、对违法情形不同的行为处罚结果相同甚至轻罪重罚、重罪轻罚等。发现这些情形的,行政复议机关可以直接变更有关内容,使该行政行为的处理结果更加符合社会公众的心理预期,更好体现社会公平性。

📖 典型案例㉚

【基本案情】

按照《中华人民共和国市场主体登记管理条例实施细则》要求,申请人某酒店应当于 2023 年 1 月 1 日至 6 月 30 日报送 2022 年度企业报告并向社会公示。由于申请人未在规定的时间内报送并公示 2022 年度报告,被申请人内蒙古自治区某市场监督管理局将其列入经营异常名录,并先后下达了《询问通知书》和《行政处罚告知书》,之后作出罚款 8000 元并责令改正的案涉行政处罚决定。申请人不服该决定,向市人民政府申请行政复议。

【复议办理】

行政复议机构审查认为,双方当事人主要争议焦点在于案涉行为是否属于不予行政处罚情形以及处罚幅度是否适当。《内蒙古自治区市场监督管理轻微违法行为不予行政处罚清单(2022 版)》规定,违法行为轻微并及时改正、没有造成危害后果的,或初次违法且危害后果轻微并及时改正的,或当事人有证据足以证明没有主观过错的,不予行政处罚。此规定关于"及时改正"是指在市场监管部门发现违法行为线索之前主动改正,或发现违法行为线索之后、责令改正之前主动改正,或责令改正后按要求、按时限改正。国家企业信用信息公示系统和申请人《营业执照》均提示申请人应

191

在法定期限内报送并公示年度报告,且报送时间长达6个月,而其在案涉行政处罚决定作出前始终未进行年度报告,具有主观过错且明显不符合上述"及时改正"的构成要件,不属于不予行政处罚的情形。

《中华人民共和国市场主体登记管理条例实施细则》规定,市场主体未按规定期限公示或者报送年度报告的,可以处1万元以下的罚款。《内蒙古自治区市场监督管理行政处罚裁量权基准》规定,对上述行为的处罚,"从轻情形可以处0.3万元以下罚款,从重情形可以处0.7万元以上1万元以下罚款,一般情形可以处0.3万元以上0.7万元以下罚款"。本案中,申请人系初次违法,违法行为单一,危害后果轻微,综合判定申请人违法行为轻微,可以从轻处罚。被申请人作出罚款8000元的处罚决定,违反了过罚相当原则,缺乏适当性。行政复议机关遂作出变更原行政行为的决定,将罚款数额变更为3000元。

【典型意义】

行政复议既要审查行政行为的合法性,也要审查行政行为的适当性。对于不适当的行政行为,行政复议机关可以直接作出变更决定,这是行政复议制度优势的重要体现。新修订的行政复议法将变更决定置于法条中决定类型的首位,规定三种情形下行政复议机关决定变更行政行为,体现了变更决定在复议决定体系中的重要性,意味着行政复议机关在查清事实和证据的前提下,应优先适用变更决定,以达到防止程序空转、实质性化解行政争议的目的。本案中,行政复议机关综合考虑申请人初次违法且危害结果轻微等因素,认定该违法行为符合该地区行政处罚裁量权基准规定的从轻情形,对案涉处罚决定的罚款数额依法作出变更决定,避免再次启动行政处罚程序,提高了解决行政争议的质效,有力维护了企业合法权益和市场公平秩序。

二是事实清楚,证据确凿,程序合法,但是未正确适用依据。适用依据不正确是指被申请人准确查明了案件事实,但未正确适用法律、法规作为作出行政行为的依据,即在应当适用何种法律、法规或者其他规范性文件作为作出行政行为的依据上出现了错误。未正确适用依据一般有两种情况:1. 行政行为作出时没有法律法规、规范性文件作为依据;2. 行政行为适用了错误的法律法规及行政规范性文件,或者适用了错误的条款。工作中,可以从以下几个方面做到正确适用法律规范:1. 对作出行政行为所基于的事实要核查清楚,性质认定要正确,证据要确凿、充分形成证据链,这是正确适用法律规范的事实前提和基础。2. 选择适用的法律规范要准确。如应当适用甲法律规范的,不能适用乙法律规范;应当适用甲法条的,不能适用乙法条。3. 适用的法律规范要全面。如行政行为应当同时适用两个以上法律规范的,就不能只适用其中的一个或者几个。4. 所适用的法律规范位阶要正确。如有上位法可以适用的就不能仅适用下位法,有法律法规可以适用的,就不能仅适用法律法规以下的规范性文件。5. 行政机关依法要拥有适用该法律规范,作出该行政行为的法定职责。如市场监管部门适用规定市场监管行为的法律规范,交通监管部门适用规定交通监管行为的法律规范。

三是事实不清、证据不足,经行政复议机关调查取证后查清事实和证据。这种情况是指行政机关作出行政行为时事实不清、证据不足,但是经行政复议机关调查取证后能够查清事实和证据的,为了实质性化解行政争议,提高办事效率,行政复议机关也可以直接进行变更。

总之,从上述规定看,不管行政行为作出时是否满足事实清楚,证据确凿等要求,只要复议机关审查后查清了相关事实和证据,同时案件本身也具有可变更情形的,行政复议机关都可以直接对行政行为进行变更。

(二)禁止不利变更

新修订的《行政复议法》第六十三条第二款规定:"行政复议机关不得作出对申请人更为不利的变更决定,但是第三人提出相反请求的除外。"确立禁止不利变更原则是本次行政复议法修改的一大亮点,也是学界所称的不加重原则在行政复议法中的具体体现。

行政复议禁止不利变更,是指行政复议机关在审查行政行为的合法性和适当性过程中,不得作出对行政复议申请人较原行政行为更为不利的决定。也就是说,复议机关既不能加重行政复议申请人的处罚或者课以更多的义务,也不能减损行政复议申请人的既得权益。该项原则的法理依据是行政复议制度是对申请人的权利救济制度,而不是针对申请人违法行为的责任追究制度。行政复议制度设立的初衷是防止行政机关在行政管理过程中对管理相对人的合法权益造成损害,从而达成制度之间的平衡。

不加重原则是当今许多国家和地区行政救济制度中的一项基本原则,设立这一原则的意义主要在于以下四个方面。

一是有利于保障行政相对人的行政复议申请权。救济申请权是宪法和行政复议法所确立的公民的一项重要权利,但这项权利要得以顺利实现,还必须有相应的保障措施。在行政复议中确立不加重原则,就可以为行政复议申请人有效行使行政复议申请权提供保障,有效消除行政复议申请人的顾虑,使其更放心、无忧地行使救济申请权,避免行政复议申请人因为害怕行政复议机关将其置于更加不利的境地而不敢提出行政复议申请,从而使行政复议申请权利形同虚设。

二是有利于确保行政复议制度功能的充分发挥。行政复议制度设立的目的,是防止和纠正违法或者不当的行政行为,保护公民、法人和其他组织的合法权益,监督和保障行政机关依法行使职权。因此,在审查过程中,行政复议机关不仅要听取作出行政行为的行政机关的意见,还需要认真地听取其他行政复议当事人的意见,这样才可能作出公正的裁断。如果申请人担心申请行政复议可能导致对自己更为不利的结果,当事人就不愿意选择行政复议这一化解行政争议渠道解决纠纷,从而使行政复议制度难以真正贯彻落实。

三是有利于行政监督工作的开展和加强。行政复议在对申请人合法权益进行救济的同时,实现行政机关内部上级对下级的层级监督。这种救济方式由于便捷、高效、费用低、程序简便等特点而为多数现代法治国家所采用。在行政复议制度中确立不加重原则,使得对行政行为不服的行政复议申请人可以大胆申辩,畅所欲言,通过与作出行政行为的行政机关质证、辩论,从而使行政复议机关得以深入细致地了解下级行政机关的工作,发现行政执法中存在的问题,及时总结经验教训,在进行权利救济的同时加强行政监督,促使行政机关执法水平不断提高。

四是有利于行政复议制度的民主化和现代化。正如"上诉不加刑原则"符合刑事诉讼的民主化和现代化一样,在行政复议中确立不加重原则,也符合我国现代化民主法治进程的要求。

在刑事诉讼中,"上诉不加刑原则"早就得到普遍认可(1808 年《法国刑事诉讼法典》最早确立该原则),我国也在 1979 年 7 月 1 日全国人大通过的《刑事诉讼法》中明确了上诉不加刑的规定,但在行政诉讼、行政复议过程中不加重原则得到普遍认同又经过一个较长时间的发展。1989 年 4 月 4 日全国人大通过的《行政诉讼法》以及 1994 年 10 月 9 日国务院修订发布的《行政复议条例》中都没有规定行政诉讼、行政复议不加重原则,导致群众在行政诉讼、行政复议中存在一定的担心,对这两项制度的选用率并不高,行政诉讼、行政复议不加重原则在实践中逐渐萌发需求。由于理论界对此尚有不同意见,1999 年 4 月 29 日全国人大常委会通过的行政复议法中仍然没有对行政复议不加重原则作出明确规定。最高人民法院通过司法解释率先破冰,2000 年 3 月 10 日起施行的《最高人民法院关于执行〈中华人民共和国行政诉讼法〉若干问题的解释》(法释〔2000〕8 号)第五十五条规定"人民法院审理行政案件不得加重对原告的处罚,但利害关系人同为原告的除外。人民法院审理行政案件不得对行政机关未予处罚的人直接给予行政处罚。",首次明文确立了行政诉讼领域的不加重原则。随后 2007 年 5 月

23 日国务院通过的《行政复议法实施条例》第五十一条弥补了行政复议领域的这一缺憾,规定"行政复议机关在申请人的行政复议请求范围内,不得作出对申请人更为不利的行政复议决定"。2014 年《行政诉讼法》修改时在第七十七条第二款进一步规定:"人民法院判决变更,不得加重原告的义务或者减损原告的权益。但利害关系人同为原告,且诉讼请求相反的除外。"新修订的行政复议法吸收了这一成果,在第六十三条第二款中明确规定"行政复议机关不得作出对申请人更为不利的变更决定,但是第三人提出相反请求的除外。"至此,不加重原则在行政纠纷解决领域得到全面确立。新规定使相关权益的保护更加全面,不仅能够很好地保护申请人和第三人的合法权益,也能够更好地维护社会公平正义,从法治保障层面进一步保障和促进社会的稳定和谐。行政复议不加重原则有两个突出的法律特征,需要我们在执行中加以把握。

一是适用对象的特定性。行政复议是基于行政法律关系的基本特点而确立的法律制度。行政法律关系的基本特点,在于构成这种关系的两大基本主体,即行政管理主体和行政相对人的法律地位的不对等性。由于行政管理主体与行政相对人共为一个管理关系的相互对立方,在管理活动中难免产生行政争议。而解决行政争议,为行政相对人提供救济途径,就成为行政复议制度产生的客观原因。但是,实践中的情况又是复杂多样的,同一行政行为所涉及的对象也是多种情形的。因此也并非在任何情况下的行政复议申请人都能够无条件地适用行政复议不加重原则。例如在行政处罚类行政复议案件中,假设行政行为所指向的处罚对象给他人造成损害的,如果对其适用复议不加重原则,就会造成对被损害人权利保护的不充分,这种情况下就不应当受行政复议不加重原则的限制。正如刑事诉讼法中的"上诉不加刑"原则只适用于被告一方一样,禁止不利变更原则也只适用于申请行政复议的一方,即认为行政行为侵犯其合法权益而向行政机关提出行政复议申请的公民、法人或其他组织。据此,新修订的行政复议法在规定行政复议不加重的同时,也明确了"第三人提出相反请求的除外"的例外情形。可见,适用对象的特定性主要表现在它一般只适用于行政行为所直接指向的行政相对人。

二是行政复议变更内容的限定性。行政复议机关经过审查,针对该行政行为可以作出不同的决定,如维持、撤销、变更等,在上述行政复议决定中,维持、撤销一般都不会将行政复议申请人置于较行政复议之前更为不利的境地。而变更则有可能将行政复议申请人置于较行政复议之前更为不利的境地。因此,在行政复议中确立不加重原则,就是对行政复议决定变更内容的限定,即行政复议机关在变更原行政行为的情况下,原则上不能加重对行政复议申请人的处罚或者课以更多的义务,也不能减损行政复议申请人的既得权利或者利益。新修订的行政复议法的规定指向更加明确、更加精准,更有利于行政复议工作人员对行政复议不加重原则的判断和把握。

在行政复议中适用不加重原则,还需要注意以下几点:1. 行政复议机关作出撤销原行政行为,责令原处理机关重新作出行政行为的,必须有正当理由,不得仅仅因为原行政处理决定畸轻,为加重行政复议申请人的责任和义务而责令重作。2. 行政行为所针对的相对方为多人的案件,仅有部分行政相对人提出行政复议申请的,对于没有提出行政复议申请的相对人,同样适用行政复议不加重原则。3. 在行政复议程序中,对于仅有行政行为直接针对的行政管理相对方提出行政复议申请的,应当适用行政复议不加重原则。但是,如果行政管理相对方申请行政复议(如行政处罚中的被处罚方、加害人),行政管理利害关系人(如行政处罚中违法行为的第三人、被害人)也申请行政复议的,则对属于加害人的行政复议申请人不适用行政复议不加重原则。4. 在行政复议程序中,行政复议机关不得因行政复议申请人的申辩而作出对其较原行政行为更为不利的变更。如行政处罚类行政复议案件中应当明确不得因行政复议申请人的申辩而加重处罚。5. 如果行政复议机关发现行政行为不予变更将会严重损害国家、集体或者他人合法权益的,应当从维护更广大群众合法权益、维护社会公平正义的需要出发对行政行为予以变更,而不受行政复议不加重原则的限制。

二、撤销、责令重作决定

撤销决定,是指行政复议机关经过对行政行为的审查,认为行政行为违法的,遂作出撤销或者部分撤销该行政行为,并可以责令被申请人在一定期限内重新作出行政行为的行政复议决定。撤销表明行政复议机关完全否定该行政行为的效力,彻底免除行政复议申请人基于这一行政行为所承担的义务,全面纠正行政机关作出的错误的行政行为。对行政行为而言,该决定意味着从行为作出之始起即否定其法律效力的产生,消除其法律影响;对作为被申请人的行政机关而言,该决定完全否定其行使该项行政权力产生结果的合法性和法律效力;对申请人来说,该决定意味着其不需要再履行该行政行为为其设定的义务,申请人的行政复议请求得到了全面的支持。撤销对原行政行为具有溯及既往的效力,意味着该行政行为自产生之时起即失去效力。撤销决定表现为全部撤销决定、部分撤销决定和撤销并责令行政机关重新作出行政行为决定三种形式。

责令重作决定,是指行政复议机关经过审查,认定被申请人所作的行政行为违法,在决定撤销该行政行为的同时,责令被申请人在一定期限内重新作出行政行为的行政复议决定。重作决定不是一种独立的行政复议决定,而是依附于撤销决定的附属性决定,实践中不能独立适用。同时,鉴于作出该行政复议决定的初衷就是为了纠正行政机关的错误行为,《行政复议法》第六十四条第二款规定除行政复议机关以违反法定程序为由决定撤销或者部分撤销的以外,"行政复议机关责令被申请人重新作出行政行为的,被申请人不得以同一事实和理由作出与被申请行政复议的行政行为相同或者基本相同的行政行为",对行政机关履行重新作出行政行为义务提出了限制性履责要求。

（一）适用情形

依照新修订的《行政复议法》第六十四条的规定,撤销决定适用于以下四种情形。

一是主要事实不清、证据不足。是指作为被申请人的行政机关作出行政行为所依据的基本事实缺乏充足的证据证实其基本情况、事件属性。如征地类行政复议案件中相关证据难以形成完成的证据链条,出现征地范围不准确、被征收土地权属认定不清、被征收土地地类认定错误等问题,都属于作出征地审批行为的基本事实不清、证据不足。一旦出现这些事项,即使被申请人拥有相关征地审批权限,并且在履行法定程序、适用法律依据方面毫无瑕疵,这种情况下作出的征地审批行为,也是错误的。

二是违反法定程序。是指作为被申请人的行政机关作出行政行为的过程不符合法律、法规、规章或其他合法有效的规范性文件规定的强制性程序,即违反了法定的步骤、方式、时限。程序正义是维护实体正义的前提和基础,只有程序正义才能实现实体的正义,只有程序合法才能保障行政行为的合法性、公正性和透明度,进而达到保护行政管理相对人合法权益的目的。因此,凡是违反法定程序的行政行为,如应当公告而没有公告的、应当听证而没有听证的、应当回避而没有回避的、应当告知而没有告知的,等等,行政复议机关都应当依法予以撤销或者采用其他方式予以纠错。

三是适用的依据不合法。是指作为被申请人的行政机关作出具体行政行为时适用的法律、法规、规章或者规范性文件等依据存在合法性瑕疵。依据本身违法也导致行政行为缺乏法律依据,因此应当予以撤销。此处应注意与变更适用情形中的"未正确适用依据"相区别。"适用的依据不合法"侧重依据本身的合法性缺陷,而"未正确适用依据"偏向于对合法依据的错误适用。

四是超越职权或者滥用职权。1. 超越职权是指作为被申请人的行政机关在作出行政行为时超越了法律法规规定的权限、条件、范围和幅度等,即行使了法律法规没有赋予该机关的权力,对属于该机关职权范围外的人员和事项进行了处理,或者逾越了法律法规所设定的必要条件和幅度等情况进行了处理。超越职权是无权行为,应当自始无效。因此,原则上一经发现,即应当予以撤销,恢复法律关系和实践形态的原状。2.《行政复议法》第六十四条中的滥用职权是指作为被申请人的行政机关虽然没有超越法定职权,但是违反了法律、法规赋予其该项职权的目的,不正当地行使了职权,即形式上合法,实质上违法。从这一点上看,滥用职权也可以称为权内违规,实践中既可能表现为乱作为,也可能表现为不作为。滥用职权是违法的,因此行政复议机关可以依法决定撤销。

此外,依照新修订的《行政复议法》第七十条的规定,如果被申请人不按照规定履行其在行政复议中需要履行的法定义务时,行政复议机关也可以因此将原行政行为予以撤销或者部分撤销。根据新修订的《行政复议法》第四十八条的规定,适用普通程序审查的行政复议案件,被申请人应当自收到行政复议申请书副本或者行政复议申请笔录复印件之日起十日内,提出书面答复,并提交作出行政行为的证据、依据和其他有关材料。根据新修订的《行政复议法》第五十四条的规定,适用简易程序审查的行政复议案件,被申请人应当自收到行政复议申请书副本或者行政复议申请笔录复印件之日起五日内,提出书面答复,并提交作出行政行为的证据、依据和其他有关材料。这是被申请人的法定举证责任。为保证这一责任得到落实,新修订的行政复议法规定了径行撤销的决定类型,即如果被申请人不依法履行提出书面答复、提交作出行政行为的证据、依据和其他有关材料的答辩和举证法定义务的,行政复议机关就可以推定被申请人的行政行为缺乏证据和依据而予以撤销或者确认违法、无效、责令履行,并依照《行政复议法》第八十二条的规定追究被申请人的法律责任。

以上五种情形只要具备其中一种,行政复议机关就可以依法作出撤销决定。不少学者提出,径行撤销需要在公共利益和个人权益间寻求平衡,以公共利益为优先,同时兼顾行政管理相对人的合法权益。因此,为维护社会公平正义,不因被申请人的不依法履责行为影响到第三人的合法权益,新修订的《行政复议法》第七十条还规定,行政行为涉及第三人合法权益,第三人提供证据的,不能径行作出撤销或者部分撤销的行政复议决定。

同时,从完善行政复议裁决效果的角度出发,行政复议机关在作出撤销决定时还应当注意以下几点:一是申请人确有违法行为的,应当明确指出来,以免外界误认为行政复议机关在保护、包庇违法者。二是行政机关为行政管理相对人设定权益或者免除义务的授益性行政行为如果程序违法的,以不撤销为宜。三是行政行为其他方面合法,仅超过法定期限作出且不影响行政管理相对人实体性权益的,不宜以违反法定程序为由予以撤销,可以采取确认违法等方式处理。四是撤销并判令行政机关重新作出行政行为的,应当尽可能明确重作的合理期限。五是为了强化社会效果,作出撤销判决时,可以下发行政复议意见书,要求行政机关采取相应补救措施。

📖 典型案例㉛

【基本案情】

2013年3月,申请人某公司因受让的一宗国有建设用地位于"某地生态规划"范围内,无法办理规划许可证和施工许可证,亦无法在合同约定的动工开发时间(2014年3月8日之前)动工建设。2019年8月27日,受让宗地被调整出"某地生态规划",并于同年9月24日告知申请人,之后申请人筹备报规报建。2020年10月12日,某市自然资源和规划局作出《闲置土地认定书》,以申请人受让的宗地超过合同约定的动工开发日期满1年以上未开发建设为由,认定申请人受让的宗地为闲置土地。2021年2月1日,被申请人湖南省某市人民政府批准自然资源和规划局上报的《关于征缴某公司土地闲置费的请示》。2021年2月4日，自然资源和规划局对申请人作出《征缴土地闲置费决定书》，决定征缴土地闲置费1197.6万元。申请人不服，向省人民政府申请行政复议。

【复议办理】

原国土资源部《闲置土地处置办法》规定，国有建设用地在动工开发日期后未动工开发满一年的，由市、县国土资源主管部门报经本级人民政府批准后，按照土地出让或者划拨价款的20%征缴土地闲置费。故本案的争议焦点是如何确立案涉宗地的动工开发日期。《闲置土地处置办法》规定，因政府原因造成土地闲置的，市、县国土资源主管部门应当与国有建设用地使用权人协商，选择下列方式处置：（一）延长动工开发期限……（四）协议有偿收回国有建设用地使用权……除协议有偿收回国有建设用地使用权外，动工开发时间按照新约定、规定的时间重新起算；因特殊情况，未约定、规定动工开发日期，或者约定、规定不明确的，以实际交付土地之日起一年为动工开发日期。本案中，申请人受让的宗地闲置系政府原因造成，且因双方未约定新的动工开发日期，故应以实际交付土地之日起一年为动工开发日期。虽然合同签订后已将案涉宗地交付给申请人，但直至2019年9月24日因政府原因造成案涉土地闲置的影响才消除，故应认定该宗地的实际交付之日为2019年9月24日，动工开发日期则为2020年9月24日，至2021年9月24日未动工开发满一年。被申请人于2021年2月1日批准作出《征缴土地闲置费决定书》，认定申请人未动工开发满一年，属于认定事实不清。据此，行政复议机关决定撤销被申请人批准作出的《征缴土地闲置费决定书》。

【典型意义】

企业合法取得的国有土地使用权应当依法予以保护，企业对取得的土地应当积极利用,不得造成闲置。征缴土地闲置费是政府加强土地宏观调控的法定手段,有利于规范土地市场行为,促进节约集约用地。行政机关在闲置土地执法中,应当严格遵守、准确理解和运用《闲置土地处置办法》关于闲置土地的认定、处置、审批程序等规定。本案中,自然资源主管部门机械执行法条规定,未考虑土地闲置的真正原因,也未依法认定实际交付土地的日期,径行以合同约定的动工开发时间作为动工开发日期,并据此认定企业存在闲置土地违法行为,导致对闲置土地的认定不准确。行政复议机关查清案件事实后,坚持"有错必纠",依法撤销被申请人批准的征缴土地闲置费决定书,切实维护了企业的合法权益,也进一步规范了涉企执法行为,为企业健康发展营造了良好外部环境。

（二）重新作出行政行为的特定要求

责令被申请人重新作出行政行为的,被申请人重新作出行政行为时是受到一定限制的。依照新修订的《行政复议法》第六十四条第二款的规定:"行政复议机关责令被申请人重新作出行政行为的,被申请人不得以同一事实和理由作出与被申请行政复议的行政行为相同或者基本相同的行政行为,但是行政复议机关以违反法定程序为由决定撤销或者部分撤销的除外。"这一规定的目的在于维护行政复议决定的严肃性,保证行政复议的公正性、权威性,同时也有利于保护申请人的合法权益,避免其多次重复申请,增加不必要的负担,同时也有利于促进行政机关提高行政管理水平,节约行政管理的时间和成本,减少行政资源的浪费。

理解和适用该规定应当注意以下几个方面:一是对"基本相同"的理解和把握。"基本相同"是指主要事实、主要理由与结果相同。这里的"事实"是指被申请人据以作出行政行为的全部事实,"理由"是指被申请人据以作出行政行为的证据和依据。二是对"同一事实和理由"的理解和把握。"同一事实和理由"是指新作出的行政行为与被撤销的原行政行为所依据的事实和理由完全相同或者基本相同。只要被申请人在重新作出行政行为时，部分改变了事实和理由，比如确认了新的事实，或者采信了新的证据，或者适用了新的法律、法规或者其他规范性文件，都不属于"同一事实和理由"。但是，如果只改变了事实和理由的表述方式，又作出与原被申请行政复议的行政行为相同或者基本相同的行政行为，如果申请人就新的行政行为重新申请行政复议，行政复议机关可以径行撤销被申请人新作出的行政行为。

如果行政复议决定以程序违法为由，撤销被申请人的行政行为并责令重新作出行政行为的，则不受"被申请人不得以同一事实和理由作出与被申请行政复议的行政行为相同或者基本相同的行政行为"规定的限制。主要考虑到：行政行为包括认定事实、适用依据、遵循程序和作出处理四个要素，改变其中任何一个要素，都不能再视为相同的行政行为。因此，只要新作出的行政行为遵循了法定程序，修正了被撤销的原行政行为的程序瑕疵，即使认定事实、适用依据和处理结论三者中与原行政行为全部相同，也就是说，尽管这样作出的新的行政行为与原行政行为具有"同一的事实和理由"，但因程序不同，也不再是法律意义上的"与原具体行政行为相同或者基本相同的行政行为"，因此不需要再受此规定的限制。

这一特定要求是随着行政诉讼和行政复议审查实践的发展逐步建立的。1989 年通过的《行政诉讼法》第五十五条规定"人民法院判决被告重新作出具体行政行为的，被告不得以同一的事实和理由作出与原具体行政行为基本相同的具体行政行为"，可以看出当时的规定包括所有责令重新作出具体行政行为的情形，还没有对因程序违法责令行政机关重新作出行政行为作出排除性规定。随着司法实践的发展，《最高人民法院关于执行〈中华人民共和国行政诉讼法〉若干问题的解释》（法释〔2000〕8 号）第五十四条第二款中增加规定了因程序违法责令行政机关重新作出行政行为时的排除性规定，即"人民法院以违反法定程序为由，判决撤销被诉具体行政行为的，行政机关重新作出具体行政行为不受行政诉讼法第五十五条规定的限制"。2014 年、2017 年《行政诉讼法》两次修改时均未将该例外纳入法中。2018 年,《最高人民法院关于适用〈中华人民共和国行政诉讼法〉的解释》(法释〔2018〕1 号)第九十条沿用了《最高人民法院关于执行〈中华人民共和国行政诉讼法〉若干问题的解释》(法释〔2000〕8 号)第五十四条的规定,继续将这一例外规则通过司法解释的形式予以明确。实践中,虽然行政复议也是参照司法解释对例外情形予以考虑的,但原行政复议法及其实施条例中均未对此作出规定。因此,新修订的行政复议法第一次将该例外规则纳入法律条文,在行政法学理论和审理实践上都具有重要意义。

此外,依照《行政复议法实施条例》第四十九条的规定,行政复议机关依法责令被申请人重新作出行政行为的,被申请人应当在法律、法规、规章规定的期限内重作,法律、法规、规章未规定期限的,期限为六十日。同时,如果申请人对被申请人重新作出的具体行政行为不服的,仍可以依法申请行政复议或者提起行政诉讼。

三、确认行政行为违法决定

确认违法决定,是指行政复议机关经过审查,在查明案件事实的基础上,确认案涉行政行为违法的行政复议决定。确认违法不仅可以对原行政行为是否合法予以认定,更重要的是,确认违法可以启动行政赔偿程序,通过行政赔偿,满足更充分地保护公民、法人或者其他组织合法权益的需要。

确认违法决定是 1999 年行政复议法确立的一种行政复议决定形式,其适用条件与撤销决定的适用条件具有相同的逻辑基础,主要解决行政复议中难以适用撤销决定的一些难题。如不作为行为的认定,或者对事实行为,即打人、毁物等违法行使职权行为的认定。在原行政复议法立法研究过程中,确认违法主要考虑了以下三种情形:一是不具有可撤销性的行为。撤销决定的本质是消灭行政行为的法律效力,但对于不具有法律效力的行政行为,则不宜使用撤销决定而应当确认其行为违法。这类行为主要有:违法打人、毁坏物品、设施的行为;效力已经消灭的行政行为,如被申请人已经自行撤销、变更的行为。二是不作为。不作为的案件中,判决行政机关履行其法定职责已不具有现实性、可能性或者实际意义的,也适宜对其作出确认违法确定。三是不宜撤销的行政行为。有些行政行为违法,但是如果撤销,将会给公共利益带来重大损失的,有些仅仅是程序轻微程序违法,撤销重作并不会给申请人产生实际影响,也可以确认行政行为违法。当然这种情况要从严掌握,不能滥用,对于应当撤销也可以撤销的违法行政行为,要严格依法予以撤销。

《行政诉讼法》立法之初也没有确认违法判决的规定,在司法实践中发现大量应当予以撤销,但由于涉及其他的法益又不宜撤销的案件。为了更好地满足司法审判实践需要,《最高人民法院关于执行〈中华人民共和国行政诉讼法〉若干问题的解释》(法释〔2000〕8 号)第五十八条参照原行政复议法第二十八条的规定,明确"被诉具体行政行为违法,但撤销该具体行政行为将会给国家利益或者公共利益造成重大损失的,人民法院应当作出确认被诉具体行政行为违法的判决,并责令被诉行政机关采取相应的补救措施;造成损害的,依法判决承担赔偿责任"。2014 年修改《行政诉讼法》时将确认违法的规定进一步细化,在第七十四条规定了五种情形下,人民法院判决确认违法,但不撤销行政行为。即:(一)行政行为依法应当撤销,但撤销会给国家利益、社会公共利益造成重大损害的;(二)行政行为程序轻微违法,但对原告权利不产生实际影响的;(三)行政行为违法,但不具有可撤销内容的;(四)被告改变原违法行政行为,原告仍要求确认原行政行为违法的;(五)被告不履行或者拖延履行法定职责,判决履行没有意义的。

根据行政复议确认违法的实践发展,并吸纳行政诉讼司法审判经验,同时考虑到对相关行政行为审查的一致性,行政复议法修改时也在第六十五条进一步明确和细化了确认违法的情形:"行政行为有下列情形之一的,行政复议机关不撤销该行政行为,但是确认该行政行为违法:(一)依法应予撤销,但是撤销会给国家利益、社会公共利益造成重大损害;(二)程序轻微违法,但是对申请人权利不产生实际影响。行政行为有下列情形之一,不需要撤销或者责令履行的,行政复议机关确认该行政行为违法:(一)行政行为违法,但是不具有可撤销内容;(二)被申请人改变原违法行政行为,申请人仍要求撤销或者确认该行政行为违法;(三)被申请人不履行或者拖延履行法定职责,责令履行没有意义。"

四、确认行政行为无效决定

确认无效是 2023 年修订行政复议法时增加的行政复议决定类型,在此前的原行政复议法和行政复议法实施条例中均无规定。在我国立法例中,最早在 1986 年的民法通则中规定了民事行为的无效和可撤销。在行政法领域,该规定的出现稍晚一些。1989 年通过的《行政诉讼法》中尚没有关于行政行为无效的规定,但在《最高人民法院关于执行〈中华人民共和国行政诉讼法〉若干问题的解释》(法释〔2000〕8 号)第五十七条第二款中首次出现无效判决,规定有下列情形之一的,人民法院应当作出确认被诉具体行政行为违法或者无效的判决,即"(一)被告不履行法定职责,但判决责令其履行法定职责已无实际意义的;(二)被诉具体行政行为违法,但不具有可撤销内容的;(三)被诉具体行政行为依法不成立或者无效的。"随着对无效行政行为认识的不断深化,2014 年修改的《行政诉讼法》第七十五条对无效行为的规定作了调整:一是对判决无效行为和确认行政行为违法分别作了规定;二是未再采用列举方式对判决无效行为的适用情形进行规定;三是无效行为的确认理由调整为"行政行为有实施主体不具有行政主体资格或者没有依据等重大且明显违法情形,原告申请确认行政行为无效的,人民法院判决确认无效"。与之前的适用情形相比,是全新的规定。

从实践看,增加无效行政复议决定有其必要性:一是有利于实质性化解行政争议。如依据公众一般认知即可判断明显无某项法定职责的行政机关违法作出基于该项职责的行政行为,该行为从作出之时就应当是无效的。行政复议机关作出确认无效的行政复议决定,就可以使申请人免受该行政行为的拘束,从根本上解决问题。二是有利于倒逼行政机关提高依法行政水平。将无效行为单独规定,并明确其比一般违法行为更严重的法律后果,可以引起行政机关的重视,倒逼行政机关在行政管理中严格依法用权、依法履职,防止滥用职权、违法行政。三是有利于完善行政复议决定类型,推动行政复议理论研究水平进一步创新和提升。

(一)适用情形

新修订的行政复议法本着突出行政复议实质性化解行政争议制度优势的目的,在第六十七条规定了"行政行为有实施主体不具有行政主体资格或者没有依据等重大且明显违法情形,申请人申请确认行政行为无效的,行政复议机关确认该行政行为无效"。按照该规定,确认无效行政复议决定的使用情况主要有两种重大且明显违法情形:

一是实施主体不具有行政主体资格。实践中主要有以下几种情形:1. 实施主体是非行政机关。如普通的商业公司是民事主体,无权行使行政权力。2. 实施主体是未经法律、法规授权的组织或者个人。如各种协会、学会或者其他民间团体,在未获明确授权的情况下,无权行使行政权力。3. 实施主体的行政主体资格被依法剥夺或者限制,即在某些情况下,行政主体的资格可能会因违法行为或其他法定原因被依法剥夺或者限制。如行政机关被依法撤销或者合并。4. 实施主体是行政机关的内设机构或者派出机构。内设机构或者派出机构通常不具有独立行政主体资格,无权以自己的名义作出行政行为。5. 实施主体是临时机构或者非常设机构,如果未获得法定授权,也无权作出行政行为。

二是作出该行政行为没有依据。从广义上讲,没有依据既包括没有事实依据,也包括没有程序依据、法律依据;从狭义上讲,没有依据通常指没有法律依据。

（二）关于重大且明显违法的界定

通俗地讲，重大且明显应当是不需要专业人士进行分析认证，普通人群依据基本常识即可以判断的情形。如违法行为对公共利益或者个人权益造成严重损害，或者违反法律的核心原则。实践中，重大且明显违法情形的界定应当注意以下三个方面：

一是确认行政行为无效需要有严格的条件限制。即在符合"重大且明显违法情形"的条件下才能适用确认行政行为无效，而不能在只有轻微的违法情节的情况下就要将行政行为确认为无效。

二是无效行政复议决定指向的行政行为自始无效。由于行政行为自始无效，从理论上讲申请人可以不受该行为的拘束。实践中，申请人与被申请人就该行政行为是否有效产生争议的，可以向行政复议机关申请确认无效，行政复议机关经审查认为符合《行政复议法》第六十七条规定情形的，应当确定该行政行为无效。

三是作出确认无效的行政复议决定要慎重。作出确认无效的行政复议决定表明行政复议机关从根源上否定行政机关的行政行为，因此只有行政机关存在"重大且明显违法情形"的，行政复议机关才会确认行政行为无效。因此，与行政复议决定的其他类型相比，实践中确认无效的数量是比较少的。

五、驳回行政复议请求决定

驳回行政复议请求决定也是新修订的行政复议法增加的行政复议决定类型。在行政复议实践中，因立案审查期限已过而受理的案件、因案情复杂立案审查时难以全面审查的案件，经审查后发现有的行政复议申请不符合法定受理条件，或者有的申请复议行政机关不履责的案件，但是行政复议机关进行审理后，发现被申请人不具有该法定职责或者在申请前已经履行了法定职责的，这些案件中申请人的请求就难以得到支持。由于原行政复议法中没有相应规定,如何妥善处理就成为行政复议机关需要研究解决的一个重要问题。为此,《行政复议法实施条例》第四十八条第一款规定:"有下列情形之一的,行政复议机关应当决定驳回行政复议申请:(一)申请人认为行政机关不履行法定职责申请行政复议,行政复议机关受理后发现该行政机关没有相应法定职责或者在受理前已经履行法定职责的;(二)受理行政复议申请后,发现该行政复议申请不符合行政复议法和本条例规定的受理条件的。"

2023年修订行政复议法时,对行政复议法实施条例规定的驳回情形作了进一步的细化和区分,在新《行政复议法》第三十三条中规定了行政复议机关受理行政复议申请后,发现该行政复议申请不符合法定受理条件的,应当决定驳回申请。在第六十九条中规定,行政复议机关受理申请人认为被申请人不履行法定职责的行政复议申请后,发现被申请人没有相应法定职责或者在受理前已经履行法定职责的,应当决定驳回申请人的行政复议请求。

(一)适用情形

依照《行政复议法》第六十九条的规定,驳回行政复议请求决定指向的对象仅为行政不作为行政复议案件。即申请人认为被申请人具有保护其人身权、财产权等合法权益的某项职责,遂请求被申请人履行该职责,但被申请人没有履行该职责的案件。对于申请人对被申请的行政行为有异议的案件,则不适用该条规定。

驳回行政复议请求决定主要适用于两种情况:一是行政复议机关受理申请人认为被申请人不履行法定职责的行政复议申请后,发现被申请人没有相应的法定职责,即申请人所请求被申请人履行的该项职责,按照法律法规及其"三定"方案,被申请人并不具有管理该事项的法定职权,因此也不存在让被申请人履行该职责。二是行政复议机关受理申请人认为被申请人不履行法定职责的行政复议申请后,发现被申请人在行政复议机关受理行政复议申请前已经履行了法定职责。这两种情况下,行政复议机关都应当依法作出驳回申请人的行政复议请求决定。

(二)与驳回行政复议申请决定的区别

新修订的《行政复议法》第三十三条规定,行政复议机关受理行政复议申请后,发现该行政复议申请不符合法定受理条件的,应当决定驳回申请人的行政复议申请。第六十九条规定,行政复议机关受理申请人认为被申请人不履行法定职责的行政复议申请后,发现被申请人没有相应法定职责或者在受理前已经履行法定职责的,决定驳回申请人的行政复议请求。

从上述规定看,这是两种不同的决定,主要区别是:1. 所对应的案件范围不同。驳回行政复议申请决定适用于所有案件,驳回行政复议请求决定仅适用于行政不作为案件。2. 审查的角度不同。驳回行政复议申请决定审查的内容为申请人的申请是否符合行政复议受理条件,驳回行政复议请求决定审查被申请人是否存在不作为情形。3. 法律性质不同。驳回行政复议申请决定是程序上的形式审查,尚未进入行政复议机关对行政行为的实体审查阶段;驳回行政复议请求决定是对申请人请求内容进行实体审查。4. 决定的内容不同。驳回行政复议申请决定是行政复议机关受理后发现行政复议申请不具有可受理性,既不符合行政复议受理条件,依法不应当进入行政复议程序而作出的拒绝审理决定;驳回行政复议请求决定是符合行政复议受理条件,经行政复议机关对申请请求事项进行实质审理后,认定行政复议申请人的部分或者全部行政复议请求依法不应当予以支持而作出的不予支持决定。

六、涉及行政协议的行政复议决定类型

行政协议是指行政机关或者行政机关委托的单位为了实现行政管理或者公共服务目标,与公民、法人或者其他组织协商订立的具有行政法上权利义务内容的协议。行政协议也称行政合同,2004 年 1 月 14 日最高人民法

院发布的《关于规范行政案件案由的通知》中,将"行政合同"作为行政行为种类,明确列为行政案件案由,并在不作为案件的案由列举中明确案由可写为"诉某某行政主体不履行行政合同义务"。2004 年 3 月 22 日国务院发布的《全面推进依法行政实施纲要》在"转变政府职能、深化行政管理体制改革"部分中,明确要求充分发挥行政规划、行政指导、行政合同等方式的作用。2014 年修订的《中华人民共和国行政诉讼法》第一次在法律层面将行政协议纳入行政诉讼的受案范围。

与其他行政行为相比,行政协议具有以下特点:1. 协议双方为平等合作主体关系。即行政机关在行政协议中的地位与管理相对人是平等的,不存在未经双方协商一致即可单方处置的"特权",这也是行政协议与行政行为之间最突出最明显的区别。如《中华人民共和国城镇国有土地使用权出让和转让暂行条例》第十一条规定:"土地使用权出让合同应当按照平等、自愿、有偿的原则,由市、县人民政府土地管理部门(以下简称出让方)与土地使用者签订。"2. 协议行为的公共利益导向。即行政协议的签订和履行必须服务于公共利益或者指向行政管理目标的实现。行政机关非用于公共管理目标的协议,不属于行政协议。如行政机关购买办公桌椅、机关食堂购买菜品的协议都是民事协议,不属于行政协议。3. 行政协议对签订者双方具有同等的法律约束力。即行政协议一旦签订,双方都必须遵守。除非符合法律规定或者双方事先约定的情况出现,任何一方不得擅自变更或者解除协议。虽然行政机关在行政协议中具有优益权,但并非只要出于公共利益或行政管理目标实现的需要,就可以单方面不履行协议,或者单方变更和解除协议,甚至直接处罚和强制对方当事人。鉴于行政协议与其他行政行为的上述不同,为了更好地保护行政协议中管理相对人的合法权益,适应现代社会管理对行政协议这种柔性化管理方式的广泛应用,2023 年修订的行政复议法在法律层面第一次将行政协议纳入行政复议申请范围,并增加了处理行政协议类案件这一新的行政复议决定类型。

实践中,行政协议的订立、履行、变更、解除等各个环节,行政机关均可能出现违法行使行政权、滥用行政优益权的情况,因此《行政复议法》第七十一条针对上述环节,规定:"被申请人不依法订立、不依法履行、未按照约定履行或者违法变更、解除行政协议的,行政复议机关决定被申请人承担依法订立、继续履行、采取补救措施或者赔偿损失等责任","被申请人变更、解除行政协议合法,但是未依法给予补偿或者补偿不合理的,行政复议机关决定被申请人依法给予合理补偿"。更充分地保护了申请人合法的生产经营权、财产权。

七、赔偿决定

(一)一般性规定

行政赔偿是指行政机关及其工作人员违法行使职权,对公民、法人和其他组织的人身权、财产权造成损害时,国家依法应当承担的赔偿责任。因此,行政赔偿又称行政侵权赔偿,是国家赔偿的一部分。1994年制定的《国家赔偿法》,对行政赔偿的范围、行政赔偿的请求人、行政赔偿的义务机关和行政赔偿程序作了具体规定,是公民、法人和其他组织请求行政赔偿的依据。

依照《国家赔偿法》的规定,行政赔偿责任的直接责任主体是赔偿义务机关,即因实施违法行政行为给公民、法人和其他组织的合法权益造成损害的行政机关。行政赔偿责任的最终主体是国家,行政赔偿费用由国库支出,不是由行政机关或者其工作人员承担。至于行政机关工作人员有故意或者重大过失而承担部分或全部赔偿费用的,是行政机关的内部责任承担,不属于行政赔偿。

公民、法人或者其他组织要求行政赔偿的,一般应当向赔偿义务机关提出,也可以在申请行政复议时向行政复议机关一并提出,或者在提起行政诉讼时向人民法院一并提出。此外,新修订《行政复议法》第七十二条第二款还规定了属于行政赔偿的第三条道路——径行赔偿,即"申请人在申请行政复议时没有提出行政赔偿请求的,行政复议机关在依法决定撤销或者部分撤销、变更罚款,撤销或者部分撤销违法集资、没收财物、征收征用、摊派费用以及对财产的查封、扣押、冻结等行政行为时,应当同时责令被申请人返还财产,解除对财产的查封、扣押、冻结措施,或者赔偿相应的价款"。这是实质性化解行政争议、推进行政复议主渠道建设的重要举措和体现。

依照《国家赔偿法》的规定,行政赔偿方式采用的是以金钱赔偿为主,恢复原状、返还财产等为辅的方式。对于因被申请人的违法行为造成申请人名誉权、荣誉权损害的,可以依法责令被申请人在侵权行为影响的范围内,为申请人消除影响、恢复名誉、赔礼道歉。

下面我们讨论的行政赔偿决定仅指行政复议机关作出的行政赔偿决定,具体来讲,是指行政复议机关经过审查,认为被申请人的行政行为侵犯了申请人的合法权益且给申请人造成了实际损害,而作出的由被申请人予以行政赔偿的行政复议决定。依照行政复议法的规定,行政赔偿决定可以单独作出,也可以同撤销、确认违法、变更、确认无效等其他行政复议决定一并作出。

(二)明确赔偿内容

依照新修订《行政复议法》第七十二条第一款的规定,申请人在行政复议时可以申请赔偿的内容与《国家赔偿法》的有关规定一致。依照《国家赔偿法》第三条、第四条的规定,行政机关及其工作人员在行使行政职权时侵犯公民、法人和其他组织的人身权、财产权的,受害人有权利获得赔偿。

因人身权受到侵犯可以申请获得国家赔偿的情形有:1. 违法拘留或者违法采取限制公民人身自由的行政强制措施的;2. 非法拘禁或者以其他方法非法剥夺公民人身自由的;3. 以殴打、虐待等行为或者唆使、放纵他人以殴打、虐待等行为造成公民身体伤害或者死亡的;4. 违法使用武器、警械造成公民身体伤害或者死亡的;5. 造成公民身体伤害或者死亡的其他违法行为。

因财产权受到侵犯可以申请获得国家赔偿的情形有：1. 违法实施罚款、吊销许可证和执照、责令停产停业、没收财物等行政处罚的；2. 违法对财产采取查封、扣押、冻结等行政强制措施的；3. 违法征收、征用财产的；4. 造成财产损害的其他违法行为。

（三）驳回行政赔偿请求的适用情形

驳回行政赔偿请求即申请人的请求未获得支持。《行政复议法》第七十二条第一款中规定，"行政复议机关对依照《中华人民共和国国家赔偿法》的有关规定应当不予赔偿的，在作出行政复议决定时，应当同时决定驳回行政赔偿请求"。依照《国家赔偿法》第五条的规定，国家不承担赔偿责任的情形有三种：1. 行政机关工作人员与行使职权无关的个人行为；2. 因公民、法人和其他组织自己的行为致使损害发生的；3. 法律规定的其他情形。

第三节　行政复议决定的理由

依照行政复议法及行政复议法实施条例的规定，作出行政复议决定的依据有五个方面：行政机关作出行政行为时其认定的事实是否清楚（包括证据是否确凿）、适用的依据是否正确、程序是否合法、是否符合法定权限、内容是否适当。这是行政复议审理的核心内容，也是决定行政复议机关作出何种类型行政复议决定的主要理由。

一、对认定事实的判断

有关行政复议决定事实认定方面的理由，行政复议法及行政复议法实施条例主要表述为两种情况：维持决定时的"事实清楚、证据确凿"、撤销时的"主要事实不清、证据不足"。

（一）事实清楚、证据确凿

事实清楚、证据确凿,是行政行为合法的前提和基础。行政机关据以作出行政行为的主要事实是否清楚、证据是否充分,是作出维持决定的首要标准,直接影响审理的结果。具体是指行政复议机关通过分析、评价,认为被申请人实施行政行为的事实是真实可靠的,并且有证明力的证据能够对案件整个事实构成形成完整的证明链条。即被申请人提供或者行政复议机关收集掌握的事实证据,足以证明被申请人作出行政行为的前因后果是正当的。

事实清楚,即行政行为所依据的客观事实基本清楚,行政行为所针对的客观情况过程和环节清楚。这里的事实指主要事实或者基本事实,而不是无关紧要的事实、细枝末节的事实。

证据确凿,是指行政行为具有确实、可靠的充分证据,证明其确认的事实真实存在。作出行政行为的证据是否确凿、充分,应从行政行为的整体过程来看,这就要求行政机关作出该行政行为的各项证据同时满足以下条件: 1. 必须真实、可靠;2. 与该行政行为相关联;3. 取证的主体、程序均合法; 4. 证据全面,即案件的各项事实均有相应的证据证明,认定事实的全过程没有空白;5. 能够形成完整的证据链,即各项证据相互协调一致,可以相互印证、环环相扣,没有矛盾,对整个案件事实构成完整的证明;6. 共同指向唯一的待证事实,即只能得出一个结论,而不存在其他可能性。

（二）主要事实不清、证据不足

行政行为必须有必要的事实根据,并有足够的证据能够证明其事实根据。主要事实不清、证据不足是指行政机关作出行政行为时没有充分了解事实真相,没有掌握主要的事实,缺乏必要的证据,不足以证明该行政行为所认定的事实,不足以证明其遵守了法定权限和程序,不足以证明其适用依据正确。

行政机关作出行政行为可能涉及诸多事实,其中有主要的事实,也有次要的事实。主要事实是被申请人作出该行政行为的基本事实,是能够充分证明其作出该行政行为的客观情况或者证据,是行政机关正确适用法律的前提和基础。

主要事实不清就是作出行政行为的基本事实不清,即作出行政行为所依据的基本事实缺乏或者证据极为不充分。主要事实不清,行政机关就难以正确地适用法律,也无法很好地履行法定职责,当然也就不能够保证其作出的行政行为是合法的。

证据不足是指作出行政行为的证据不足以证明行政机关所认定的事实存在,据此作出的决定必然带有主观色彩,很可能背离客观事实,偏离公正。证据不足要从质和量两个方面把握。证据的数量如果没有达到充足的要求,其结果就是只能证明部分案件事实,而不能证明主要案件事实和全部案件事实;证据的质量不高,缺乏确实的证据作为定案根据,就难以排除合理怀疑,更无法推导并证明唯一可信的案件事实。对于主要事实不清、证据不足的行政行为,行政复议机关应当依法作出撤销的行政复议决定,并视情况决定是否责令被申请人在一定期限内重新作出行政行为。

需要注意的是,对于事实不清、证据不足的行政行为,行政复议机关既可以作出撤销或者确认违法,也可以在查清事实和证据的基础上,直接对该行政行为作出变更决定。相比之下,变更能够使老百姓的合法权益在最短的时间内得到有效维护,但前提是行政复议机关已经查清了事实,如果尚有证据欠缺或者一时难以查清事实,行政复议机关应当作出撤销或者确认违法的决定。

二、对适用依据的判断

有关行政复议决定依据方面的理由,原行政复议法及行政复议法实施条例主要规定了两种情况:维持决定时的"适用依据正确"和撤销时的"适用依据错误"。2023 年修订的行政复议法对此作了两方面的修改:一是将变更决定中的依据适用条件细化为"未正确适用依据";二是将撤销决定中的依据适用条件"适用依据错误"修改为"适用的依据不合法",在范围上更广泛,可以涵盖更多情况。

(一)未正确适用依据的界定

未正确适用依据是指被申请人在作出行政行为时未能正确适用法律依据,即在应当适用何种法律、法规或者其他规范性文件作为作出行政行为的依据上出现了错误。常见的有以下几种情形:1. 适用的法律规范不准确。如该适用甲法律的,适用了乙法律。如应当适用《土地管理法》的,适用了《农村集体经济组织法》。2. 适用了错误的法条。如该适用某法甲条的,却适用了某法的乙条。3. 适用的法律规范不全面。如作出该行政行为应当同时适用两个以上法律、法规及其有关条款的,只适用了其中的一个或者部分法律规范的有关条款。4. 适用的法律规范依法不应当由本机关适用。如下级机关适用了上级机关才能适用的法律规范,公安机关适用了规定市场监管职责的法律规范,甲地的卫生部门适用了乙地的规定等。5. 应当适用上位法的却适用了下位法。即有法律规定的,没有适用法律却适用了法规规定,有法规规定的,没有适用法规却适用了规范性文件。

(二)适用的依据不合法的界定

最常见的是违反上位法的规定,比如适用的政府规章违反上位法律或者行政法规的规定。其他常见的情形包括:(1)制定主体超越权限,如某市政府发布的规范性文件规定不服从市场管理予以行政拘留;(2)适用未生效的依据,如某地方条例尚未对外发布,行政机关将其作为依据进行执法;(3)适用已废止的依据,如《治安管理处罚条例》已于 2006 年 3 月 1 日废止,公安机关仍然按其中有关条款作出处罚决定;(4)适用不存在的依据,如行政机关将根本不存在的法规作为行政执法的依据。

三、对程序合法性的判断

程序是否合法是决定行政行为合法性的重要因素。行政机关实施任何行政行为,都必须采取一定的方式和形式,履行一定的手续,遵循一定的步骤、顺序和时限。现代国家要求行政机关依法行政,不仅要求行政机关的行政管理活动在实体上符合法律规定,同时也要求其在程序上符合法定程序。法定的行政程序,不仅是公平公正的表现和要求,也是制约和规范行政权力,保护公民合法权益的基本手段。依照行政复议法及行政复议法实施条例的规定,对程序的判断有两种情形,即"程序合法"和"违反法定程序"。

程序合法的具体要求包括:1. 符合法定的方式,如集体讨论决定等;2. 符合法定形式,如书面形式、制作笔录、行政机关主要负责人审批等;3. 符合法定手续,如通知、批准、核发、送达等;4. 符合法定步骤和顺序。其中,步骤是指行政机关行使行政权力或者完成某种行为的必经阶段;顺序是指步骤的先后次序。行政行为不得逾越法定步骤,也不能任意颠倒法定顺序。如果必须先取证的,就一定不能后取证,否则可能导致证据无效;如果要求先告知的,就不能后告知,否则就可能损害相关利害关系人的权利,影响行政行为的合法性;5. 符合法定时限,即符合完成行政行为的期限要求。

违反法定程序就是违反了依法作出行政行为的"操作规程",如方式、形式违法,步骤或者顺序违法,时限违法等。违反法定程序,不仅直接侵犯行政相对人合法的程序权利,也容易并且事实上经常造成其实体权利受到损害。更重要的是,违反法定程序作出的行政行为,例如应当回避却未予回避,此时无论行政行为实体上是否合法,相对一方都会对行政行为的合法性、公正性存有疑虑,从而严重影响行政机关的权威性、公信力,也直接影响所作出的行政行为的执行力。

关于程序违法如何界定更加合理,学术研究和立法实践也在不断发展中。1990 年国务院发布、1994 年国务院修订发布的《行政复议条例》规定了两种情况：一是其第四十二条第一款第二项规定的对程序上不足的补正；二是该条第一款第四项中规定的对违反法定程序影响申请人合法权益的行政行为，行政复议机关应当"撤销、变更"或者责令行政机关重新作出行政行为。1999 年行政复议法第二十八条取消了"程序补正"规定以及"影响申请人合法权益"的限定，明确规定只要违反法定程序，不管是否"影响申请人合法权益"，行政复议机关都可以撤销。因为"程序不足"就意味着程序违法，很可能已经损害了行政相对人的合法权益，因此不应允许其"补正"。实际上，相对人的损害也无法通过程序的"补"而得到"正"。对此，有学者认为这是立法理念和执法观念的重大进步。但也有学者认为，原行政复议法对违反法定程序的情形不作具体区分，看似严格要求行政机关依照法定程序行政，实则是一种立法思维的简单化，只看到了违反程序的一个方面，而没有考虑到执法成本、效益、当事人的权益保障等多方面的因素。

针对上述不同看法，2023 年行政复议法修订时一方面秉持进一步加强程序公正，通过程序公正保障实体公正的理念，在新《行政复议法》第六十四条关于撤销或者部分撤销情形的规定中，将程序违法提升了排序，彰显了新行政复议法作为一部程序法对法定程序的重视；另一方面根据具体情况对程序违法情形作了进一步细分，在第六十五条规定"程序轻微违法，但是对申请人权利不产生实际影响"的，行政复议机关不撤销该行政行为，而是确认该行政行为违法，体现出行政复议立法的精准度进一步提升，针对性和可操作性进一步增强。

行政复议实践中，应当更加精准把握"程序轻微违法"的认定。从严格依法行政的角度讲，程序违法与实体违法一样重要，只要违法从理论上讲就应当撤销。因此，实践中一定要同时满足"程序轻微违法"和"对申请人权利不产生实际影响"两个条件，行政复议机关才可以不撤销该行政行为，而是确认行政行为违法。关于"程序轻微违法"在行政复议中如何认定，可以参照《最高人民法院关于适用〈中华人民共和国行政诉讼法〉的解释》（法释

〔2018〕1 号)第九十六条的规定进行把握:一是处理期限轻微违法,二是通知、送达等程序轻微违法,三是其他程序轻微违法的情形。同时,还必须满足对原告依法享有的听证、陈述、申辩等重要程序性权利不产生实质损害的,才可以算是"程序轻微违法"。假如某一行政行为按规定应当在两个月内完成,甲地行政机关超出几天时间完成,其间按要求组织了听证会;乙地行政机关在不具有不可抗力等客观因素影响下,超出一个月时间才完成行政行为,且未按要求组织听证会,则甲地行政机关的行为可以算是"程序轻微违法",乙地行政机关的行为就不能认定为"程序轻微违法"。

四、对权限合法性的判断

一个行政行为能够被认定合法的前提条件一定少不了该行政机关对该行政事项拥有法定管理职责,也即有权管理。行政机关"超越职权或者滥用职权"作出的行政行为,依照行政复议法及行政复议法实施条例的规定是应当予以撤销的。

（一）超越职权

行政机关的职权是由法律、法规赋予的。法律、法规往往在赋予行政机关权力的同时,也规定了其行使权力的范围和幅度,这就是行政权限。超越职权,又称行政越权,是指行政机关及其工作人员超越职务权限,实施了自己无权实施的行为。

实践中,超越职权主要有两种情形,一种是纵向越权,即下级行政机关行使了专属于上级行政机关的职权。如《土地管理法》规定永久基本农田的调整和征收由国务院批准,如果省级人民政府擅自批准调整或者征收永久基本农田的,就属于纵向越权。另一种是横向越权,即某一行政机关行使了同级另一行政机关的职权。超越职权具体的表现形态包括:1. 超越层级权限范围的越权;2. 超越职责分工的越权;3. 超越地域管辖权限的越权;4. 行政机关的内设工作机构行使了本机关的职权;5. 法律、法规授权的组织超越了授权范围;6. 受委托组织超越了委托权限范围等。越权行为是实体违法行为,无论其动机、目的是否正当,行政复议机关都要根据"越权无效"的原则,将其撤销、确认无效或者违法。

(二)滥用职权

滥用职权,则是指行政机关恣意、随意行使职权,作出违背立法目的和宗旨的行政行为。超越职权与滥用职权的最大区别在于作出的行政行为是否在被申请人职责权限内,超越职权突破了被申请人的权限范围,而滥用职权作出的行政行为仍然属于被申请人的权限范围,但属于对权力的不正当行使。主要表现为:1. 违背立法目的以权谋私;2. 任意专横、反复无常、为所欲为,比如本应罚款 200 元,但因被处罚人辩解对其罚款 3000 元;3. 故意迟延或者不作为,情况恶劣;4. 不正当授权或者委托等。

五、对内容合法性的判断

关于行政行为内容合法性的判断,原行政复议法及行政复议法实施条例中有正反两个方面的表述,即"内容适当"和"明显不当"。在 2023 年修改行政复议法时,将对内容合法性的表述调整为"内容适当"和"内容不适当",这二者都涉及行政法领域的一个概念——行政自由裁量权。

我国幅员辽阔,各地情况不一,在现实管理中,难以事事都采用一个确定的量化标准。因此,为了满足行政管理的实际需要,使各地行政机关能够有效、灵活地处理各种复杂的行政管理事务,法律、法规往往赋予行政机关在其管理事项内的一定的自由裁量权,允许行政机关在法定范围内,根据实际情况和行政目的进行裁量。行政机关在自由裁量权内作出的行政行为是合法有效的,但也要符合以下要求:一是享有自由裁量权的行政机关必须依法行使自己的自由裁量权,不能随意放弃不用。如两个企业都有违法排放污水行为,但甲企业排放量较小,乙企业排放量较大,处罚时对甲企业的处罚措施和罚款额度等就要选择自由裁量权中较轻的规定,对乙企业的处罚措施和罚款额度等就要选择自由裁量权中较重的规定,而不宜给予两者同样的处罚。二是自由裁量权要在法律规定的范围内行使。超出法律规定的自由裁量权范围,就构成超越职权。三是自由裁量权的行使要符合法定条件。该法定条件未出现时,也不得使用自由裁量权。

国家赋予行政机关自由裁量权有其必要性,同时也考虑到行政机关滥用该权力的可能性,因此要加强对该权力的制约和监督。行政复议作为行政系统自我纠错的层级监督制度,应当更好地发挥监督功能,确保行政权力在法治轨道上行使。新修订的《行政复议法》第六十三条明确规定对内容不适当的行政行为,行政复议机关可以依法予以变更。

行政行为内容不适当的表现形式多种多样,其中比较典型的有两种情形:一是行政机关在行政管理中就同类事项没有规定明确统一的标准,随意性很大。比如某法律规定对农产品农药残留不合格的,可以视情节处以10万元以下的罚款。某市场监管部门发现甲农民自行销售的蔬菜农药超标,虽然甲农民只有30元的销售额,但市场监管部门依照有关规定,顶格采用自由裁量权的上限给予甲农民10万元的罚款,此事曝光后引发较大舆情。几天后,当地又发现乙农民自行销售的蔬菜农药也超标,乙农民有50块钱的销售额,为避免再次引发舆情,该市场监管部门对乙农民罚款500元。二是对情况不同的行政相对人给予同样的处理,或者对情况相同的行政相对人给予不同的处理,并且这种差异达到了有失公正的程度。如行政处罚畸轻畸重、同责不同罚,行政行为反复无常等,都属于"内容不适当的"常见表现。

第四节　行政复议决定书的履行

"法律的生命力在于实施,法律的权威也在于实施。"只有严格执法,建设高效的法治实施体系,才能把"纸面上的法"真正落实为"行动中的法"。行政复议决定是生效法律文书,具有法律效力,其履行效果直接关系到行政复议的权威性和公信力。行政复议决定的履行途径有两条:一是当事人自觉履行;二是当事人不自觉履行行政复议决定时,对行政复议决定进行强制执行。

为确保行政复议决定得到及时全面履行,新修订的行政复议法就加强行政复议决定履行监督作出明确规定:一是规定被申请人不履行或者无正当理由拖延履行行政复议决定书、调解书、意见书的,行政复议机关或者有关上级行政机关应当责令其限期履行,并可以约谈被申请人的有关负责人或者予以通报批评。同时针对被申请人不履行或者无正当理由拖延履行行政复议决定书、调解书、意见书的行为,规定了相应的法律责任。二是规定申请人、第三人逾期不起诉又不履行行政复议决定书、调解书,或者不履行最终裁决的行政复议决定的,根据不同的决定类型,分别由有关机关强制执行。

一、被申请人不履行的约谈、通报制度

行政复议决定作出后,被申请人必须严格履行行政复议决定,不履行或者无正当理由拖延履行行政复议决定的,行政复议机关或者有关上级行政机关应当"责令履行"。原行政行为的作出机关,即被申请人作为行政复议机关的下级机关,从理论上讲应当无条件地履行行政复议决定,也正因为如此,行政复议法没有规定行政复议机关对被申请人的强制执行权,行政复议机关和申请人也均无权就此向人民法院申请强制执行。

为了保证被申请人及时履行行政复议决定,确保申请人的合法权益获得实现,行政复议机关应当依法督促被申请人履行。依照《行政复议法》第七十七条第二款的规定,被申请人不履行或者无正当理由拖延履行行政复议决定的,行政复议机关或者有关上级行政机关应当责令其限期履行,并可以约谈被申请人的有关负责人或者予以通报批评。

（一）约谈

作为行政机关内部监督措施,约谈的主要目的是提出问题,进行告诫,落实责任,督促整改。按照上述规定,行政复议机关约谈的对象是被申请人的有关负责人,如此规定主要考虑:一是体现了被申请人作为行政机关,其作出行政行为是行政首长负责制的产物,因此产生的相应责任也理应由行政首长负责;二是可以引起被约谈的行政机关及其负责人的重视,有利于行政机关的负责人带领行政机关针对行政复议审理中发现的问题进行针对性、系统性的整改,从源头上防止和减少违法或者不当行政行为的产生,促进行政机关提升行政管理水平;三是通过约谈这种方式当面沟通,帮助被申请人更深刻地认识错误,依法履行行政复议决定书、调解书、意见书。

（二）通报批评

按照新修订的《行政复议法》第七十七条第二款的规定,通报批评的对象既可以是作为被申请人的行政机关,也可以是其负责人,还可以是不履行行政复议决定的相关责任人。此处的通报批评既非党纪处分,也非行政处罚,而是属于行政机关内部监督的一种方式。通过通报批评在一定范围内广而告之,可以给被申请人施加一定的压力,形成更有力的督促,同时在一定范围内产生警示教育作用。这不仅有利于被申请人认真履行行政复议决定书、调解书、意见书,还可以对其他行政机关和责任人员形成威慑,促进其提高依法行政水平。

二、申请人、第三人不履行的强制执行制度

行政复议决定的强制执行是指人民法院或者其他依法享有强制执行权的行政机关,运用国家依法赋予的强制手段,强制申请人、第三人履行其逾期拒不履行的行政复议决定。行政复议决定的强制执行并非行政复议的必经程序,如果行政复议当事人自觉履行了行政复议决定所确定的义务的,则不需要强制执行。

由于行政强制执行是在申请人、第三人拒不履行义务的前提下采取的一种严厉的行政措施,关系到申请人、第三人重大的人身、财产权益,因此强制执行行政复议决定必须满足五个条件:一是强制执行机关必须有法律授权。只有法律法规明确授予其强制执行权的行政机关,才有强制执行行政复议决定的权力,否则只能申请人民法院强制执行。二是必须符合法定的强制执行条件。如果当事人愿意履行义务,只是履行期限未到或者其实际履行能力不够的,则不宜采取强制执行措施。三是执行依据已经生效。如行政复议决定书生效,才有强制执行的可能。四是所采取的强制措施必须符合法律、法规的规定。凡是法律、法规中没有规定的强制措施和方式,都不得采用。五是必须按照法定程序和要求进行。

依照《行政复议法》第七十八条的规定,申请人、第三人逾期不起诉又不履行行政复议决定书、调解书,或者不履行最终裁决的行政复议决定的,根据不同的决定类型,分别由有关机关强制执行。

(一)维持决定的强制执行

行政复议机关作出维持决定,意味着行政复议机关经过复议审理,认定行政机关作出的行政行为合法有效,同时驳回了行政复议申请人的请求。此时,行政复议机关未对行政行为的效力作任何改变,因此维持行政行为的行政复议决定书,由作出行政行为的行政机关依法强制执行,或者由其申请人民法院强制执行。根据现行法律、法规的规定,只有公安、工商、税务、海关等少数行政机关对某些行政行为享有自行强制执行权,其他大部分的行政机关都没有行政强制执行权,应当依法申请人民法院强制执行。

(二)变更决定、行政复议调解书的强制执行

无论是行政复议机关作出变更决定,还是通过其调解使当事人各方达成和解意向,形成行政复议调解书,都意味着行政复议机关经过复议审理,改变了行政机关作出的行政行为,全部或者部分支持了行政复议申请人、第三人的请求。因此,变更决定、行政复议调解书的履行,都由行政复议机关

依法强制执行,或者由其申请人民法院强制执行。

行政复议机关依法进行强制执行可以有三种执行措施:

1. 代履行。即参加行政复议的申请人、第三人等义务人不履行行政复议决定书或者行政复议调解书所确定的可代替作为的义务,由行政复议机关或者第三人(此处非参加行政复议活动中的第三人)代为履行,并向行政复议的申请人、第三人征收必要费用的行政强制执行方法。代履行必须同时具备四个要件:一是存在行政复议的申请人、第三人逾期不履行行政法上义务的事实,且此种不履行因行政复议的申请人、第三人故意或者过失引起。二是该行政法上的义务是他人可以代为履行的作为义务。三是代履行的义务必须是代履行后能达到与行政复议的申请人、第三人亲自履行义务同一目的的义务。四是由行政复议的申请人、第三人承担必要的费用。

2. 执行罚。执行罚是一种间接强制执行的手段。在行政复议执行中是指行政复议机关对拒不履行已经生效的行政复议决定、行政复议调解书的申请人、第三人进行制裁,以迫使其自觉履行该生效的行政复议决定、行政复议调解书所确定的义务的一项制度措施。

3. 直接强制。代履行和执行罚都属于间接强制措施。实践中,义务人不履行法定义务,在无法适用间接强制手段,或者适用间接强制手段没有达到目的,又或者因情况紧急,来不及采取间接强制手段时,执行机关可依法对义务人实施直接强制,以强制划拨、强制收缴、强制拆除等方式直接作用于义务人的财产甚至人身,强制其履行义务或者达到与履行义务同样的目的。与间接强制相比,直接强制具有快速高效达到行政目标的优点,适用范围也更宽泛,无论是作为的义务还是不作为的义务,可替代的义务或者不可替代的义务,在必要时均可使用直接强制的手段执行。但由于直接强制以国家强制力为手段,涉及直接的人身或者财产强制,如果使用不当,将对当事人的合法权益产生重大影响,其实施条件和程序比间接强制更为严格。执行中凡可以采用较为缓和的履行义务方式的,原则上不使用直接强制手段。基于此特点,直接强制又被称为"最后的行政手段",属于非必要不采取的强制执行措施。因此,虽然新修订的行政复议法第七十八条规定了申请人、第三人逾期不履行行政复议决定,或者不履行最终裁决的行政复议决定的,行政复议机关可以依法强制执行,但行政复议机关的强制执行措施还是要谨慎使用。

第七章 行政复议主渠道建设的工作保障

行政复议主渠道建设离不开工作保障。行政复议的工作保障是确保行政复议制度有效运行、维护公民合法权益的重要基础。行政复议工作保障的出发点和落脚点在于更好地发挥行政复议在法治政府建设、公民权利救济、行政争议化解以及社会公平正义维护中的重要作用。缺乏有效保障,行政复议制度可能流于形式,难以成为公民权利救济的"安全网"、政府自我监督的"手术刀"以及社会矛盾化解的"减压阀"。只有通过法律、人员、经费等多维度保障,才能使其真正成为"将行政争议化解在基层、化解在初发阶段"的治理利器,为推进全面依法治国提供坚实支撑。根据行政复议法和行政复议法实施条例的相关规定,行政复议的工作保障主要包括制度保障、队伍保障、履职尽责保障以及信息化保障等。

第一节 完善配套制度保障

习近平总书记强调,法治是国家治理体系和治理能力的重要依托。全面推进国家各方面工作法治化,要求不断完善中国特色社会主义法治体系,充分发挥法治固根本、稳预期、利长远的功能作用,以良法促进发展、保障善治,为建设社会主义法治国家提供坚实基础。

2023年9月1日,新修订的行政复议法由第十四届全国人民代表大会常务委员会第五次会议通过,自 2024 年 1 月 1 日起施行。此次行政复议法的修订,对标对表法治建设"一规划两纲要"所擘画的中国特色社会主义法治体系建设"路线图""时间表",在修订过程中全面落实科学立法、民主立法、依法立法各项要求,广泛征求各方面意见并反复论证完善,着力解决行政复议领域存在的突出问题,全面提升行政复议制度建设水平,既推动形成了更加完备的法律规范体系,又进一步健全了严密的法治监督体系,使行政复议成为全面推进国家各方面工作法治化的重要力量,有力推动了中国特色社会主义法治体系的发展和完善。

与此同时,与行政复议高质量发展的要求相比,当前行政复议制度体系建设还需进一步加强。党的二十届三中全会审议通过的《中共中央关于进一步全面深化改革　推进中国式现代化的决定》明确要求"健全行政复议体制机制",既对行政复议工作提出了更高要求,也为复议工作高质量发展提供了一个新的契机。下一步要以习近平法治思想为指引,结合扎实推进经济社会高质量发展的目标任务,深化制度机制研究和实践探索,努力构建具有中国特色的行政复议制度。一是健全行政复议的制度体系,推动加快修订行政复议法实施条例,进一步细化完善行政复议的制度设计。全面总结新修订的行政复议法实施一年来的成功经验,聚焦行政复议制度实践中需要进一步明确的一些具体问题,补充细化完善相关制度机制,进一步提升行政复议制度效能,更好发挥行政复议化解行政争议的主渠道作用。二是完善行政复议的工作机制,主要是要研究制定行政复议委员会的工作规则,充分发挥复议委员会指导复议工作、提供案件咨询意见的制度功能,还要加强相关的配套机制的建设。三是强化监督规范功能,研究制定加强行政复议以案促改促治工作的指导意见,指导开展依法行政问题会商、举行行政复议错案讲评、开展行政执法人员宣讲、发布行政复议纠错典型案例等,强化行政复议监督依法行政的效能。四是健全行政复议队伍专业化、职业化建设机制和依法履职保障的激励机制,提升行政复议人员政治素养和履职能力。研究制定行政复议人员工作规范,按照国务院部署要求,积极探索建立行政复议员制度,进一步提升行政复议队伍的职业化水平和职业荣誉感。

第二节　强化专业队伍保障

强化行政复议专业队伍保障是行政复议主渠道建设的关键支撑,直接影响行政复议主渠道建设成效。只有不断加强行政复议专业化、职业化建设,打造一支高素质、专业化、作风好的行政复议队伍,为行政争议实质性化解提供人才支撑,才能将行政复议制度优势转化为治理效能,使行政复议真正成为群众首选、政府信赖的行政争议化解主渠道。

行政复议工作不同于一般的行政工作,其主要任务是通过法律程序解决行政争议,化解矛盾纠纷,调处利益冲突,消除社会安全隐患,是一项具有"准司法"性质的工作。行政复议人员也不同于一般的政府公务员,在审理行政复议案件时具有准法官的性质。不断提升行政复议队伍政治素质和专业化、职业化水平,建设德才兼备的高素质人才队伍,是贯彻实施好行政复议法的必然要求,对于推进行政复议高质量发展至关重要。

新修订的《行政复议法》在总则中明确规定"国家建立专业化、职业化行政复议人员队伍",并对行政复议人员队伍建设提出了不少新的要求。在人员素质上,《行政复议法》第六条第二款规定,初次从事行政复议工作的人员应当通过国家统一法律职业资格考试取得法律职业资格,并参加统一职前培训,要求提高行政复议人员专业素质。在人员管理上,《行政复议法》第六条第三款规定,国务院行政复议机构会同有关部门制定行政复议人员工作规范,加强对行政复议人员的业务考核和管理。在人员配备上,《行政复议法》第七条规定,行政复议机关应当确保行政复议机构的人员配备与所承担的工作任务相适应。在激励机制上,《行政复议法》第九条规定,对在行政复议工作中做出显著成绩的单位和个人,按照国家有关规定给予表彰和奖励。这些规定从法律上明确了行政复议工作专业化、职业化建设的方向。

新修订行政复议法实施后,随着行政复议职责集中和受案范围扩大,案件数量大幅增长,案件类型更加多样,审理的专业性、复杂性进一步增强,与新任务新要求相比,行政复议队伍还存在一些跟不上、不适应的突出问题。一是基层工作力量有待进一步强化。实践中,不少行政复议机构存在满负荷甚至超负荷工作的情况,"案多人少"矛盾日益突出。二是队伍稳定性有待进一步提高。行政复议工作专业性、法律性较强,人员培养周期长、工作负担重,导致人员变动较大,高素质人员"留不住"现象还一定程度存在。三是人员能力素质有待进一步加强。新修订的行政复议法将不少新类型案件纳入受案范围,如限制竞争、行政协议、知识产权、金融监管、生态环境等类型案件都具有很强的专业性,行政复议人员对相关专业知识的储备、应对新类型案件的实践能力欠缺,业务能力亟待提升。解决这些问题,需要各级行政复议机关高度重视,积极推进行政复议人员队伍建设,夯实行政复议主渠道建设的组织基础。

一、加强行政复议队伍政治建设

讲政治是行政复议工作的第一要求,必须始终将党的领导贯穿到行政复议队伍建设工作的全过程和各方面。一要强化行政复议队伍政治理论学习。扎实开展习近平法治思想学习教育,及时跟进、深入系统学习习近平总书记系列重要讲话精神,用习近平新时代中国特色社会主义思想特别是习近平法治思想武装头脑、指导实践。教育引导全体行政复议人员深刻领悟"两个确立"的决定性意义,增强"四个意识"、坚定"四个自信"、做到"两个维护"。二要加强行政复议队伍政治能力淬炼。在具体工作中,要将讲政治落实到行政复议办案和工作管理的全过程。在办理政治性强、敏感性高的复杂案件时,要保持头脑清醒和政治定力,善于从政治上认识和处理问题,不能就事情论事情、就案子办案子,要审慎稳妥实现政治效果、法律效果和社会效果的统一。三要激发行政复议队伍担当实干精神。担当作为、忘我拼搏,是在行政复议工作中落实党的领导的具体体现。行政复议法修订后,行政复议制度的发展前景更光明了,行政复议人员肩上的担子也更重了。要牢牢把握行政复议法修订的重要历史机遇,发扬钉钉子精神,狠抓落实、力建新功,以担当书写对党的忠诚,奋力推动行政复议工作再上新台阶。

二、加强行政复议队伍力量配备

新修订的行政复议法对行政复议听证、调查取证的人数作出具体规定,对我们加强行政复议机构的人员配备提出了硬性要求。一要配齐配强行政复议人员。依法科学测算和论证行政复议人员编制数量,积极向本级党委政府汇报,争取重视支持,按照行政复议法关于"初次从事行政复议工作的人员,应当通过国家统一法律职业资格考试取得法律职业资格"的要求,将政治素质高、业务能力强、具有法律职业资格的同志选配到行政复议岗位上来,使行政复议力量与工作任务相适应,确保基层行政复议人员数量满足行政复议法关于"4 人组织听证、2 人调查取证"的最低办案人数要求,保障行政复议案件办理依法开展。二要加强对行政复议人员的考核和管理。积极推进行政复议人员专业化、职业化建设相关具体制度设计,聚焦行政复议工作特点和要求,综合考量行政复议工作实际、办案程序要求和队伍管理特点等因素,探索制定行政复议人员队伍考核和管理的相关制度与规范,推动专业化、职业化的法定要求进一步具体化。三要提升行政复议人员职业荣誉感。行政复议人员需要通过公务员和法律职业资格双重考试,入职门槛较高,工作压力较大。各级行政复议机关要通过多种形式调动行政复议人员的积极性,更好地应对行政复议法修订后案件数量大幅增长和办案要求明显提高带来的压力和挑战。要按照行政复议法的规定,对在行政复议工作中作出显著成绩的单位和个人给予表彰与奖励,激励全体行政复议人员见贤思齐、奋发争先,提升行政复议队伍职业尊荣感、成就感,增强行政复议队伍的稳定性。

三、提升行政复议人员专业素质

行政复议人员的专业素质是提高行政复议办案质效的重要前提,要求我们把强化队伍专业素质作为一项长期任务,坚持不懈、抓紧抓实。一要加强专业能力建设。根据行政复议人员的实际情况积极开展业务培训、岗位练兵、技能比武等。对新招录的行政复议人员开展统一职前培训,对已经在职的行政复议人员开展常态化、多轮次、全覆盖在岗培训,使广大行政复议人员扎实掌握履行职责所需的法律法规、专业知识,提高依法稳妥处理各类行政争议的能力水平。二要加强办案实践锻炼。业务都是干出来的,真干才能真出业绩、出真业绩。除法学理论知识外,行政复议人员还要在办案实战中锻炼素质、提升水平。与其他公务员不同,行政复议人员既要懂得行政管理,又要熟悉法律知识,还要具备办案能力。要通过开展专题讲座、观摩教学、模拟办案、研讨交流等多种方式提高办案人员的办案技能,淬炼发现问题的“火眼金睛”,锤炼依法办案的高超本领。三要加强经常性廉政教育。新修订的行政复议法改变过去以书面审查为主的做法,要求对所有案件原则上都要听取当事人意见,行政复议人员势必要更多与当事人打交道,这就要求每名办案人员都要把廉政纪律内化于心、外化于行,在办案过程中,落实中央八项规定及其实施细则精神,严格执行防止干预司法“三个规定”、行政复议廉洁办案规章制度,坚决守住廉洁办案底线。

四、加强行政复议履职基础保障

完善的工作保障是行政复议工作顺利开展的基础,完备的行政复议办案场所、装备等设施,是实现行政复议案件办理规范化的重要前提。一要加强行政复议工作条件保障。为行政复议人员依法、及时履职提供必要的工作条件,结合实际情况,设置接待室、调解室、听证室等办案专用区,保障办案车辆、信息化设备等设施,确保行政复议工作顺利开展。积极协调财政部门,落实行政复议法有关规定,及时足额将行政复议工作经费列入本级政府预算。二是高标准建立政府主导的行政复议委员会。充分发挥行政复议委员会为案件办理提供咨询意见、就行政复议工作中的重大事项和共性问题研究提出意见的功能作用。尚未组建行政复议委员会的地方要积极主动向党委政府报告,按照法律规定高质量完成组建工作。三是提升行政复议信息化水平。加强行政复议信息化建设,是新形势下加强行政复议能力建设的有效切入口,是破解"案多人少"矛盾的一剂良方。各级行政复议机构要强化行政复议行政应诉工作平台的应用,通过辅助生成文书、实时在线办案等模块的使用,推动行政复议办案模式从"笔墨时代"向信息化时代迈进,以信息化推动行政复议工作智慧化、智能化,以更高效率应对案件量增长带来的新挑战。要及时、准确录入行政复议受理、审理、决定、履行等工作信息,使办案工作全程留痕,倒逼行政复议人员依法履职、规范用权,有效提升行政复议工作质效和制度公信力。

第三节　夯实履职尽责保障

一、优化履职指导监督机制

行政复议指导监督,是加强行政复议能力建设、提高行政复议工作规范化水平、发挥行政复议制度作用的重要手段和方式。只有持续加强指导监督,才能不断推进新征程行政复议工作高质量发展。

新修订的行政复议法以打造化解行政争议的主渠道为目标,坚持问题导向,对行政复议制度作了全面修改,系统完善了行政复议申请、受理、审理、决定各流程。同时,进一步明确了行政复议机关和行政复议机构的职责。其第四条规定,行政复议机关应当加强行政复议工作,支持和保障行政复议机构依法履行职责。上级行政复议机构对下级行政复议机构的行政复议工作进行指导监督。这为加强行政复议指导监督工作提供了明确法律依据。面对新形势新任务对行政复议工作提出的新要求,有必要进一步压实行政复议机关和行政复议机构的责任,通过更为有力地开展指导监督,推动行政复议高质量发展和主渠道建设。

二、强化廉洁办案监督保障

加强廉政建设,建立健全行政复议监督体系,为行政复议高质量发展营造风清气正的良好生态。新修订的行政复议法改变了过去以书面审查为主的审理方式,要求开门办案,对所有案件原则上都要听取当事人意见,行政复议人员与当事人、律师等打交道的机会增多,面临的风险也会增多。这要求每名行政复议工作人员都要将廉政纪律内化于心、外化于行,坚决守住廉洁办案底线。面向未来,要结合行政复议工作实际,不断健全完善行政复议廉洁办案规章制度,严格规范行政复议权力运行机制,探索建立述廉机制,堵好廉政风险漏洞。要不断增强制度的执行力,把严的主基调长期坚持下去,真正做到用制度管权管事管人,使制度规矩真正成为带电的"高压线"和牢固的"防火墙",以风清气正的良好生态为行政复议高质量发展和主渠道建设凝聚磅礴力量。

三、建立尽职免责容错机制

探索"复调对接"等机制创新,充分利用各类专业调解资源,在提升复议调解工作实效的同时减轻行政复议人员办案压力。针对实践中行政复议人员因为担心被质疑、追责,开展调解工作、作出变更或赔偿决定积极性不高的问题,要探索建立行政复议工作的依法履责容错保护机制,为依法作出裁决和组织调解工作的行政复议人员提供履职保障。例如浙江在宁波、衢州等地开展试点工作,邀请组织部、纪检监察、审计、检察等部门建立行政复议尽职保护机制,为履职尽责的行政复议人员及时正名,取得了积极效果。

第四节　加强信息化保障

一、行政复议信息化建设现状

新修订的《行政复议法》对加强信息化建设提出了明确要求。第八条新增规定,"行政复议机关应当加强信息化建设,运用现代信息技术,方便公民、法人或者其他组织申请、参加行政复议,提高工作质量和效率。"第二十二条第二款规定:"书面申请的,可以通过邮寄或者行政复议机关指定的互联网渠道等方式提交行政复议申请书,也可以当面提交行政复议申请书。行政机关通过互联网渠道送达行政行为决定书的,应当同时提供提交行政复议申请书的互联网渠道。"加强行政复议信息化建设,对于推进行政复议主渠道建设具有重要作用。

近年来,各级行政复议机关深入学习领会习近平法治思想和习近平总书记关于网络强国的重要思想,积极主动拥抱现代科技,促进现代科技与行政复议工作深度融合,取得了积极进展。为深入贯彻落实习近平总书记关于"发挥行政复议公正高效、便民为民的制度优势和化解行政争议的主渠道作用"的重要指示精神,司法部依托电子政务外网和互联网建设了全国行政复议工作平台,全国行政复议"一张网"初步形成,以信息化推动行政复议提质增效,更好地服务社会公众。

一是坚持以主渠道建设为目标,强化行政复议信息化建设,提升社会治理效能。全国行政复议工作平台坚持目标导向,集成案件受理、流程管理、智能辅助、统计分析等多个模块,实现行政复议工作由"线下为主"向"线上线下有机融合"的转换,大幅提升了行政复议质效,推动将更多行政争议解决在行政复议程序中。2024 年全国各级行政复议机关新收案件 74.96 万件,办结 64.1 万件,经行政复议后,有 57.9 万件案件未再进入行政诉讼程序,案结事了率达 90.3%,行政复议化解行政争议主渠道建设取得新成效。

二是坚持以严格制约监督为标准,提升大数据赋能行政复议水平,助力法治政府建设。全国行政复议行政应诉工作平台运用行政复议多源数据"画像",精准查找引发行政复议案件比例较高或者被行政复议纠错比例较高的重点行政执法领域、地域、层级、环节和突出问题,推动行政机关对行政违法问题进行源头规范和整体预防,提升行政执法水平。2024 年全国各级行政复议机关通过撤销、变更、确认违法、责令履行等方式纠正违法和不当行政行为 5.8 万件,纠错率为 12.07%。针对共性问题制发行政复议意见书等 7114 份,有力倒逼严格规范公正文明执法。

三是坚持以人民至上为宗旨,利用信息化手段,增强人民群众对行政复议工作的法治获得感。全国行政复议行政应诉工作平台为群众提供复议百科、复议申请、进度查询等服务,群众足不出户即可通过行政复议表达诉求、维护权益。自 2024 年 1 月 15 日实行网上申请以来,越来越多的群众选择网上申请行政复议。2024 年全国各级行政复议机关共收到群众通过全国行政复议行政应诉工作平台提交的网上申请 13.46 万件,占新收总数的 17.96%。

四是坚持以提质增效为导向,充分发挥"在线复议"作用,强化行政复议履职能力。全国行政复议行政应诉工作平台强化了全过程留痕,通过案件受理、审理、决定、履行等办案流程的数字化管理和可视化流程查询,倒逼复议人员依法履职、规范用权。2024 年全国各级行政复议机关经行政复议后提起诉讼案件中,被法院判决败诉 1831 件,败诉率为 2.94%,较去年同期下降约9个百分点,行政复议工作质效和制度公信力显著提升。

二、加强信息化建设的思路

加强行政复议信息化建设,要坚持"服务便捷化、办案智能化、管理科学化、决策精准化、公开常态化"的思路,实现行政复议数字化、智慧化发展,促进行政复议质效的全方位提升。面对新形势新任务新挑战,要充分利用信息化、数智化手段为主渠道建设提供新动能。一是明确行政复议信息化发展规划。适应行政复议工作进入升级转换的高质量发展阶段,谋划行政复议信息化中长期发展规划,研判现有技术增长点,探索行政复议信息化更多的可能性。二是加强行政复议平台建设。运用人工智能等现代信息技术,为行政复议信息化建设插上科技的翅膀,加强全国行政复议平台建设,优化升级平台功能,让平台更加方便好用,满足实际办案需要,确保用好用足信息化平台,实时在线办理行政复议案件、归集全国复议数据、规范办案流程。三是推行"在线复议"工作。依托全国行政复议工作平台、"掌上复议"微信小程序、行政复议服务平台等电子平台,部署开展在线申请、受理、调解、阅卷、听取意见、听证、送达,实现群众全流程"零跑腿",足不出户"指尖复议",降低解决行政争议的成本,提升行政复议服务水平。

第五节　加强行政复议设施、工作经费保障

新修订的《行政复议法》第七条规定,行政复议机关应当确保行政复议机构的人员配备与所承担的工作任务相适应,提高行政复议人员专业素质,根据工作需要保障办案场所、装备等设施。县级以上各级人民政府应当将行政复议工作经费列入本级预算。配备功能齐全的行政复议办案场所、落实足额的工作经费是开展行政复议工作的重要基础。

新修订的行政复议法增加了许多新的程序性要求,如第五条规定,行政复议机关办理行政复议案件,可以进行调解。调解应当遵循合法、自愿的原则,不得损害国家利益、社会公共利益和他人合法权益,不得违反法律、法规的强制性规定。第四十七条规定,行政复议期间,申请人、第三人及其委托代理人可以按照规定查阅、复制被申请人提出的书面答复、作出行政行为的证据、依据和其他有关材料,除涉及国家秘密、商业秘密、个人隐私或者可能危及国家安全、公共安全、社会稳定的情形外,行政复议机构应当同意。第五十条规定,审理重大、疑难、复杂的行政复议案件,行政复议机构应当组织听证。行政复议机构认为有必要听证,或者申请人请求听证的,行政复议机构可以组织听证。听证由一名行政复议人员任主持人,两名以上行政复议人员任听证员,一名记录员制作听证笔录。第五十一条第一款规定,行政复议机构组织听证的,应当于举行听证的五日前将听证的时间、地点和拟听证事项书面通知当事人。这意味着,除配备办理行政复议案件所必需的接待室、案件审理室、档案室外,还需要配备调解室、阅卷室、听证室等功能性用房,才能更好地履行法律所赋予的职责。

同时,为了保障办案的顺利进行,还需要配备必要的设备。如办案和归档需要打印复印、扫描投影、案卷装订设备,听证需要录音录像及存储设备等。这就要求各级行政复议机关根据工作需要,保障足额的工作经费,为高质量履行法定职责提供坚实基础。

第八章　主渠道导向下的行政
复议法律责任

　　法律责任是行政复议法律规范的重要组成部分,也是实现行政复议主渠道目标的重要保障。行政复议主渠道建设要求加强对行政复议工作的监督,明确行政复议机关及其工作人员的法律责任,通过建立健全监督体系,加强对行政复议机关、工作人员和被申请人履责监督,及时发现和纠正违法行为,确保行政复议法律责任得到有效落实,促使复议机关积极履行职责,为行政复议主渠道建设提供坚实制度保障。行政复议法的全面修订,极大地丰富了中国特色社会主义行政复议制度,其中对行政复议法律责任制度也进行了修改完善。本章拟结合我国行政复议制度的演变,梳理行政复议法律责任的发展历程,重点围绕行政复议法律责任是什么、谁来承担法律责任、承担什么法律责任、怎么追究法律责任等问题,从责任主体、责任内容、归责原则、责任追究等方面对行政复议法律责任展开阐述,便于读者准确把握新修订的行政复议法的立法精神,加深对中国特色社会主义行政复议制度的理解。

第一节　行政复议法律责任概述

一、行政复议法律责任的概念及特征

　　"责任"一词经常出现在我们的日常生活中,例如家庭责任、社会责任、

工作责任、法律责任等,无论是哪种责任,都意味着一定的约束力或者强制性。从约束力的强弱来说,在各类责任中,法律责任的强制色彩无疑最浓。其他责任更多的是道义层面的,比如社会责任,承担多或少与个人的经济能力、财富水平、社会分工等都有关系,主要是从道德层面去评价。家庭责任约束力强弱,很大程度上取决于其是否转化为法律责任,比如赡养老人是一种家庭责任,但因为《民法典》和《老年人权益保障法》明确规定成年子女对老年人有赡养的义务,这种家庭责任同时也成为法律责任,相关义务人不履行就会受到法律的制裁。工作责任也是如此,其产生首先源于契约,即企业与员工签订的劳动合同,员工依据劳动合同从企业获得工资等劳动报酬,其相应的对价就是付出劳动,这一对价也就是其需要承担的工作责任。这种工作责任的约束力来自对合同的遵守,但其强制力同样来自法律,即《劳动合同法》规定了劳动者应当履行劳动合同以及相关的法律责任。

那么,到底什么是法律责任呢?学界和实务部门对法律责任的讨论由来已久,但在如何对法律责任明确一个定义上可谓众说纷纭,似乎很难达成一个高度统一的概念。归结起来大致有几种主要观点:第一种观点将法律责任等同于法定义务,认为责任就是法律上规定必须做的事;有的进一步认为法律责任是"第二性义务",即由特定的法律事实所引起的对损害予以补偿、强制履行或接受惩罚的特殊义务,也就是"由于违反第一性法定义务而招致的第二性法定义务"。第二种观点认为法律责任是一种"惩罚",责任主体因触犯法律而应受某种制裁。第三种观点认为法律责任是一种"不利后果",行为主体因违法或者违约等特定的法律事实而"应当承担的不利的法律后果"。

从法律文本上讲,法律责任是法律法规不可或缺的重要内容,也是法律法规能够得到有效贯彻实施的重要保障。在立法习惯上,一般将法律责任放在法律法规文本的最后部分进行规定,基本的逻辑结构是"先明确义务,规定义务主体应当怎么办,再规定不这么办将承担什么责任"。这些法律责任条款就是法定义务得到履行的保障,反言之,法律法规如果未规定法律责任条款,那么也就失去了强制力保障,其各项规定难免沦为"虚设"。因此,从这个意义上讲,责任可以直观理解为义务的保证,法律责任也就是法定义务的强制性保证。按常理讲,法定义务就是法律规定义务主体要干什么,理想状态下该义务主体就应当严格执行,对于行政机关来讲"法定职责必须为"。反向来讲,就是"法无授权不可为",这也是依法行政的基本内涵。需要注意的是,实际上法定义务仅是一种"应然"状态,从"应然"到"实然"还有赖于该义务主体有没有具体去实施,而法律责任的功能就是保障这些义务付诸实践。当然,权利与义务是相对的,从另一个角度讲,法律责任保障法定义务履行的同时,也保障着法定权利的顺利实现。

综上,行政复议法律责任可以理解为:行政复议法律法规规定的,为保证义务主体履行行政复议法定义务而设定的惩罚性措施。从这一概念可以大致看出行政复议法律责任具有以下特征:一是法定性。责任法定是法治的基本原理,行政复议法律责任应当由行政复议法及其实施条例、相关地方性法规和规章等作出规定。二是强制性。同其他法律责任一样,行政复议法律责任具有法律强制力,由国家保证其有效实施,相关责任主体必须履行,不具有可选择性。三是目的性。行政复议法律责任的设置目的在于保证行政复议法律法规规定的相关义务得到依法履行,比如规定被申请人有向行政复议机构提交书面答复和行政行为证据材料的义务,如不按规定提交,有关责任人员就可能被追究法律责任。四是惩罚性。行政复议法律责任是一种不利后果,责任主体因违反规定而需要承担相关惩罚措施。

二、行政复议法律责任的构成要件

通常认为,法律责任的构成应当包含五个基本要素:一是责任主体,即责任的承担者,包括公民、法人和其他组织,应具备独立承担法律责任的能力;二是违法事实,责任主体实施了违法行为,比如超越权限行使权力、违反法律规定的义务等,也包括不作为;三是损害结果,因违法的事实造成损害或者损失,可能是侵犯了特定相对人的权益,也可能是社会公共秩序;四是因果关系,即责任主体的违法事实与产生的损害结果之间存在某种必然联系,也就是违法事实是导致损害结果发生的原因,只有这样行为人才需要承担法律责任;五是主观过错,即责任主体对于违法事实的发生在主观上存在过错,而且这种过错是客观存在的,与责任主体有没有意识到自己存在过错没有必然联系,因此这种过错可能是故意,也可能是过失导致的。下面,对应以上五个要素,我们来看看行政复议法律责任的构成要件。

第一,在责任主体方面,承担行政复议法律责任的主体与行政复议活动中的义务履行主体应当是一致的。在行政复议活动中,行政复议机关及行政复议人员作为主导者,无疑要承担最多的义务,因此也是最主要的法律责任主体。从行政复议法及其实施条例的规定中,可以看出相关法律责任条款规范最多的也是行政复议机关和行政复议人员。第二个责任主体是被申请人,是被申请行政复议的行政行为作出者,也是行政争议一方当事人,明确其相应法律责任对于确保行政复议活动顺利开展非常重要。第三个责任主体是申请人,行政复议跟行政诉讼一样,一般是"不告不理",只有申请人提交了行政复议申请,行政复议活动方才开始,因此申请人可以说是主动的一方,是行政复议申请权利的享有者和行使人,但这并不意味着申请人在行政复议活动中不需要承担任何义务,只是相比于前两者而言申请人需要履行的义务较少。第四个责任主体是前三个主体以外的其他人员,可能是行政机关有关人员,也可能是一般公众,实践中可能因不配合行政复议机关调查取证或者干扰行政复议秩序而被追究相应的法律责任。

第二,在违法事实方面,主要表现为有关单位或者个人违反了行政复议法律法规的规定,未依法履行某项职责或者法定义务。比如,按照行政复议法的规定,行政复议机关应当公正审理行政复议案件,不得徇私舞弊或者滥用职权,这是行政复议机关履行行政复议职责应当遵循的原则,也是行政复议机关及其工作人员应尽的义务。这里需要注意的是,"违法"指的是违反行政复议法律、法规和规章,如果行政复议人员违反的是其他的法律,比如饮酒后驾驶机动车,违反了《道路交通安全法》,此时应当按照该法的规定追究法律责任,但该责任并非行政复议法律责任。

第三,在损害结果方面,从相关法律责任条款上看,许多情形下行政复议法律责任的追究并未规定必须有相关损害结果,而只要责任主体实施了违法行为即可。比如作为被申请人的行政机关,阻挠行政行为的相对人依法申请行政复议,无论是否产生损害结果,相关责任人员都可能被给予处分。也可以从另一个角度来理解,行政复议法律责任的规定主要是为了确保行政复议制度功能有效发挥。只要相关违法行为或者违法事实客观上造成了阻碍行政复议活动的顺利推进或者影响了行政复议功能的发挥,就应该被追究法律责任。而损害结果严重与否直接关联的是责任的轻重,损害结果越严重,追究的责任就越严格。比如行政复议机关未依法履行职责,相关责任人员可能被依法给予警告、记过、记大过的处分;但如果造成严重后果,则可能被给予降级、撤职、开除的处分。

第四,在因果关系方面,一般情况下只有违法行为或者事实与损害结果之间存在某种必然联系,相关人员才会被追究法律责任,行政复议法律责任也不例外。比如,按照行政复议法的规定,行政复议机关有权向有关单位和个人调查取证,查阅、复制、调取有关文件和资料,向有关人员进行询问。被调查取证的单位和个人应当积极配合,不得拒绝或者阻挠。如果有关单位拒绝配合,那就构成违法,这一违法行为导致的后果可能使行政复议机关无法查清案件事实,行政复议活动也就无法顺利开展,那么相关责任人员可能因此被给予处分或者治安管理处罚。

第五,在主观过错方面,许多学者认为,我国有关行政诉讼、国家赔偿等救济制度并未将主观过错作为承担行政法律责任的必备条件之一。从行政复议法及其实施条例的规定看,多数法律责任条款中也没有关于主观过错方面的表述,但从具体内容可以看出,对于不同责任主体在主观过错要件规定上还是有所区别的。针对行政复议机关和被申请人规定的法律责任相对严格,只要存在违法行为,责任主体就要承担相关法律责任,而不管其主观上是否存在故意或者过失。而对于申请人或者其他人员,承担行政复议法律责任的主观过错要件一般体现为"故意",如《行政复议法》第八十四条规定,拒绝、阻挠行政复议人员调查取证,故意扰乱行政复议工作秩序的,依法给予处分。

三、行政复议法律责任的制度演进

行政复议法律责任制度是行政复议制度的重要组成部分,随着行政复议制度的发展而不断完善。从中华人民共和国成立后不久在单行法中出现有关行政复议的规定至今,行政复议制度走过了 75 年的历程,行政复议法律责任也经历了从"责任缺位"到"责任法定",之后不断发展完善的历程。这个发展历程大致以行政复议的四部重要立法为标志。

(一)单行法时期:行政复议法律责任整体缺位

行政复议在新中国的出现早于行政诉讼。1949 年 9 月《中国人民政治协商会议共同纲领》第十九条第二款规定:"人民和人民团体有权向人民监察机关或人民司法机关控告任何国家机关和任何公务人员的违法失职行为。"但实践中提起行政诉讼的并不多见,单行法律法规中常见的是有关申诉的规定。比如 1950 年《土地改革法》第三十一条规定,本人或其他人对于民主评定、区政府批准的阶级成分划定有不同意见,"得于批准后 15 日内向县人民法庭提出申诉,经县人民法庭判决执行"。尽管 1954 年《宪法》第九十七条对公民的控告权继续肯定,明确公民对于任何违法失职的国家工作人员,有向各级国家机关提出控告的权利,但实践中人民法院几乎不会受理行政争议,除非行政违法构成了犯罪,而这时主要适用刑事法律的规定。

行政复议的情况有所不同,新中国成立后很快在个别行政领域出现行政复议制度。1950年10月出台的《中央人民政府财政部设置财政检查机构办法》规定,被检查部门认为财政检查机构措施不当,可以向上级检查机构申请复核,这里的"复核"在性质上就是行政复议,因此该办法也被认为是新中国成立后最早规定的行政复议制度,尽管其名称没有直接使用"复议"两字。同年12月,《税务复议委员会组织通则》出台,首次在立法中明确使用"复议"概念,全文用了10个法律条文的篇幅具体规定税务复议委员会的组织运行,这也是我国法律法规中最早规定复议委员会的,为2023年行政复议法修订明确规定行政复议委员会制度奠定了一定的制度基础。需要说明的是,无论是《税务复议委员会组织通则》,还是《中央人民政府财政部设置财政检查机构办法》,其中都没有规定行政复议法律责任的内容。事实上,1990年国务院出台《行政复议条例》以前,在100余部规定行政复议的单行法律法规中,对行政复议法律责任作出专门规定的并不多见。因此,从行政复议法律责任的角度讲,这个阶段可称为行政复议法律责任缺位时期。

（二）1990年行政复议条例:开启行政复议法律责任法定时期

1990年《行政复议条例》的出台,让名称五花八门的行政复议制度进入了"大一统"时代,也开启了行政复议法律责任"法定时期"。行政复议条例首次用一章的篇幅规定行政复议法律责任,尽管整章只有3个法律条文,但对于行政复议条例的有效实施具有重要意义。追究法律责任的情形包括三类:(1)明确被申请人拒绝履行行政复议决定的法律责任,赋予行政复议机关直接或者建议对被申请人的法定代表人给予行政处分的权力,确保行政复议决定得到及时履行,维护行政复议的权威性;(2)规定行政复议人员失职或者徇私舞弊应当承担的法律责任,确保行政复议职责依法履行;(3)规定行政复议参加人或者其他人拒绝、阻碍复议人员依法执行职务应当承担的法律责任,确保行政复议活动正常进行。

（三）1999年行政复议法：在法律层面首次规定行政复议法律责任

《行政复议法》的出台是中国法治进程中的一件大事，正式宣告了行政复议与行政诉讼成为我国解决"民告官"行政争议的两大法律制度。沿袭行政复议条例的做法，行政复议法在第六章专章规定法律责任。相比较而言，其主要变化在于：（1）内容更加丰富。篇幅从原来的3个责任条款增加到5个条款，进一步明确了行政复议机关不履行行政复议职责的法律责任，具体包括无正当理由不予受理行政复议申请、不按照规定转送行政复议申请、在法定期限内不作出行政复议决定等3种情形，同时对被申请人不提交书面答复或者不提交作出具体行政行为的证据、依据和其他有关材料，或者阻挠、变相阻挠公民、法人或者其他组织依法申请行政复议以及进行报复陷害等违法情形的法律责任作出规定。（2）可操作性更强。被申请人违法时责任主体由被申请人法定代表人变更为直接负责的主管人员和其他直接责任人员，责任内容由笼统的行政处分调整为根据违法情节轻重给予不同种类的行政处分。比如第三十七条规定，被申请人不履行或者无正当理由拖延履行行政复议决定的，对直接负责的主管人员和其他直接责任人员依法给予警告、记过、记大过的行政处分；经责令履行仍拒不履行的，依法给予降级、撤职、开除的行政处分。（3）赋予行政复议机构处分建议权。行政复议机构发现有无正当理由不予受理行政复议申请、不按照规定期限作出行政复议决定、徇私舞弊、对申请人打击报复或者不履行行政复议决定等情形的，应当向有关行政机关提出建议，由有关行政机关依法作出处理。

（四）2007年行政复议法实施条例：对行政复议法律责任作进一步补充细化

随着行政复议法的深入贯彻实施和经济社会的不断发展，行政复议法律责任制度的一些问题也逐步暴露出来，其中反映比较集中的是行政复议责任落实问题。2004年，国务院印发《全面贯彻落实依法行政实施纲要》，提出要完善行政复议责任追究制度，2007年行政复议法实施条例进行了具体落实。行政复议法实施条例是对行政复议法的重要补充,明确了行政复议在化解行政争议中的重要作用,从法律上确立了行政复议制度新的功能定位,在法律责任方面也作了相应的细化和补充。特别是针对被申请人违反法定的重作义务、妨碍行政复议人员调查取证行为作出明确规定,并对违反行政复议法及实施条例规定行为如何追究法律责任作了具体规定,大大增强了相关责任条款的可操作性。

(五)2023年新修订的行政复议法:对行政复议法律责任作了重要完善

1999年《行政复议法》出台后,分别于2009年进行第一次修正、2017年进行第二次修正,这两次修正均是对个别条款进行调整,并未涉及法律责任内容的修改。2023年《行政复议法》的修订,对行政复议各项制度进行全面修改和系统重塑。综观整个修订过程,有条清晰的主线贯穿始终,那就是落实习近平总书记关于行政复议工作的重要指示精神,以发挥行政复议化解行政争议的主渠道作用为总目标。在这一目标导向下,反思行政复议法律责任制度的功能缺失,从而"对症下药"精准施策去助推主渠道目标的实现。为此,新修订的行政复议法从两个方面入手作了修改完善:一是扩容,增加了两个条款:对拒绝、阻挠行政复议人员调查取证,故意扰乱行政复议工作秩序的行为明确了法律责任;规定行政复议机关在办案过程中发现公职人员涉嫌违法或者犯罪的问题线索,应当移送监察机关依法调查处置。二是强化了行政复议机关的责任,1999年行政复议法对行政复议机关的责任追究主要针对无正当理由不予受理行政复议申请、不按照规定转送行政复议申请以及在法定期限内不作出行政复议决定三种情形,新修订的行政复议法采取概括的方式,明确规定对行政复议机关不依照规定履行行政复议职责的,应当依法给予处分,从而实现了对行政复议机关责任追究各种情形的全覆盖。

第二节 行政复议法律责任主体

行政复议法律责任主体是指行政复议法律责任的承担者。按照行政复议法及其实施条例的规定,行政复议法律责任主体共有六个,分别为行政复议机关、行政复议机构、行政复议人员、被申请人、行政机关及其工作人员、其他人员。上述责任主体基本涵盖了行政复议活动的各方面参加人,考虑到行政复议活动主要参与者为三方,行政复议机关、被申请人和申请人,其中行政复议机关为裁判者,申请人和被申请人为争议双方。下面按照该逻辑对责任主体作简要分类并逐一介绍。

一、作为裁判者的责任主体:行政复议机关、行政复议机构和行政复议人员

在行政复议活动中,行政复议机关、行政复议机构和行政复议人员是程序的主导者,也是行政复议职责的主要承担者,具有公正裁判行政纠纷的法定义务,无疑是最重要的行政复议法律责任主体。这三者从广义上来说职责相同,只是称谓和角色分工有所区别,因此可以归为一类。

1. 行政复议机关。行政复议机关是行使行政复议职责的法定机关,严格来讲,真正能够代表行政复议权威的是行政复议机关,在行政复议决定书等正式文书中盖章的也是行政复议机关,因此行政复议机关无疑是行政复议法律责任的首要主体。根据行政复议法的规定,县级以上政府是最主要的行政复议机关,绝大多数的行政复议案件由政府审理并作出行政复议决定。其他行政复议机关包括国务院各部委、实行垂直管理的海关、金融等部门。从行政复议法及其实施条例的规定看,有关法律责任的规定首先就是针对行政复议机关,强化行政复议机关的法律责任几乎成为行政复议制度

历次修改的重要议题。

2. 行政复议机构。由于行政复议机关主要是县级以上人民政府,政府的行政管理职责范围极其广泛,行政复议职责固然重要,但也仅是其若干职责中的一项,因此行政复议职责的履行需要由一个机构具体来承担,也就是政府的法制机构。2008 年国家机构改革前是由县级以上政府法制办来承担,改革后法制办与司法行政部门合并,这项职责也就由重新组建的司法厅局来承继,因此各地的司法厅局就是本级政府的行政复议机构。关于行政复议机构的法律责任,1999 年行政复议法强调的是行政复议机构的监督责任,规定其发现有无正当理由不予受理行政复议申请、不履行行政复议决定等情形的,应当向有关行政机关提出处理建议。2007 年行政复议法实施条例加强了对行政复议工作的监督,明确行政复议机构不履行行政复议职责的,对相关责任人依法给予处分。

3. 行政复议人员。行政复议机关和行政复议机构都是单位集体,具体工作最终要落实到"个人"头上。行政复议人员就是承担行政复议工作的"个人",在很大程度上决定着行政复议制度价值的实现。行政复议人员审理行政复议案件公正与否、水平高低都关系到行政复议功能能否有效发挥,也关乎行政复议制度的生命力,因此可谓责任重大。行政复议法明确规定,行政复议机关工作人员在行政复议活动中,徇私舞弊或者有其他渎职、失职行为的,依法给予处分;构成犯罪的,依法追究刑事责任。

二、行政争议的引发者和当事人:被申请人

所谓争议,必定是两方以上,比如合同纠纷。行政争议也不例外,争议双方是申请人和被申请人。与民事争议不同的是,行政争议一般由被申请人引发,被申请人作出行政行为,比如行政处罚,作为被处罚对象的相对人不服,因此产生争议。行政复议法就是规范行政复议活动的法律,明晰各方当事人在行政复议活动中的义务和责任,最终目的是在法治框架下实现定

分止争,确保社会公平正义。法律责任与违法行为是密不可分的,只有违法行为出现,法律责任条款才会被激活而实际发挥作用。所谓的违法行为,就是违反法律规定的义务。因此,法定义务与法律责任是相对应的,讨论被申请人的法律责任,可以从被申请人在行政复议活动中的法定义务入手。

第一,被申请人有依法答复并提交证据材料的义务。不同于民事诉讼"谁主张,谁举证",行政复议与行政诉讼一样,实行举证责任倒置。被申请人是作出行政行为的行政机关,在行政复议活动中具有提交材料证明行政行为合法性和合理性的法定义务,其中对于合理性的举证责任是区别于行政诉讼的重要方面。违反这一法定义务的法律后果是什么呢?行政复议法中明确规定,被申请人未按规定提出书面答复、提交当初作出行政行为的证据、依据和其他有关材料的,视为该行政行为没有证据、依据,行政复议机关应当决定撤销该行政行为,同时相关责任人员还要承担相应的法律责任。

第二,被申请人有配合行政复议机构和行政复议人员调查取证的义务。从理想化的角度讲,被申请人在收到行政复议机关的答复通知书后,应当将当初作出行政行为的全部证据、依据和其他有关材料提交行政复议机关,行政复议机关只需根据这些材料,对行政行为进行审查并作出是否合法或者适当的判断。但实际上行政机关提交的材料往往不够充分,行政复议机构和行政复议人员还需要根据案件的需要进一步调查取证或者对有关证据材料进行核实,被申请人应当积极予以配合,不得拒绝或者阻挠,以便行政复议人员准确查明有关案件事实。同时,需要注意的是,按照行政复议法的规定,在行政复议过程中,被申请人不得自行向申请人和其他有关组织或者个人收集证据。

第三,被申请人有依法履行行政复议决定书、调解书和意见书的义务。行政复议属于典型的层级监督,行政复议机关与被申请人就是上级与下级、领导与被领导的关系。行政复议决定是行政复议活动的结果,是具有国家强制力的法律文书。对于行政复议机关作出的行政复议决定,被申请人作为下级行政机关应当无条件服从,并不折不扣予以执行。为了避免被申请人以各种理由不履行或者拖延履行行政复议决定,行政复议法对此规定了明确的法律责任。

第四,被申请人有按照行政复议决定的要求重新作出行政行为的义务。实际上这也是被申请人履行行政复议决定的延伸。按照行政复议法及其实施条例的规定,行政行为存在主要事实不清、证据不足或者明显不当等问题的,行政复议机关可以责令被申请人在一定期限内重新作出行政行为,被申请人应当执行,并且不得以同一事实和理由作出与原行政行为相同或者基本相同的行政行为,否则就要承担相应的法律责任。

第五,被申请人有依法保障行政复议活动顺利进行的义务。主要包括:(1)不得阻挠或者变相阻挠公民、法人或者其他组织依法申请行政复议;(2)不得因为申请人申请行政复议而对申请人进行打击报复;(3)按照行政复议机关的要求停止执行行政行为,行政复议期间原则上行政行为不停止执行,但如果行政复议机关认为需要停止执行的,被申请人应当尊重,使行政行为处于暂时中止的状态。

三、行政复议程序的启动者:申请人

相比于行政复议机关和被申请人,申请人在行政复议活动中的主要"使命"就是提交行政复议申请,以启动行政复议程序,但这是申请人的权利而并非义务,而且行政复议程序启动之后的主要证明责任在于被申请人,因此总体上讲,申请人的行政复议法定义务最少。但这并不代表申请人在整个行政复议过程中"零责任",下面将介绍属于申请人的义务。

1.勤勉义务。为了避免行政行为长期处于不确定的状态,无论是行政诉讼还是行政复议,都有明确的申请期限。因此,尽管是否申请行政复议属于申请人的权利,但一旦申请人决定申请,就必须在法定申请期限内向有关行政复议机关提交申请材料。如果超出了申请期限,申请人就得承担其行

政复议申请不被受理的不利后果。再比如,行政复议机构为了查验行政复议申请的真实性,以适当的方式核实申请人的身份,申请人应当予以积极配合。实践中确实也出现"虚假复议"的现象,有的申请人冒用他人的身份向行政复议机关申请行政复议,对此行政复议机构要依法予以甄别,但也不能因此给申请人增加不必要的负担。

2. 忠实义务。主要指申请人提交的材料应当真实,不得伪造篡改。比如,申请人不服交通警察对其作出的交通违法处罚决定,向行政复议机关申请行政复议,应当在提交行政复议申请时附具上述处罚决定书原件或者复印件,且不得对该处罚决定书进行篡改。再比如,在行政复议期间,申请人与被申请人达成了和解,申请人自愿撤回行政复议申请后,不得再以同一事实和理由提出行政复议申请。

3. 配合义务。为了行政复议活动的顺利推进,申请人应当配合行政复议机关的安排。比如,行政复议申请材料不齐全或者表述不清楚,行政复议机关书面通知补正,申请人应当按要求提交补正材料。再比如,根据行政复议法的规定,行政复议机关有权向有关单位和个人调查取证,被调查取证的单位和个人应当积极配合行政复议人员的工作,不得拒绝或者阻挠,这里的"有关单位和个人"自然包括申请人。

四、承担行政复议法律责任的其他人员

在行政复议活动中,行政复议机关、被申请人和申请人无疑是最重要的参与方,也是行政复议法律责任的主要承担者。除了上述三类主体外,行政复议法及其实施条例还规定了其他责任主体,主要包括:

1. 行政机关及其工作人员。行政复议法规定,行政机关及其工作人员违反本法规定的,行政复议机关可以向有权机关移送相关违法事实材料。这里的行政机关既包括被申请人,也包括被申请人之外的其他行政机关。

2. 不特定人员。为了保障行政复议活动顺利开展,行政复议法对拒

绝、阻挠行政复议人员调查取证、故意干扰行政复议工作秩序的行为明确了法律责任。这里的责任主体并不特定,可能是行政机关的工作人员,也可能是申请人的代理人,还可能是与行政复议案件无关的其他人员。

另外,行政复议活动的其他参加人,比如代理人、鉴定人、勘验人、行政复议委员会委员等,在行政复议活动中均有自己的法定义务,尽管行政复议法及其实施条例并未明确规定相应的法律责任,但并不意味着其不需要承担任何责任,只是因其并非主要责任者,而法律条文受篇幅所限难以涵盖全部,事实上我们也可以理解其为潜在的责任主体。

第三节　行政复议法律责任内容

行政复议主渠道目标的实现,需要行政复议相关义务主体各司其职,在行政复议活动中依法履行好相应的法定义务,为之提供法律保障的正是有关法律责任条款。一方面,相关法律责任内容应当能够保证行政复议机关、行政复议机构和行政复议人员严格履行行政复议职责,公正审理行政复议案件,依法明是非、做裁判,发挥行政复议化解行政争议、监督行政机关依法行政、维护人民群众合法权益的重要作用;另一方面,相关法律责任内容能够减少甚至排除外界对行政复议活动的非法干扰,维护行政复议正常秩序,确保行政复议活动顺利开展。下面,着重介绍行政复议法及其实施条例规定的相关法律责任内容。

一、行政复议机关或者行政复议机构不依法履行行政复议职责应当承担的法律责任

行政复议机关和行政复议机构是行政复议活动的主导者,无论是行政复议制度整体目标的实现,还是具体行政争议案件的审理,行政复议机关和

行政复议机构都是主要责任者。从某种意义上讲,行政复议法以及行政复议法实施条例就是围绕着如何为行政复议机关和行政复议机构设定相关行政复议职责,并通过法律责任条款确保这些职责得到正确履行来展开的。1999 年行政复议法针对无正当理由不予受理行政复议申请、不按照规定转送行政复议申请、在法定期限内不作出行政复议决定三种行政复议机关不履责的情形,规定了相应的法律责任。2007 年行政复议法实施条例补充完善了行政复议机构的法律责任,规定"行政复议机关或者行政复议机构不履行行政复议法和本条例规定的行政复议职责,经有权监督的行政机关督促仍不改正的,对直接负责的主管人员和其他直接责任人员依法给予警告、记过、记大过的处分;造成严重后果的,依法给予降级、撤职、开除的处分"。2023 年新修订的《行政复议法》进一步强化了行政复议机关的法律责任,加重了对行政复议机关不履责的处分力度,明确规定只要行政复议机关不依法履行行政复议职责,就要对负有责任的领导人员和直接责任人员依法给予警告、记过、记大过的处分;如果经有权监督的行政机关督促仍不改正或者造成严重后果,则应当依法给予降级、撤职、开除的处分。对此,要重点掌握以下几点:

首先,要准确把握不依法履行行政复议职责的含义。指的是没有依照行政复议法及其实施条例的规定履行行政复议职责,具体来讲包括几个方面的职责:一是依法受理行政复议申请,这是行政复议发挥作用的前提,只有绝大多数的行政争议能够顺畅进入行政复议程序,行政复议主渠道建设方能谈起。因此决不允许行政复议机关或者行政机关将符合受理条件的行政复议申请拒之门外,如出现无正当理由不予受理行政复议申请的情形,则相关单位和个人应当被依法惩处。二是依法审理行政复议案件。行政复议法规定,行政复议机关履行行政复议职责,应当遵循合法、公正、公开、高效、便民、为民的原则,坚持有错必纠,保障法律、法规的正确实施。行政复议机关和行政复议机构要按照行政复议法及其实施条例规定的原则、要求、程序审理行政复议案件,否则就会被追究相应法律责任,比如行政复议机构该听证未听证,导致案件事实没查清,相关复议案件承办人员被给予警告处分。三是依法作出行政复议决定。高效是行政复议的特点和优势,行政复议法规定了行政复议的审理期限,行政复议机关在法定期限内不作出行政复议决定,就是未依法履行行政复议职责,应当被追究法律责任。如某县政府因案件申请人下落不明决定中止行政复议,之后申请人要求恢复审理后,仍无正当理由继续长时间中止行政复议,相关案件承办人被给予警告处分。

其次,要准确理解和把握具体承担法律责任的人员。由于作为责任主体的行政复议机关或者行政复议机构属于单位,行政复议法将责任最终落实到具体个人身上,明确由负有责任的领导人员和直接责任人员来承担。"负有责任的领导人员",主要是指担任一定的领导职务,直接作出或者参与作出违法行为决策,或者因疏于管理对造成的损失或者危害结果等负有责任的人员。行政复议工作中的领导人员,主要包括行政复议机关主要负责人、分管行政复议工作的负责人、行政复议机构负责人等。"直接责任人员",主要是指违法行为的具体实施者,即直接实施违法行为而造成损失、不良影响等后果的公职人员。行政复议工作中,直接责任人员主要是指直接办理行政复议工作的行政复议人员。

最后,要准确掌握具体责任内容。对于行政复议机关和行政复议机构,主要追究行政责任,按情节轻重分为两档,与公务员处分的六个种类相对应,每一档包含三种处分:(1)对于不履行行政复议职责的一般违法情形,比如超期作出行政复议决定,对相关责任人员依法给予警告、记过、记大过的处分;(2)对于经有权监督的行政机关督促仍不改正或者造成严重后果的,依法给予降级、撤职、开除的处分。

二、行政复议机关工作人员渎职或失职应当承担的法律责任

作为明是非、断曲直的一项裁判活动,公正是行政复议的生命线。要做

到公正,就得居中,不偏不倚。徇私舞弊,就是为了私情、私利故意颠倒黑白,干违法乱纪之事,在行政复议活动中表现在为私人关系或者利益进行枉法裁判,这不仅损害了一方当事人的利益,更是对法律公正性的破坏,从根本上动摇法治信仰的根基。因此,行政复议法专门对行政复议机关工作人员渎职、失职行为规定了相应的法律责任。按照《行政复议法》第八十一条的规定,行政复议机关工作人员在行政复议活动中,徇私舞弊或者有其他渎职、失职行为的,依法给予警告、记过、记大过的处分;情节严重的,依法给予降级、撤职、开除的处分;构成犯罪的,依法追究刑事责任。

1. 行政复议机关工作人员的范围。这里的行政复议机关工作人员指的是在行政复议活动中承担行政复议职责的公务人员,既包括行政复议机关的各级领导,也包括具体办理行政复议案件的行政复议人员。从理论上讲,在行政复议机关内部,无论是具体承担办案职责的行政复议人员,还是有审批权限的各级领导,都可能对行政复议案件结果施加直接影响,也都存在徇私舞弊等渎职、失职的可能性。假设行政复议机关工作人员仅限于具体办案的工作人员,那么对案件有直接决定权和审批权的领导如果渎职,对其追究法律责任则缺乏直接依据。因此,法条中用"行政复议机关工作人员",而不用"行政复议人员",如此规定可以实现有关责任人员的全覆盖。

2. 渎职、失职的具体情形。主要包括两类行为:一类是徇私舞弊的渎职行为,表现为在行政复议工作中滥用职权、玩忽职守或者徇私枉法,比如非法收受当事人或者利害关系人的财物,接受不符合规定的宴请,因此作出明显不公的裁判,不仅损害了一方当事人的合法权益,也对党和政府的形象造成严重破坏。另一类是不作为的失职行为,表现为对行政复议本职工作不认真负责,未按照规定履行行政复议职责,比如应当让申请人补正材料而直接对行政复议申请不予受理,对事实不清的案件应当调查取证而直接予以书面审查,召开听证会不通知申请人而仅单方面听取被申请人意见,行政复议决定文书错字连篇等。

3. 渎职失职的具体法律责任。根据违法情节轻重,法律责任分为三档:对于一般违法没有造成严重后果的,对该行政复议机关工作人员给予警告、记过、记大过的处分;违法情节严重的,依法给予降级、撤职、开除的处分;如果违法行为已构成犯罪的,那么应当依照刑法的有关规定对该责任人员追究刑事责任。比如,行政复议办案人员利用职务上的便利,索取或者收受当事人、利害关系人的财物,就可能以受贿罪被判处相应刑罚。

三、被申请人不履行行政复议法定义务应当承担的法律责任

从世界各国的法治实践看,将绝大多数行政争议化解在初发阶段、化解在行政程序中,是社会治理法治化的重要内容。在行政复议化解行政争议的制度构架内,被申请人作为争议的引发者,对争议的解决负有不可推卸的责任。因此,被申请人的法律责任内容在行政复议法及其实施条例规定的全部法律责任中占据着相当大的比例,其重要性不言而喻。

第一,阻碍他人申请行政复议的法律责任。行政机关作出行政行为后,行政相对人或者其他利害关系人认为该行政行为侵犯其合法权益时,可以提出行政复议申请,此时该行政机关就是被申请人。有的行政机关不愿意被纳入行政复议审查,可能对申请人设置各种障碍,比如不告知相对人申请行政复议的权利,不送达行政行为文书,用言语威胁相对人不得申请行政复议等。为避免出现此类情况,行政复议法规定,被申请人阻挠、变相阻挠公民、法人或者其他组织依法申请行政复议的,对负有责任的领导人员和直接责任人员依法给予警告、记过、记大过的处分;进行报复陷害的,依法给予降级、撤职、开除的处分;构成犯罪的,依法追究刑事责任。

第二,未履行行政复议答复义务的法律责任。按照行政复议法的规定,行政复议机关受理行政复议申请后,应当通知被申请人进行答复,被申请人必须在法定期限内提出书面答复并提交相关证据材料。被申请人提交证据材料是行政复议程序的重要环节,也是行政复议机关据以判断行政行为是

否合法适当的直接根据。如果被申请人拒不履行这一义务,行政复议程序就无法继续进行,因此必须对此规定相应的法律责任。被申请人不提出书面答复或者不提交作出行政行为的证据、依据和其他有关材料,对负有责任的领导人员和直接责任人员依法给予警告、记过、记大过的处分;进行报复陷害的,依法给予降级、撤职、开除的处分;构成犯罪的,依法追究刑事责任。

第三,不履行行政复议决定的法律责任。行政复议决定、行政复议调解书、行政复议意见书是具有法律效力的文书,包括被申请人在内的有关当事人都要依法履行。被申请人不履行或者无正当理由拖延履行行政复议决定书、调解书、意见书的,行政复议机关或者有关上级行政机关应当责令其限期履行,并可以约谈被申请人的有关负责人或者予以通报批评。同时,行政复议法在法律责任中也明确规定,被申请人不履行或者无正当理由拖延履行行政复议决定书、调解书、意见书的,对负有责任的领导人员和直接责任人员依法给予警告、记过、记大过的处分;经责令履行仍拒不履行的,依法给予降级、撤职、开除的处分。另外,行政复议机关在作出撤销的行政复议决定中,许多情况下会同时责令被申请人重新作出行政行为,为避免被申请人拖延履行或者不履行,行政复议法实施条例特别规定,被申请人在规定期限内未按照行政复议决定的要求重新作出行政行为,或者违反规定重新作出行政行为的,应当依法追究法律责任。

需要注意的是,与行政复议机关一样,被申请人也是行政单位,对其追究的法律责任具体由负有责任的领导人员和直接责任人员来承担。

四、妨碍行政复议人员调查取证应当承担的法律责任

行政复议人员进行调查取证,是审理行政复议案件的客观需要,也是化解行政争议的必然要求,相关人员应当予以积极配合,帮助行政复议人员获取相关证据材料以查清案件事实。《行政复议法》第八十四条规定,拒绝、阻挠行政复议人员调查取证,故意扰乱行政复议工作秩序的,依法给予处

分、治安管理处罚;构成犯罪的,依法追究刑事责任。关于妨碍行政复议人员调查取证的法律责任,需要重点把握以下几点:

其一,法律责任的对象是不特定主体。在行政复议法及其实施条例规定的法律责任中,其他法律条文的责任主体都是明确的,而拒绝、阻挠行政复议人员调查取证则比较特殊,条文中并没有明确谁来实施这一行为,这意味着无论是哪个主体,不管是申请人,还是被申请人的工作人员,甚至是与案件无关的其他人员,只要客观上对行政复议人员调查取证造成了妨碍,干扰了行政复议案件的正常办理,就可能被依法追究法律责任。

其二,违法行为可能是积极的作为,也可能是消极的不作为。积极的作为表现为干扰、阻挠、妨碍甚至以暴力的方法对抗调查,使行政复议人员无法进入调查场所,无法查阅、复制、调取有关文件和资料,无法达到调查取证的目的。消极的不作为体现为对行政复议人员的调查取证不配合、不理睬,使行政复议办案工作难以继续进行,客观上对正常的行政复议工作秩序造成了干扰。

其三,承担的行政责任有所区别。由于责任主体可能不同,法律责任的内容也有所区别。如果是被申请人的工作人员妨碍调查取证,因其属于公务员的身份,应当依照《公务员法》的规定,视其情节轻重给予不同种类的处分。如果是不具有公职人员身份的其他人员,则应当依照《治安管理处罚法》第五十条关于"阻碍国家机关工作人员依法执行职务"的规定,处警告或者 200 元以下罚款;情节严重的,处五日以上十日以下拘留,可以并处500 元以下罚款。

其四,追究刑事责任的具体内容。法条中规定"构成犯罪的,依法追究刑事责任",这里的"依法"指的是依照刑法。首先,需要明确构成什么犯罪,如果是以暴力的方式阻挠行政复议人员调查取证,那么应认定为"以暴力、威胁方法阻碍国家机关工作人员依法执行职务",即构成妨害公务罪,相应的刑事责任是"处 3 年以下有期徒刑、拘役、管制或者罚金";其次,假设过程中发生更为严重的后果,比如暴力对抗调查致人死亡,那么可能构成故意伤害罪、过失致人死亡罪甚至故意杀人罪,则应当依照相应的法律条文追究刑事责任。

第四节　行政复议法律责任追究

行政复议法律责任的追究涉及如何将纸面上的法律条文具体落实落地。行政复议法律责任条款的存在,为行政复议法律法规有效贯彻实施提供了重要保障,但法律责任条款在实践中被戏称为"沉睡条款",只有这些条款被有效"激活"并实际运用,才能确保行政复议法规定的各项法定义务得到切实履行,将行政复议的制度优势不断转化为治理效能。接下来需要讨论的问题是谁来激活法律责任条款、谁来追究法律责任、怎么追究法律责任。

一、谁来激活法律责任条款

"沉睡条款"需要有人来唤醒。法律责任追究是与违法行为直接关联的,最容易发现违法行为以及受违法行为影响最大或者最直接的人,往往最有可能去触动法律责任条款的激活"开关"。从这个角度分析,不难发现,有两类主体可"堪此重任"。

第一类主体是申请人。作为利益相关方,申请人之所以向行政复议机关提交行政复议申请,其目的就是想通过行政复议这一法定渠道去实现救济,维护自己的合法权益,因此是最希望行政复议活动能够顺利进行的人。当申请人发现存在干扰因素影响行政复议正常进行时,必然会采取必要的措施去排除干扰,如果这些干扰因素已经构成行政复议法律法规规定的违法行为,那么最好的办法就是通过某种方式去激活相关法律责任条款。实践中最为常见的是,当行政复议机关作出责令被申请人履责或者重新作出行政行为的行政复议决定后,不管被申请人出于什么原因未履行该行政复议决定,申请人都会起到"监督履行"的作用,向行政复议机关或者有关上级行政机关要求履行该行政复议决定,不少申请人会同时要求有权机关按照行政复议法或者公务员法的规定,追究被申请人拒不执行行政复议决定的法律责任,对有关责任人员给予处分。事实上,几乎所有的法律责任条款,无论是被申请人阻挠申请行政复议、不提交书面答复和证据材料、妨碍行政复议人员调查取证、不履行行政复议决定、对申请人进行报复陷害,还是行政复议机关不依法履行行政复议职责或者行政复议人员存在徇私舞弊等渎职、失职行为,都会对申请人产生直接的影响,导致其运用行政复议维护合法权益的目的无法实现,因此申请人都可能通过向有权机关投诉或者举报的方式,去直接或者间接激活相关责任条款。

第二类主体是行政复议机关或者行政复议机构。行政复议机关是行政复议主渠道建设的第一责任人,也是行政复议法及其实施条例全面有效贯彻实施的主要推动力量,而行政复议机构则是实际的践行者。因此,对于行政复议机关和行政复议机构而言,既要严格依法履行行政复议法规定的各项职责,避免因不作为被追究相关法律责任,又要切实担负起贯彻实施好行政复议法包括法律责任条款的职责使命,对有关行政机关及其工作人员、其他人员违反行政复议法规定的行为敢于亮剑,积极用好用足法律责任条款,确保行政复议制度充分发挥出功能作用,为新征程推进全面依法治国、服务和保障中国式现代化贡献行政复议力量。《行政复议法》第八十五条规定,行政机关及其工作人员违反本法规定的,行政复议机关可以向监察机关或者公职人员任免机关、单位移送有关人员违法的事实材料,接受移送的监察机关或者公职人员任免机关、单位应当依法处理。同时,行政复议机关还可以向监察机关移送职务违法或者犯罪的问题线索,《行政复议法》第八十六条规定,行政复议机关在办理行政复议案件过程中,发现公职人员涉嫌贪污贿赂、失职渎职等职务违法或者职务犯罪的问题线索,应当依照有关规定移送监察机关,由监察机关依法调查处置。需要注意的是,对于涉及职务犯罪案件的移交属于行政复议机关的义务,并非其自由裁量范围,不能擅自以行政处罚或者处分代替刑事处罚,否则可能因此承担法律责任。此外,行政复议法实施条例还赋予行政复议机构处分建议权,以启动相关法律责任追究程序,其第六十五条规定行政复议机构可以向人事、监察部门提出对有关责任人员的处分建议,当然行政复议机构也可以直接向有关机关转送相关违法事实材料。

二、谁来追究法律责任

法律责任是法律规定的责任,责任的追究主体也应该是法律授权的机关。按照《行政复议法及其实施条例》以及《公务员法》等法律法规的规定,有权追究行政复议法律责任的国家机关包括:

(一)监察机关

监察机关是行使国家监察职能的专责机关,依照《监察法》对所有行使公权力的公职人员进行监察,调查职务违法和职务犯罪,开展廉政建设和反腐败工作。其主要职责有三项:一是监督职责,指对公职人员开展廉政教育,对其依法履职、秉公用权、廉洁从政从业以及道德操守情况进行监督检查;二是调查职责,对涉嫌贪污贿赂、滥用职权、玩忽职守、权力寻租、利益输送、徇私舞弊以及浪费国家资财等职务违法和职务犯罪进行调查;三是处置职责,对违法的公职人员依法作出政务处分决定,对履行职责不力、失职失责的领导人员进行问责,对涉嫌职务犯罪的将调查结果移送人民检察院依法审查、提起公诉;同时,可以向监察对象所在单位提出监察建议。

按照行政复议法及其实施条例的规定,行政复议活动中行政复议机关及其工作人员、作为被申请人的行政机关及其工作人员是主要责任主体,而承担法律责任的主要方式是处分。监察机关的监察范围覆盖所有公职人员,自然也包括行政复议活动中的公职人员。监察机关对于行政复议法律责任的追究,主要依据《公职人员政务处分法》的规定,按照管理权限对违法的公职人员进行政务处分。

（二）公职人员任免机关、单位

《公务员法》第九章对"监督与惩戒"作出了规定。根据该法第五十七条的规定,机关应当对公务员进行监督,发现问题的应当区分不同情况予以谈话提醒、批评教育、责令检查、诫勉、组织调整、处分;对涉嫌职务违法和职务犯罪的,应当依法移送监察机关处理。《公职人员政务处分法》第二条规定,本法适用于监察机关对违法的公职人员给予政务处分的活动,其中第二章、第三章适用于公职人员任免机关、单位对违法的公职人员给予处分。该法第二章规定的是"政务处分的种类和适用";第三章是关于"违法行为及其适用的政务处分"的规定,其中第三十条规定拒不执行或者变相不执行、拖延执行上级依法作出的决定、命令的,予以警告、记过或者记大过;情节严重的,予以降级或者撤职,这一规定与行政复议法关于不履行行政复议决定的法律责任条款是相衔接的。

（三）公安机关

行政复议法及其实施条例针对不同责任主体规定了不同的责任内容,对于公职人员的违法行为可以通过任免机关或者监察机关处分予以惩戒,而针对不具有公职人员身份的其他人员则无法通过处分追究其行政责任,因此在法律责任中规定了对这类责任人员给予治安处罚的追责方式。根据《治安管理处罚法》的规定,治安管理职责由县级以上人民政府公安机关依法履行,对扰乱公共秩序,妨害社会管理等违反治安管理行为依法给予治安管理处罚。处罚的种类包括警告、罚款、行政拘留、吊销公安机关发放的许可证等。

（四）司法机关

行政复议法律责任中的刑事责任只能由司法机关来追究。我国的司法机关主要包括公安机关、检察机关、审判机关。按照《刑事诉讼法》第三条的规定,对刑事案件的侦查、拘留、执行逮捕、预审,由公安机关负责。检察、批准逮捕、检察机关直接受理的案件的侦查、提起公诉,由人民检察院负责。审判由人民法院负责。除法律特别规定的以外,其他任何机关、团体和个人都无权行使这些权力。按照行政复议法及其实施条例的规定,对于违法行为构成犯罪的,比如行政机关对申请人进行报复陷害导致申请人重伤,应当依法追究责任人员的刑事责任。

除了上述四类机关以外,行政复议机关是否也有权追究行政复议法律责任? 在1990年行政复议条例中,明确规定行政复议机关对于被申请人拒绝履行复议决定以及复议人员失职、徇私舞弊的情形,可以分别对被申请人的法定代表人和违法的行政复议人员给予行政处分。此时行政复议机关作为责任追究主体应是无可争议的。但1999年行政复议法制定时,相关法律责任条款不再明确责任追究主体,2007年行政复议法实施条例同样如此,2023年行政复议法修订时仍然沿袭这一模式。一方面是这样规定符合现行立法习惯;另一方面也考虑到对于法律责任的追究主要适用相应法律,比如追究刑事责任主要适用刑法,无须再作规定。可以确定的是,按照现行行政复议法的规定,对于被申请人不履行或者无正当理由拖延履行行政复议决定书、调解书、意见书的,行政复议机关在责令限期履行的同时,可以约谈被申请人的有关负责人或者予以通报批评;而对于在行政复议活动中徇私舞弊的行政复议人员,行政复议机关作为任免机关可以视情节轻重,对该行政复议人员依法给予不同种类的处分。

三、怎么追究法律责任

从责任追究机关的角度出发,追究责任的程序大致为:发现违法事实——调查处理——作出决定。其中,发现违法事实是前提,也是法律责任得以落实的关键一步,在行政复议实务中主要有几种途径:(1)当事人举报,比如行政复议机关作出的行政复议决定明显偏袒被申请人,申请人掌握负责审理案件的行政复议人员徇私舞弊的证据,遂向监察机关提交了举报材料。(2)行政复议机构提供,比如行政复议机构发现被申请人对申请人打击报复,向任免机关移送违法事实材料,建议对该责任人员作出处分。(3)他人报案,比如当事人以暴力阻挠行政复议人员调查取证造成人员伤亡,接到报案后公安机关出警并按规定立案处理。

收到行政复议机构移送的材料后,监察机关或者任免机关应当按照规定程序进行处理。以监察机关为例,程序大致如下:一是对涉嫌违法的公职人员进行调查,向有关单位和个人了解情况,收集、调取证据。二是将调查认定的违法事实及拟给予政务处分的依据告知被调查人,听取被调查人的陈述和申辩。行政复议法律责任的追究主要判断责任主体的行为是否违反行政复议法及其实施条例的具体规定,属于地方性法规和规章调整范围的,还应同时查验是否违反地方性法规和规章规定的强制性义务。比如在一起工伤认定行政复议案件中,人力资源社会保障部门的工作人员拒绝将有关证据材料提交行政复议机构,导致工伤认定决定书被行政复议机关认定为无证据而被依法撤销,该责任人员也因此被给予记过处分。三是调查终结后,根据不同情况分别作出处理,决定给予政务处分的,应当制作政务处分决定书,及时送达被处分人和被处分人所在机关、单位,并在一定范围内宣布。公职人员对监察机关作出的涉及本人的政务处分决定不服的,可以依法向作出决定的监察机关申请复审;公职人员对复审决定仍不服的,可以向上一级监察机关申请复核。需要注意的是,对公职人员的同一违法行为,监察机关和公职人员任免机关、单位不得重复给予政务处分。同时,为了避免公职人员任免机关或单位徇私,法律规定,监察机关发现公职人员任免机关、单位应当给予处分而未给予,或者给予的处分违法、不当的,应当及时提出监察建议。

根据行政复议法实施条例的规定,监察机关等有权处理机关按照法定权限和程序对有关责任人员进行处理后,应当将处理结果通报转送的行政复议机构。关于通报结果的问题,行政复议法在修改时并没有直接引入行政复议法实施条例的有关规定,但这并不代表监察机关没有必要通报行政复议机构。事实上,《公职人员政务处分法》第四十六条也有类似规定,要求监察机关作出政务处分决定后,应当根据被处分人的具体身份书面告知相关的机关、单位。

典型案例㉜

在一起征地批复类行政复议案件办理过程中,行政复议机构到实地进行调查取证,某县政府工作人员贾某向行政复议机构提交了虚假证据材料,并在调查现场试图替换一组重要证明材料中的资金票据,被行政复议人员阻止。行政复议机构指出该问题后,任免机关依法对贾某作出撤职处分。

附　件

中华人民共和国行政复议法

（1999 年 4 月 29 日第九届全国人民代表大会常务委员会第九次会议通过　根据 2009 年 8 月 27 日第十一届全国人民代表大会常务委员会第十次会议《关于修改部分法律的决定》第一次修正　根据 2017 年 9 月 1 日第十二届全国人民代表大会常务委员会第二十九次会议《关于修改〈中华人民共和国法官法〉等八部法律的决定》第二次修正　2023 年 9 月 1 日第十四届全国人民代表大会常务委员会第五次会议修订）

目　　录

第一章　总　　则

第一条　为了防止和纠正违法的或者不当的行政行为,保护公民、法人和其他组织的合法权益,监督和保障行政机关依法行使职权,发挥行政复议化解行政争议的主渠道作用,推进法治政府建设,根据宪法,制定本法。

第二条　公民、法人或者其他组织认为行政机关的行政行为侵犯其合法权益,向行政复议机关提出行政复议申请,行政复议机关办理行政复议案件,适用本法。

前款所称行政行为,包括法律、法规、规章授权的组织的行政行为。

第三条　行政复议工作坚持中国共产党的领导。

行政复议机关履行行政复议职责,应当遵循合法、公正、公开、高效、便民、为民的原则,坚持有错必纠,保障法律、法规的正确实施。

第四条　县级以上各级人民政府以及其他依照本法履行行政复议职责的行政机关是行政复议机关。

行政复议机关办理行政复议事项的机构是行政复议机构。行政复议机构同时组织办理行政复议机关的行政应诉事项。

行政复议机关应当加强行政复议工作,支持和保障行政复议机构依法履行职责。上级行政复议机构对下级行政复议机构的行政复议工作进行指导、监督。

国务院行政复议机构可以发布行政复议指导性案例。

第五条　行政复议机关办理行政复议案件,可以进行调解。

调解应当遵循合法、自愿的原则,不得损害国家利益、社会公共利益和他人合法权益,不得违反法律、法规的强制性规定。

第六条　国家建立专业化、职业化行政复议人员队伍。

行政复议机构中初次从事行政复议工作的人员,应当通过国家统一法律职业资格考试取得法律职业资格,并参加统一职前培训。

国务院行政复议机构应当会同有关部门制定行政复议人员工作规范,加强对行政复议人员的业务考核和管理。

第七条　行政复议机关应当确保行政复议机构的人员配备与所承担的工作任务相适应,提高行政复议人员专业素质,根据工作需要保障办案场所、装备等设施。县级以上各级人民政府应当将行政复议工作经费列入本级预算。

第八条　行政复议机关应当加强信息化建设,运用现代信息技术,方便公民、法人或者其他组织申请、参加行政复议,提高工作质量和效率。

第九条　对在行政复议工作中做出显著成绩的单位和个人,按照国家有关规定给予表彰和奖励。

第十条　公民、法人或者其他组织对行政复议决定不服的,可以依照《中华人民共和国行政诉讼法》的规定向人民法院提起行政诉讼,但是法律规定行政复议决定为最终裁决的除外。

第二章　行政复议申请

第一节　行政复议范围

第十一条　有下列情形之一的,公民、法人或者其他组织可以依照本法申请行政复议：

（一）对行政机关作出的行政处罚决定不服；

（二）对行政机关作出的行政强制措施、行政强制执行决定不服；

（三）申请行政许可，行政机关拒绝或者在法定期限内不予答复，或者对行政机关作出的有关行政许可的其他决定不服；

（四）对行政机关作出的确认自然资源的所有权或者使用权的决定不服；

（五）对行政机关作出的征收征用决定及其补偿决定不服；

（六）对行政机关作出的赔偿决定或者不予赔偿决定不服；

（七）对行政机关作出的不予受理工伤认定申请的决定或者工伤认定结论不服；

（八）认为行政机关侵犯其经营自主权或者农村土地承包经营权、农村土地经营权；

（九）认为行政机关滥用行政权力排除或者限制竞争；

（十）认为行政机关违法集资、摊派费用或者违法要求履行其他义务；

（十一）申请行政机关履行保护人身权利、财产权利、受教育权利等合法权益的法定职责，行政机关拒绝履行、未依法履行或者不予答复；

（十二）申请行政机关依法给付抚恤金、社会保险待遇或者最低生活保障等社会保障，行政机关没有依法给付；

（十三）认为行政机关不依法订立、不依法履行、未按照约定履行或者违法变更、解除政府特许经营协议、土地房屋征收补偿协议等行政协议；

（十四）认为行政机关在政府信息公开工作中侵犯其合法权益；

（十五）认为行政机关的其他行政行为侵犯其合法权益。

第十二条　下列事项不属于行政复议范围：

（一）国防、外交等国家行为；

（二）行政法规、规章或者行政机关制定、发布的具有普遍约束力的决定、命令等规范性文件；

（三）行政机关对行政机关工作人员的奖惩、任免等决定；

（四）行政机关对民事纠纷作出的调解。

第十三条　公民、法人或者其他组织认为行政机关的行政行为所依据的下列规范性文件不合法，在对行政行为申请行政复议时，可以一并向行政复议机关提出对该规范性文件的附带审查申请：

（一）国务院部门的规范性文件；

（二）县级以上地方各级人民政府及其工作部门的规范性文件；

（三）乡、镇人民政府的规范性文件；

（四）法律、法规、规章授权的组织的规范性文件。

前款所列规范性文件不含规章。规章的审查依照法律、行政法规办理。

第二节　行政复议参加人

第十四条　依照本法申请行政复议的公民、法人或者其他组织是申请人。

有权申请行政复议的公民死亡的，其近亲属可以申请行政复议。有权申请行政复议的法人或者其他组织终止的，其权利义务承受人可以申请行政复议。

有权申请行政复议的公民为无民事行为能力人或者限制民事行为能力人的，其法定代理人可以代为申请行政复议。

第十五条　同一行政复议案件申请人人数众多的，可以由申请人推选代表人参加行政复议。

代表人参加行政复议的行为对其所代表的申请人发生效力，但是代表人变更行政复议请求、撤回行政复议申请、承认第三人请求的，应当经被代表的申请人同意。

第十六条　申请人以外的同被申请行政复议的行政行为或者行政复议

案件处理结果有利害关系的公民、法人或者其他组织,可以作为第三人申请参加行政复议,或者由行政复议机构通知其作为第三人参加行政复议。

第三人不参加行政复议,不影响行政复议案件的审理。

第十七条　申请人、第三人可以委托一至二名律师、基层法律服务工作者或者其他代理人代为参加行政复议。

申请人、第三人委托代理人的,应当向行政复议机构提交授权委托书、委托人及被委托人的身份证明文件。授权委托书应当载明委托事项、权限和期限。申请人、第三人变更或者解除代理人权限的,应当书面告知行政复议机构。

第十八条　符合法律援助条件的行政复议申请人申请法律援助的,法律援助机构应当依法为其提供法律援助。

第十九条　公民、法人或者其他组织对行政行为不服申请行政复议的,作出行政行为的行政机关或者法律、法规、规章授权的组织是被申请人。

两个以上行政机关以共同的名义作出同一行政行为的,共同作出行政行为的行政机关是被申请人。

行政机关委托的组织作出行政行为的,委托的行政机关是被申请人。

作出行政行为的行政机关被撤销或者职权变更的,继续行使其职权的行政机关是被申请人。

第三节　申请的提出

第二十条　公民、法人或者其他组织认为行政行为侵犯其合法权益的,可以自知道或者应当知道该行政行为之日起六十日内提出行政复议申请;但是法律规定的申请期限超过六十日的除外。

因不可抗力或者其他正当理由耽误法定申请期限的,申请期限自障碍消除之日起继续计算。

行政机关作出行政行为时,未告知公民、法人或者其他组织申请行政复议的权利、行政复议机关和申请期限的,申请期限自公民、法人或者其他组织知道或者应当知道申请行政复议的权利、行政复议机关和申请期限之日起计算,但是自知道或者应当知道行政行为内容之日起最长不得超过一年。

第二十一条　因不动产提出的行政复议申请自行政行为作出之日起超过二十年,其他行政复议申请自行政行为作出之日起超过五年的,行政复议机关不予受理。

第二十二条　申请人申请行政复议,可以书面申请;书面申请有困难的,也可以口头申请。

书面申请的,可以通过邮寄或者行政复议机关指定的互联网渠道等方式提交行政复议申请书,也可以当面提交行政复议申请书。行政机关通过互联网渠道送达行政行为决定书的,应当同时提供提交行政复议申请书的互联网渠道。

口头申请的,行政复议机关应当当场记录申请人的基本情况、行政复议请求、申请行政复议的主要事实、理由和时间。

申请人对两个以上行政行为不服的,应当分别申请行政复议。

第二十三条　有下列情形之一的,申请人应当先向行政复议机关申请行政复议,对行政复议决定不服的,可以再依法向人民法院提起行政诉讼:

(一)对当场作出的行政处罚决定不服;

(二)对行政机关作出的侵犯其已经依法取得的自然资源的所有权或者使用权的决定不服;

(三)认为行政机关存在本法第十一条规定的未履行法定职责情形;

(四)申请政府信息公开,行政机关不予公开;

(五)法律、行政法规规定应当先向行政复议机关申请行政复议的其他情形。

对前款规定的情形,行政机关在作出行政行为时应当告知公民、法人或者其他组织先向行政复议机关申请行政复议。

第四节　行政复议管辖

第二十四条　县级以上地方各级人民政府管辖下列行政复议案件：

（一）对本级人民政府工作部门作出的行政行为不服的；

（二）对下一级人民政府作出的行政行为不服的；

（三）对本级人民政府依法设立的派出机关作出的行政行为不服的；

（四）对本级人民政府或者其工作部门管理的法律、法规、规章授权的组织作出的行政行为不服的。

除前款规定外，省、自治区、直辖市人民政府同时管辖对本机关作出的行政行为不服的行政复议案件。

省、自治区人民政府依法设立的派出机关参照设区的市级人民政府的职责权限，管辖相关行政复议案件。

对县级以上地方各级人民政府工作部门依法设立的派出机构依照法律、法规、规章规定，以派出机构的名义作出的行政行为不服的行政复议案件，由本级人民政府管辖；其中，对直辖市、设区的市人民政府工作部门按照行政区划设立的派出机构作出的行政行为不服的，也可以由其所在地的人民政府管辖。

第二十五条　国务院部门管辖下列行政复议案件：

（一）对本部门作出的行政行为不服的；

（二）对本部门依法设立的派出机构依照法律、行政法规、部门规章规定，以派出机构的名义作出的行政行为不服的；

（三）对本部门管理的法律、行政法规、部门规章授权的组织作出的行政行为不服的。

第二十六条　对省、自治区、直辖市人民政府依照本法第二十四条第二款的规定、国务院部门依照本法第二十五条第一项的规定作出的行政复议决定不服的，可以向人民法院提起行政诉讼；也可以向国务院申请裁决，国务院依照本法的规定作出最终裁决。

第二十七条　对海关、金融、外汇管理等实行垂直领导的行政机关、税务和国家安全机关的行政行为不服的,向上一级主管部门申请行政复议。

第二十八条　对履行行政复议机构职责的地方人民政府司法行政部门的行政行为不服的,可以向本级人民政府申请行政复议,也可以向上一级司法行政部门申请行政复议。

第二十九条　公民、法人或者其他组织申请行政复议,行政复议机关已经依法受理的,在行政复议期间不得向人民法院提起行政诉讼。

公民、法人或者其他组织向人民法院提起行政诉讼,人民法院已经依法受理的,不得申请行政复议。

第三章　行政复议受理

第三十条　行政复议机关收到行政复议申请后,应当在五日内进行审查。对符合下列规定的,行政复议机关应当予以受理:

(一)有明确的申请人和符合本法规定的被申请人;

(二)申请人与被申请行政复议的行政行为有利害关系;

(三)有具体的行政复议请求和理由;

(四)在法定申请期限内提出;

(五)属于本法规定的行政复议范围;

(六)属于本机关的管辖范围;

(七)行政复议机关未受理过该申请人就同一行政行为提出的行政复议申请,并且人民法院未受理过该申请人就同一行政行为提起的行政诉讼。

对不符合前款规定的行政复议申请,行政复议机关应当在审查期限内决定不予受理并说明理由;不属于本机关管辖的,还应当在不予受理决定中告知申请人有管辖权的行政复议机关。

行政复议申请的审查期限届满,行政复议机关未作出不予受理决定的,审查期限届满之日起视为受理。

第三十一条 行政复议申请材料不齐全或者表述不清楚,无法判断行政复议申请是否符合本法第三十条第一款规定的,行政复议机关应当自收到申请之日起五日内书面通知申请人补正。补正通知应当一次性载明需要补正的事项。

申请人应当自收到补正通知之日起十日内提交补正材料。有正当理由不能按期补正的,行政复议机关可以延长合理的补正期限。无正当理由逾期不补正的,视为申请人放弃行政复议申请,并记录在案。

行政复议机关收到补正材料后,依照本法第三十条的规定处理。

第三十二条 对当场作出或者依据电子技术监控设备记录的违法事实作出的行政处罚决定不服申请行政复议的,可以通过作出行政处罚决定的行政机关提交行政复议申请。

行政机关收到行政复议申请后,应当及时处理;认为需要维持行政处罚决定的,应当自收到行政复议申请之日起五日内转送行政复议机关。

第三十三条 行政复议机关受理行政复议申请后,发现该行政复议申请不符合本法第三十条第一款规定的,应当决定驳回申请并说明理由。

第三十四条 法律、行政法规规定应当先向行政复议机关申请行政复议、对行政复议决定不服再向人民法院提起行政诉讼的,行政复议机关决定不予受理、驳回申请或者受理后超过行政复议期限不作答复的,公民、法人或者其他组织可以自收到决定书之日起或者行政复议期限届满之日起十五日内,依法向人民法院提起行政诉讼。

第三十五条 公民、法人或者其他组织依法提出行政复议申请,行政复议机关无正当理由不予受理、驳回申请或者受理后超过行政复议期限不作答复的,申请人有权向上级行政机关反映,上级行政机关应当责令其纠正;必要时,上级行政复议机关可以直接受理。

第四章　行政复议审理

第一节　一般规定

第三十六条　行政复议机关受理行政复议申请后,依照本法适用普通程序或者简易程序进行审理。行政复议机构应当指定行政复议人员负责办理行政复议案件。

行政复议人员对办理行政复议案件过程中知悉的国家秘密、商业秘密和个人隐私,应当予以保密。

第三十七条　行政复议机关依照法律、法规、规章审理行政复议案件。

行政复议机关审理民族自治地方的行政复议案件,同时依照该民族自治地方的自治条例和单行条例。

第三十八条　上级行政复议机关根据需要,可以审理下级行政复议机关管辖的行政复议案件。

下级行政复议机关对其管辖的行政复议案件,认为需要由上级行政复议机关审理的,可以报请上级行政复议机关决定。

第三十九条　行政复议期间有下列情形之一的,行政复议中止:

(一)作为申请人的公民死亡,其近亲属尚未确定是否参加行政复议;

(二)作为申请人的公民丧失参加行政复议的行为能力,尚未确定法定代理人参加行政复议;

(三)作为申请人的公民下落不明;

(四)作为申请人的法人或者其他组织终止,尚未确定权利义务承受人;

(五)申请人、被申请人因不可抗力或者其他正当理由,不能参加行政复议;

（六）依照本法规定进行调解、和解，申请人和被申请人同意中止；

（七）行政复议案件涉及的法律适用问题需要有权机关作出解释或者确认；

（八）行政复议案件审理需要以其他案件的审理结果为依据，而其他案件尚未审结；

（九）有本法第五十六条或者第五十七条规定的情形；

（十）需要中止行政复议的其他情形。

行政复议中止的原因消除后，应当及时恢复行政复议案件的审理。

行政复议机关中止、恢复行政复议案件的审理，应当书面告知当事人。

第四十条　行政复议期间，行政复议机关无正当理由中止行政复议的，上级行政机关应当责令其恢复审理。

第四十一条　行政复议期间有下列情形之一的，行政复议机关决定终止行政复议：

（一）申请人撤回行政复议申请，行政复议机构准予撤回；

（二）作为申请人的公民死亡，没有近亲属或者其近亲属放弃行政复议权利；

（三）作为申请人的法人或者其他组织终止，没有权利义务承受人或者其权利义务承受人放弃行政复议权利；

（四）申请人对行政拘留或者限制人身自由的行政强制措施不服申请行政复议后，因同一违法行为涉嫌犯罪，被采取刑事强制措施；

（五）依照本法第三十九条第一款第一项、第二项、第四项的规定中止行政复议满六十日，行政复议中止的原因仍未消除。

第四十二条　行政复议期间行政行为不停止执行；但是有下列情形之一的，应当停止执行：

（一）被申请人认为需要停止执行；

（二）行政复议机关认为需要停止执行；

（三）申请人、第三人申请停止执行，行政复议机关认为其要求合理，决定停止执行；

（四）法律、法规、规章规定停止执行的其他情形。

第二节　行政复议证据

第四十三条　行政复议证据包括：

（一）书证；

（二）物证；

（三）视听资料；

（四）电子数据；

（五）证人证言；

（六）当事人的陈述；

（七）鉴定意见；

（八）勘验笔录、现场笔录。

以上证据经行政复议机构审查属实，才能作为认定行政复议案件事实的根据。

第四十四条　被申请人对其作出的行政行为的合法性、适当性负有举证责任。

有下列情形之一的，申请人应当提供证据：

（一）认为被申请人不履行法定职责的，提供曾经要求被申请人履行法定职责的证据，但是被申请人应当依职权主动履行法定职责或者申请人因正当理由不能提供的除外；

（二）提出行政赔偿请求的，提供受行政行为侵害而造成损害的证据，但是因被申请人原因导致申请人无法举证的，由被申请人承担举证责任；

（三）法律、法规规定需要申请人提供证据的其他情形。

第四十五条　行政复议机关有权向有关单位和个人调查取证，查阅、复制、调取有关文件和资料,向有关人员进行询问。

调查取证时,行政复议人员不得少于两人,并应当出示行政复议工作证件。

被调查取证的单位和个人应当积极配合行政复议人员的工作,不得拒绝或者阻挠。

第四十六条 行政复议期间,被申请人不得自行向申请人和其他有关单位或者个人收集证据;自行收集的证据不作为认定行政行为合法性、适当性的依据。

行政复议期间,申请人或者第三人提出被申请行政复议的行政行为作出时没有提出的理由或者证据的,经行政复议机构同意,被申请人可以补充证据。

第四十七条 行政复议期间,申请人、第三人及其委托代理人可以按照规定查阅、复制被申请人提出的书面答复、作出行政行为的证据、依据和其他有关材料,除涉及国家秘密、商业秘密、个人隐私或者可能危及国家安全、公共安全、社会稳定的情形外,行政复议机构应当同意。

第三节　普通程序

第四十八条 行政复议机构应当自行政复议申请受理之日起七日内,将行政复议申请书副本或者行政复议申请笔录复印件发送被申请人。被申请人应当自收到行政复议申请书副本或者行政复议申请笔录复印件之日起十日内,提出书面答复,并提交作出行政行为的证据、依据和其他有关材料。

第四十九条 适用普通程序审理的行政复议案件,行政复议机构应当当面或者通过互联网、电话等方式听取当事人的意见,并将听取的意见记录在案。因当事人原因不能听取意见的,可以书面审理。

第五十条 审理重大、疑难、复杂的行政复议案件,行政复议机构应当组织听证。

行政复议机构认为有必要听证，或者申请人请求听证的，行政复议机构可以组织听证。

听证由一名行政复议人员任主持人，两名以上行政复议人员任听证员，一名记录员制作听证笔录。

第五十一条　行政复议机构组织听证的，应当于举行听证的五日前将听证的时间、地点和拟听证事项书面通知当事人。

申请人无正当理由拒不参加听证的，视为放弃听证权利。

被申请人的负责人应当参加听证。不能参加的，应当说明理由并委托相应的工作人员参加听证。

第五十二条　县级以上各级人民政府应当建立相关政府部门、专家、学者等参与的行政复议委员会，为办理行政复议案件提供咨询意见，并就行政复议工作中的重大事项和共性问题研究提出意见。行政复议委员会的组成和开展工作的具体办法，由国务院行政复议机构制定。

审理行政复议案件涉及下列情形之一的，行政复议机构应当提请行政复议委员会提出咨询意见：

（一）案情重大、疑难、复杂；

（二）专业性、技术性较强；

（三）本法第二十四条第二款规定的行政复议案件；

（四）行政复议机构认为有必要。

行政复议机构应当记录行政复议委员会的咨询意见。

第四节　简易程序

第五十三条　行政复议机关审理下列行政复议案件，认为事实清楚、权利义务关系明确、争议不大的，可以适用简易程序：

（一）被申请行政复议的行政行为是当场作出；

（二）被申请行政复议的行政行为是警告或者通报批评；

（三）案件涉及款额三千元以下；

（四）属于政府信息公开案件。

除前款规定以外的行政复议案件，当事人各方同意适用简易程序的，可以适用简易程序。

第五十四条 适用简易程序审理的行政复议案件，行政复议机构应当自受理行政复议申请之日起三日内，将行政复议申请书副本或者行政复议申请笔录复印件发送被申请人。被申请人应当自收到行政复议申请书副本或者行政复议申请笔录复印件之日起五日内，提出书面答复，并提交作出行政行为的证据、依据和其他有关材料。

适用简易程序审理的行政复议案件，可以书面审理。

第五十五条 适用简易程序审理的行政复议案件，行政复议机构认为不宜适用简易程序的，经行政复议机构的负责人批准，可以转为普通程序审理。

第五节　行政复议附带审查

第五十六条 申请人依照本法第十三条的规定提出对有关规范性文件的附带审查申请，行政复议机关有权处理的，应当在三十日内依法处理；无权处理的，应当在七日内转送有权处理的行政机关依法处理。

第五十七条 行政复议机关在对被申请人作出的行政行为进行审查时，认为其依据不合法，本机关有权处理的，应当在三十日内依法处理；无权处理的，应当在七日内转送有权处理的国家机关依法处理。

第五十八条 行政复议机关依照本法第五十六条、第五十七条的规定有权处理有关规范性文件或者依据的，行政复议机构应当自行政复议中止之日起三日内，书面通知规范性文件或者依据的制定机关就相关条款的合法性提出书面答复。制定机关应当自收到书面通知之日起十日内提交书面答复及相关材料。

行政复议机构认为必要时,可以要求规范性文件或者依据的制定机关当面说明理由,制定机关应当配合。

第五十九条　行政复议机关依照本法第五十六条、第五十七条的规定有权处理有关规范性文件或者依据,认为相关条款合法的,在行政复议决定书中一并告知;认为相关条款超越权限或者违反上位法的,决定停止该条款的执行,并责令制定机关予以纠正。

第六十条　依照本法第五十六条、第五十七条的规定接受转送的行政机关、国家机关应当自收到转送之日起六十日内,将处理意见回复转送的行政复议机关。

第五章　行政复议决定

第六十一条　行政复议机关依照本法审理行政复议案件,由行政复议机构对行政行为进行审查,提出意见,经行政复议机关的负责人同意或者集体讨论通过后,以行政复议机关的名义作出行政复议决定。

经过听证的行政复议案件,行政复议机关应当根据听证笔录、审查认定的事实和证据,依照本法作出行政复议决定。

提请行政复议委员会提出咨询意见的行政复议案件,行政复议机关应当将咨询意见作为作出行政复议决定的重要参考依据。

第六十二条　适用普通程序审理的行政复议案件,行政复议机关应当自受理申请之日起六十日内作出行政复议决定;但是法律规定的行政复议期限少于六十日的除外。情况复杂,不能在规定期限内作出行政复议决定的,经行政复议机构的负责人批准,可以适当延长,并书面告知当事人;但是延长期限最多不得超过三十日。

适用简易程序审理的行政复议案件,行政复议机关应当自受理申请之日起三十日内作出行政复议决定。

第六十三条 行政行为有下列情形之一的,行政复议机关决定变更该行政行为:

(一)事实清楚,证据确凿,适用依据正确,程序合法,但是内容不适当;

(二)事实清楚,证据确凿,程序合法,但是未正确适用依据;

(三)事实不清、证据不足,经行政复议机关查清事实和证据。

行政复议机关不得作出对申请人更为不利的变更决定,但是第三人提出相反请求的除外。

第六十四条 行政行为有下列情形之一的,行政复议机关决定撤销或者部分撤销该行政行为,并可以责令被申请人在一定期限内重新作出行政行为:

(一)主要事实不清、证据不足;

(二)违反法定程序;

(三)适用的依据不合法;

(四)超越职权或者滥用职权。

行政复议机关责令被申请人重新作出行政行为的,被申请人不得以同一事实和理由作出与被申请行政复议的行政行为相同或者基本相同的行政行为,但是行政复议机关以违反法定程序为由决定撤销或者部分撤销的除外。

第六十五条 行政行为有下列情形之一的,行政复议机关不撤销该行政行为,但是确认该行政行为违法:

(一)依法应予撤销,但是撤销会给国家利益、社会公共利益造成重大损害;

(二)程序轻微违法,但是对申请人权利不产生实际影响。

行政行为有下列情形之一,不需要撤销或者责令履行的,行政复议机关确认该行政行为违法:

(一)行政行为违法,但是不具有可撤销内容;

（二）被申请人改变原违法行政行为，申请人仍要求撤销或者确认该行政行为违法；

（三）被申请人不履行或者拖延履行法定职责，责令履行没有意义。

第六十六条　被申请人不履行法定职责的，行政复议机关决定被申请人在一定期限内履行。

第六十七条　行政行为有实施主体不具有行政主体资格或者没有依据等重大且明显违法情形，申请人申请确认行政行为无效的，行政复议机关确认该行政行为无效。

第六十八条　行政行为认定事实清楚，证据确凿，适用依据正确，程序合法，内容适当的，行政复议机关决定维持该行政行为。

第六十九条　行政复议机关受理申请人认为被申请人不履行法定职责的行政复议申请后，发现被申请人没有相应法定职责或者在受理前已经履行法定职责的，决定驳回申请人的行政复议请求。

第七十条　被申请人不按照本法第四十八条、第五十四条的规定提出书面答复、提交作出行政行为的证据、依据和其他有关材料的，视为该行政行为没有证据、依据，行政复议机关决定撤销、部分撤销该行政行为，确认该行政行为违法、无效或者决定被申请人在一定期限内履行，但是行政行为涉及第三人合法权益，第三人提供证据的除外。

第七十一条　被申请人不依法订立、不依法履行、未按照约定履行或者违法变更、解除行政协议的，行政复议机关决定被申请人承担依法订立、继续履行、采取补救措施或者赔偿损失等责任。

被申请人变更、解除行政协议合法，但是未依法给予补偿或者补偿不合理的，行政复议机关决定被申请人依法给予合理补偿。

第七十二条　申请人在申请行政复议时一并提出行政赔偿请求，行政复议机关对依照《中华人民共和国国家赔偿法》的有关规定应当不予赔偿的，在作出行政复议决定时，应当同时决定驳回行政赔偿请求；对符合《中华人民共和国国家赔偿法》的有关规定应当给予赔偿的,在决定撤销或者部分撤销、变更行政行为或者确认行政行为违法、无效时,应当同时决定被申请人依法给予赔偿;确认行政行为违法的,还可以同时责令被申请人采取补救措施。

申请人在申请行政复议时没有提出行政赔偿请求的,行政复议机关在依法决定撤销或者部分撤销、变更罚款,撤销或者部分撤销违法集资、没收财物、征收征用、摊派费用以及对财产的查封、扣押、冻结等行政行为时,应当同时责令被申请人返还财产,解除对财产的查封、扣押、冻结措施,或者赔偿相应的价款。

第七十三条 当事人经调解达成协议的,行政复议机关应当制作行政复议调解书,经各方当事人签字或者签章,并加盖行政复议机关印章,即具有法律效力。

调解未达成协议或者调解书生效前一方反悔的,行政复议机关应当依法审查或者及时作出行政复议决定。

第七十四条 当事人在行政复议决定作出前可以自愿达成和解,和解内容不得损害国家利益、社会公共利益和他人合法权益,不得违反法律、法规的强制性规定。

当事人达成和解后,由申请人向行政复议机构撤回行政复议申请。行政复议机构准予撤回行政复议申请、行政复议机关决定终止行政复议的,申请人不得再以同一事实和理由提出行政复议申请。但是,申请人能够证明撤回行政复议申请违背其真实意愿的除外。

第七十五条 行政复议机关作出行政复议决定,应当制作行政复议决定书,并加盖行政复议机关印章。

行政复议决定书一经送达,即发生法律效力。

第七十六条 行政复议机关在办理行政复议案件过程中,发现被申请人或者其他下级行政机关的有关行政行为违法或者不当的,可以向其制发行政复议意见书。有关机关应当自收到行政复议意见书之日起六十日内，将纠正相关违法或者不当行政行为的情况报送行政复议机关。

第七十七条　被申请人应当履行行政复议决定书、调解书、意见书。

被申请人不履行或者无正当理由拖延履行行政复议决定书、调解书、意见书的，行政复议机关或者有关上级行政机关应当责令其限期履行，并可以约谈被申请人的有关负责人或者予以通报批评。

第七十八条　申请人、第三人逾期不起诉又不履行行政复议决定书、调解书的，或者不履行最终裁决的行政复议决定的，按照下列规定分别处理：

（一）维持行政行为的行政复议决定书，由作出行政行为的行政机关依法强制执行，或者申请人民法院强制执行；

（二）变更行政行为的行政复议决定书，由行政复议机关依法强制执行，或者申请人民法院强制执行；

（三）行政复议调解书，由行政复议机关依法强制执行，或者申请人民法院强制执行。

第七十九条　行政复议机关根据被申请行政复议的行政行为的公开情况，按照国家有关规定将行政复议决定书向社会公开。

县级以上地方各级人民政府办理以本级人民政府工作部门为被申请人的行政复议案件，应当将发生法律效力的行政复议决定书、意见书同时抄告被申请人的上一级主管部门。

第六章　法律责任

第八十条　行政复议机关不依照本法规定履行行政复议职责，对负有责任的领导人员和直接责任人员依法给予警告、记过、记大过的处分；经有权监督的机关督促仍不改正或者造成严重后果的，依法给予降级、撤职、开除的处分。

第八十一条　行政复议机关工作人员在行政复议活动中,徇私舞弊或者有其他渎职、失职行为的,依法给予警告、记过、记大过的处分;情节严重的,依法给予降级、撤职、开除的处分;构成犯罪的,依法追究刑事责任。

第八十二条　被申请人违反本法规定,不提出书面答复或者不提交作出行政行为的证据、依据和其他有关材料,或者阻挠、变相阻挠公民、法人或者其他组织依法申请行政复议的,对负有责任的领导人员和直接责任人员依法给予警告、记过、记大过的处分;进行报复陷害的,依法给予降级、撤职、开除的处分;构成犯罪的,依法追究刑事责任。

第八十三条　被申请人不履行或者无正当理由拖延履行行政复议决定书、调解书、意见书的,对负有责任的领导人员和直接责任人员依法给予警告、记过、记大过的处分;经责令履行仍拒不履行的,依法给予降级、撤职、开除的处分。

第八十四条　拒绝、阻挠行政复议人员调查取证,故意扰乱行政复议工作秩序的,依法给予处分、治安管理处罚;构成犯罪的,依法追究刑事责任。

第八十五条　行政机关及其工作人员违反本法规定的,行政复议机关可以向监察机关或者公职人员任免机关、单位移送有关人员违法的事实材料,接受移送的监察机关或者公职人员任免机关、单位应当依法处理。

第八十六条　行政复议机关在办理行政复议案件过程中,发现公职人员涉嫌贪污贿赂、失职渎职等职务违法或者职务犯罪的问题线索,应当依照有关规定移送监察机关,由监察机关依法调查处置。

第七章　附　　则

第八十七条　行政复议机关受理行政复议申请,不得向申请人收取任何费用。

第八十八条　行政复议期间的计算和行政复议文书的送达,本法没有规定的,依照《中华人民共和国民事诉讼法》关于期间、送达的规定执行。

本法关于行政复议期间有关"三日"、"五日"、"七日"、"十日"的规定是指工作日,不含法定休假日。

第八十九条　外国人、无国籍人、外国组织在中华人民共和国境内申请行政复议,适用本法。

第九十条　本法自 2024 年 1 月 1 日起施行。

后　记

　　将行政复议建设成为解决行政争议的"主渠道",是党中央在社会治理领域作出的重大决策部署,新修订行政复议法已经对此作出明确规定。准确把握新发展阶段行政复议主渠道建设的时代内涵、总体要求、工作布局和具体举措等,对于深入践行习近平法治思想,加快推进行政复议主渠道建设,更好发挥行政复议在推动法治政府建设率先突破,不断提升社会治理效能等方面的积极作用意义重大。为方便广大干部群众和实务工作者更好理解把握行政复议主渠道建设的有关理论和实践,司法部行政复议与应诉局组织力量编写了这本《行政复议主渠道建设学习读本》。参加本书编写的有:徐运凯、李云若、钱瑜、陈碧文、韦巍、曹文祥、王欣林、刘香、刘通、侣莹、孟超、刘子涵,由徐运凯、陈碧文负责统稿。

　　由于时间紧迫、水平有限,书中难免有错漏之处,敬请批评指正。

本书编写组
2025 年 6 月 26 日

责任编辑：王青林

图书在版编目（CIP）数据

行政复议主渠道建设学习读本 / 司法部行政复议与应诉局编写.
北京 ：人民出版社，2025. 6. -- ISBN 978 - 7 - 01 - 027377 - 8

Ⅰ. D925.304

中国国家版本馆 CIP 数据核字第 2025E5U514 号

行政复议主渠道建设学习读本
XINGZHENG FUYI ZHUQUDAO JIANSHE XUEXI DUBEN

司法部行政复议与应诉局　编写

人民出版社 出版发行
（100706　北京市东城区隆福寺街 99 号）

北京汇林印务有限公司印刷　新华书店经销

2025 年 6 月第 1 版　2025 年 6 月北京第 1 次印刷
开本：710 毫米×1000 毫米 1/16　印张：18.75
字数：259 千字

ISBN 978 - 7 - 01 - 027377 - 8　定价：58.00 元

邮购地址 100706　北京市东城区隆福寺街 99 号
人民东方图书销售中心　电话 （010）65250042　65289539

版权所有·侵权必究
凡购买本社图书，如有印制质量问题，我社负责调换。
服务电话：（010）65250042